KB023403

김태연의
이지
잉글리시
최고의 대화문
150

EBS 영어학습 시리즈

김태연의 이지 잉글리시, 최고의 대화문 150 – 상황 편

1판 1쇄 발행 2020년 10월 10일
1판 4쇄 발행 2024년 6월 25일

지은이 김태연
펴낸이 김유열
디지털학교교육본부장 유규오 **| 출판국장** 이상호 **| 교재기획부장** 박혜숙
교재기획부 장효순 **| 북매니저** 박성근

편집대행 티와이콘텐츠 **| 책임편집** 어효숙 **| 디자인** 고희선 **| 인쇄** 우진코니티

펴낸곳 한국교육방송공사(EBS)
출판신고 2001년 1월 8일 제2017-000193호
주소 경기도 일산시 일산동구 한류월드로 281
대표전화 1588-1580
홈페이지 www.ebs.co.kr

ISBN 978-89-547-5392-0(14740)
       978-89-547-5387-6(세트)

© 2020 김태연

이 책은 자작권법에 따라 보호받는 저작물이므로 무단 전제 및 무단 복제를 금합니다.
파본은 구입처에서 교환해드리며, 관련 법령에 따라 환불해드립니다.
제품 훼손 시 환불이 불가능합니다.

EBS
영어 학습
시 리 즈

김태연의
이지
잉글리시
최고의 대화문 상황 편
150

김태연 지음

EBS
BOOKS

초급 영어회화 초밀리언셀러

EBS FM 어학 방송 대표 초급 영어회화 프로그램

10년간 출간된 〈이지 잉글리시〉 120권의 핵심 중의 핵심!

수백 만 명의 애청자들이 인정하고 손꼽은 최고의 대화문 150개가 한 권에!
시리즈 4권에 최고의 대화문 600개, 영어회화 패턴이 600개,
그리고 핵심 표현이 1,800개!
EBS FM 초급 영어회화 진행자 김태연의 10년 진행과 집필의 결정판!

왜 〈이지 잉글리시〉 단행본을 꼭 소장해야 할까?

EBS FM의 간판 프로그램인 초급 영어회화 〈이지 잉글리시〉의 교재는 2011년부터 현재까지 **120만 부 이상 판매된 최고의 영어회화 베스트셀러**입니다. 저자 김태연이 〈이지 잉글리시〉 진행 및 집필을 맡은 2011년부터 〈이지 잉글리시〉 교재의 판매 부수가 엄청나게 증가했습니다. 이전 판매 부수의 거의 두 배 이상 판매되었죠. 그 이유 중의 하나는, 영어회화 대화문을 듣고 설명을 들으며 내용을 이해하던 기존의 틀에서 벗어나, 일단 '이런 상황에서 우리말로 이렇게 대화하고 싶을 때 영어로는 어떻게 하면 될까?'를 먼저 생각해볼 수 있도록 구성을 확 바꾼 건데요, **'많은 영어 학습자들이, 그렇게 많은 영어 방송을 들었는데 왜 내 머릿속과 입에는 하나도 안 남는 걸까?'**를 의아해하는 걸 보고 오랜 고민 끝에 찾아낸 구성입니다.

먼저 우리말 대화를 보고 영어로 내가 얼마나 말할 수 있는지 해본 다음에 영어 대화문을 보고 듣는 거죠. 이 획기적인 구성에 대한 반응은 엄청났습니다. 왜일까요? **영어? 내가 궁금해한 것만 남는다**는 거죠. 먼저, '이럴 때 이런 말은 영어로 뭐라고 하지?'라고 고민을 해보고 생각을 해본 다음에 그것에 대한 영어 표현과 문장을 알게 되었

을 때 효과가 엄청나게 크다는 겁니다. 수많은 영어 콘텐츠가 생겼다 사라지고 또 나타나고 하는 동안 꾸준히 〈이지 잉글리시〉가 최고의 청취율과 높은 판매 부수를 지켜내는 데는 또 다른 이유가 있습니다. 바로, **대화문의 내용이 다양하다**는 것과 **영어회화가 필요한 수많은 상황에서 꼭 필요한 필수적이고 생생한 영어 표현이 가득하다**는 겁니다.

〈이지 잉글리시〉 교재의 대화문은 어떻게 만들어질까?

저자 김태연은 〈이지 잉글리시〉 교재의 대화문과 영어 문장들을 집필하기 위해 영화, 미드, 시트콤 등을 수없이 보고 메모하고 대화문을 만들어냅니다. 그리고 매년 이 나라 저 나라로 여행을 가서 영어를 쓰는 많은 **여행자들과 다양한 상황에서 나누는 대화와 에피소드들을 모으고 정리하여** 〈이지 잉글리시〉의 대화문에 활용합니다.

그간 저자 김태연이 여행을 다니며 집필한 나라는 60개국이 넘습니다. 컴퓨터 앞에 앉아 머릿속에 떠오르는 영어를 가지고 집필한 게 아니라 스위스, 체코, 헝가리, 보스니아, 크로아티아, 슬로바니아, 오스트리아, 네덜란드, 영국, 아일랜드, 독일, 프랑스, 스페인, 포르투갈, 리히텐슈타인, 핀란드, 덴마크, 스웨덴, 터키, 그리스, 이집트, 뉴질랜드, 호주, 미국, 싱가포르, 홍콩, 말레이시아, 발리, 베트남, 라오스, 캄보디아, 일본, 중국 등으로 가서 **발로 뛰고 수많은 상황과 일상 생활 속에서 꼭 필요한 내용들을** 대화문에 담아 완성하죠.

〈이지 잉글리시〉 단행본 시리즈는, 지난 10년간 청취자들에게 가장 도움이 되고 꼭 필요하다고 뽑힌 주제와 상황별 대화문을 공들여 다시 집필한 최고의 대화문과 표현들로 이루어져 있습니다.

돈을 벌어주는 〈이지 잉글리시〉 단행본 시리즈!

어학 연수를 가서 혹은 영어 학원에 오랜 기간 많은 돈을 쓰지 않아도, 비싼 영어 교재 세트를 구입하지 않아도, 매달 나오는 〈이지 잉글리시〉 교재를 가지고 방송을 들으며 표현을 익히면 영어 울렁증이 사라지고 원어민처럼 영어회화를 구사할 수 있게 된다는 수많은 체험담과 추천, 그리고 입소문으로 영어회화 최고의 자리를 지키고 있는 월간지 〈이지 잉글리시〉. 그 〈이지 잉글리시〉 교재 10년치, 120권의 핵심 중의 핵심, 꼭 알아야 할 대화문을 권당 자그마치 150개씩을 내 것으로 만들 수 있고, 4권 시리즈에서 총 600개의 대화문을 익혀 원어민처럼 영어회화를 구사할 수 있게 될 것입니다. 〈이지 잉글리시〉 단행본 시리즈에 투자한 약간의 책값으로 여러분은 어마어마한 결과를 얻으실 수 있을 겁니다.

언택트 시대, 〈이지 잉글리시〉 단행본으로 몸값을 높여보세요!

이제 피할 수 없게 되어 버린 언택트 시대. 위기는 기회가 될 수 있습니다. 우리 집에서 내 방에서, 내 사무실에서, 어디에서라도 〈이지 잉글리시〉 단행본과 스마트폰만 있으면 눈으로 보고 **QR 코드를 찍어 대화문과 저자의 직강 해설을 듣고** 확실하게 이해한 후 소리 내어 따라하며 영어회화의 고수가 되실 겁니다.

〈이지 잉글리시〉 단행본으로 영어회화를 잘 하는 비법!

1. **영어회화 대화문**을 많이 읽어라!
이럴 땐 이렇게 대화한다는 것을 알 수 있는 영어회화 대화문을 가능한 한 많이 보고 소리 내어 읽고 따라하며 외우세요.

2. 상황에서 꼭 필요한 **핵심 표현**들을 외워라!
어떤 특정 상황에서 영어로 잘 듣고 말하기 위해 꼭 필요한 필수적인 핵심 표현들을 외우세요. 문장의 틀이 되는 핵심 표현들만 전달해도 소통이 됩니다.

3. **영어회화 패턴**을 외워라!
영어회화를 할 때 어느 정도의 영문법 지식은 꼭 필요합니다. 하지만 혹시 영문법에 자신이 없다면 영어회화 패턴을 많이 기억하고 응용해서 말하면 됩니다. 패턴을 많이 알고 있으면 어느 정도의 영문법에 대한 부족함은 해결이 됩니다.

원어민처럼 유창한 영어회화를
지금 바로 할 수 있는 방법

영어회화를 잘 한다는 건, 어떤 특정 상황에서 필요한 어휘와 표현, 문장을 알고 있고 그것을 입 밖으로 소리 내어 말할 수 있다는 것입니다. 그래서 영어회화는 책 한 권으로는 안 됩니다. 하지만 다양한 상황에서 쓸 수 있는 대화문과 표현이 풍부하게 들어 있는 책 한 권이라면 얘기는 달라집니다. 외국에서 몇 십 년을 살아도, 어학연수를 몇 년을 해도 접하거나 배울 수 없는 다양한 상황의 대화문이 자그만치 150개나 들어 있는 〈김태연의 이지 잉글리시, 최고의 대화문 150〉 시리즈가 있으면, 엄청난 시간과 돈, 시행착오를 피하고 바로 유창한 영어회화 실력자가 될 수 있습니다.

〈김태연의 이지 잉글리시, 최고의 대화문 150-상황 편〉은 다섯 개의 챕터로 이루어져 있습니다. 일상생활, 비즈니스, 여행, 사회적 이슈, 그리고 건강과 미용입니다. 각각의 챕터에는 10개씩의 상황이 있고, 각각의 상황에서 가장 빈번하게 많이 대화할 수 있는 세 개씩의 대화문이 들어 있습니다. 먼저 우리말로 어떤 상황에서의 대화인지 보면서 영어로 얼마나 되는지를 스스로 테스트해봅니다. 그리고 영어 대화문을 보고 읽고, QR 코드를 찍어 원어민의 목소리로 대화문을 듣고 따라할 수 있습니다. 그리고 저자인 김태연 선생님의 음성 강의도 들을 수 있습니다.

50개의 다양한 상황에서 쓸 수 있는 150개의 대화문과, 각각의 상황에서 대화할 때 꼭 알아야 할 필수 어휘와 표현을 익히고, 영문법을 포함하여 영어 실력의 기초가 되어줄 패턴을 외웁니다. 패턴이 들어간 문장들을 보며 연습한 다음에, 정말 궁금한 영문법이나 발음의 요령 등을 자세하게 설명한 코너를 읽어보세요. 그리고 마지막으로, 원어민들이 눈만 뜨면 듣고 말하는 영어회화 문장 하나를 외워보세요. 여러분은 이 책 한 권으로 지금 바로 원어민처럼 영어회화를 할 수 있게 될 겁니다.

Try It in English

먼저 교재에 있는 삽화와 우리말 대화를 보고, 영어로 내가 얼마나 표현할 수 있는지 스스로 테스트해보세요.

Q: 영어회화를 하는데 왜 우리말 대화를 먼저 봐야 하나요?
A: 영어회화를 잘 하고 싶다 하시는 많은 분들이 사실 영어를 처음 배우시는 건 아닐 겁니다. 학교 다닐 때 영어는 필수 과목이었으니까 아무리 영어에 관심이 없었다고 해도 어느 정도는 배운 기억이 남아 있겠죠. 그리고 우리가 어떤 상황에서 영어로 말을 하려고 할 때, 먼저 하고 싶은 그 말이 우리말로 떠오르고, '이 말을 영어로 뭐라고 하면 되지?'라고 영작의 과정을 거치게 됩니다. 그래서 영어회화를 학습할 때는 어떤 상황에서의 우리말 대화를 보고 먼저 내가 아는 영어로 말을 해보는 준비 단계가 필요해요. 그리고 나서, 이럴 때 이렇게 말하고 싶을 때 쓸 수 있는 영어 문장을 보고 듣고 따라하면서 외우는 거죠.

Situation 1, 2, 3

영어 대화문을 보면서 교재에 있는 QR 코드를 찍어 대화문을 듣고 따라하세요. 가급적 여러 번 듣고 따라하면서 대화문을 외우시는 게 좋습니다. 각 Unit에 있는 세 개의 대화문에 대한 저자의 명쾌한 음성 강의도 들을 수 있습니다.

Vocabulary

영어회화 실력의 바탕은 어휘력입니다. 대화문에 나오는 단어들의 뜻을 확실하게 이해하고 넘어가세요. 영어회화를 할 때 영어 단어를 많이 알고 있으면 당연히 큰 도움이 됩니다. 영어로 의사소통을 한다는 건, 문장이 정확하지 않거나 좀 틀린 어순으로 말을 하더라도, 적절한 단어, 어휘를 쓰면 서로 알아들을 수가 있거든요.

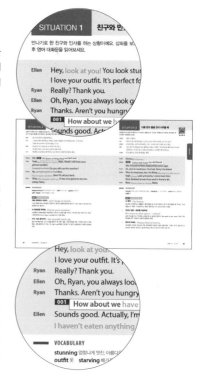

Key Expressions

〈이지 잉글리시〉 교재에는 수많은 다양한 상황 속에서의 대화문이 나오는데요, 영어회화를 잘 하는 비결이 바로 그 대화문 안에 나오는 핵심 표현들을 외우는 겁니다. 이런 상황에서 다른 말도 넣어서 할 수 있겠지만, '이런 표현만큼은 꼭 알아야 대화가 된다!'라는 기준으로 뽑은 핵심 표현을 대화문별로 세 개씩 뽑아 자세하게 설명해드렸습니다.

어떤 상황에서의 영어회화든, 그 상황에서 쓰는 필수적이고 사용 빈도가 높은 표현들을 알고 있어야 유창하게 영어회화를 할 수 있습니다. 각 대화문에 나오는 세 개씩의 필수 표현(Key Expressions)을 꼭 입으로 소리 내어 여러 번 읽으면서 확실하게 외워두세요.

언제 어디서나 누구와 함께 있어도 영어회화를 잘 할 수 있으려면 다양한 상황에서 쓸 수 있는 영어 대화문을 많이 보고 듣고 익혀둬야 하는데요, 〈이지 잉글리시〉 교재에 나오는 대화문들은 늘 다양한 상황으로 이루어져 있습니다. 각각의 상황에서 쓸 수 있는 영어 대화문의 핵심은, 그 대화문에 나오는 필수 표현들입니다. 주유를 하러 가면, '얼마치 넣어드릴까요?'라든가, '5만원어치 넣어주세요.' '포인트 카드 있으세요?'와 같은 말을 하게 될 거고, 카페에 가면 '뭐 드릴까요?' '아메리카노 하나 주세요, 아이스로요.' '여기서 드실 건가요?' '테이크아웃이요.'와 같은 말을 쓰게 되잖아요. 이렇게 어떤 상황에서 가장 많이 쓰는 필수 표현들, 거의 매번 쓸 것 같은 필수 표현들을 확실하게 알아두면 여러분은 영어회화를 원어민처럼 하실 수 있는 겁니다.

Big 3 Speaking Patterns

영어회화 패턴이라는 것은, 패턴에 들어 있는 비어 있는 곳에 적당한 단어들을 채워 넣으면 문장이 완성되는 틀을 말합니다. 영어회화 패턴을 많이 알고 있을수록 영어로 말하고 듣기가 수월해집니다. 그리고 영문법 실력에 좀 자신이 없더라도 영어회화 패턴을 이용해서 회화를 하면 전혀 어렵지 않게 됩니다. 〈김태연의 이지 잉글리시, 최고의 대화문 150-상황 편〉의 각각의 Unit에 나오는 패턴들은 해당 상황만이 아니라 어떤 상황에서도 쓸 수 있는 것들이기 때문에 내가 하고 싶은 말, 어떤 것이라도 이 책에 나오는 패턴을 이용해서 만들어 말할 수 있습니다.

영어회화를 잘 하려면, 상황에 맞는 필수 표현들을 많이 알고 있어야 하고, 또 영어 문장을 바로바로 만들어 말할 수 있는 스피킹 패턴들도 많이 알고 있어야 해요. 〈이지 잉글리시〉 교재의 구성은 지난 10년 동안 주기적으로 바뀌어 왔는데요, 대화문에서 꼭 기억해둘 만한 패턴을 가지고 문장들을 응용해서 만들어보는 코너는 〈이지 잉글리시〉 교재에 꼭 있었습니다. 패턴 학습이 영어회화에 아주 큰 도움이 되기 때문이예요. 각 대화문마다 하나씩 뽑은 패턴들은 어떤 특정 상황에서만 쓸 수 있는 것이 아니라, 어떤 상황에서든 다 쓸 수 있는 문장의 틀입니다. 어떤 상황이나 주제에 관해서 말하더라도 다양하게 응용해서 쓸 수 있는 영어 문장의 틀, 〈이지 잉글리시〉 120권에서 가장 사용 빈도수가 높고 쓰임새가 많다고 인정받은 150개를 선정하여 넣었습니다.

Speaking Grammar/ Pronunciation

영문법이나 발음에 대해 아주 많은 학습자들이 궁금해 하실 만한 내용을 속 시원하게 해결해드리는 코너입니다. 어떤 Unit에서는 영문법에 대한, 또 어떤 Unit에서는 발음에 대한 설명이 들어 있습니다. 대충 알고 넘어가지 마시고, 이제 확실하게 이해하고 자신 있게 영어회화를 해보세요.

〈이지 잉글리시〉 애청자분들이 방송에 나온 대화문과 관련한 영문법이나 발음에 대해서 질문하신 것들 중에서, 가장 많은 분들이 궁금해 하시고 알고 싶어 하셨던 것에 대해 매 Unit 마다 하나씩 속 시원하게 설명해드리고 있습니다. 책 한 권에 50가지의 영문법이나 발음 요령이 들어 있습니다.

Level Up Expressions

개편이 되어도 늘 다양한 이름으로 사랑받았던 〈이지 잉글리시〉 최고의 코너, '이럴 땐 딱 한 줄, 이렇게 말해요!' 응용할 필요 없이 그냥 이 한 문장을 언제 쓰는지 이해하고 문장을 통째로 외워서 말하면 됩니다. 영어회화를 할 때는 어휘와 표현, 패턴으로 다양하게 응용해서 말할 수도 있지만, 어떤 상황에서 이런 의도로 말하고 싶을 때 응용하지 않고 그대로 쓸 수 있는 딱 한 문장들도 있습니다. 매 Unit 끝에 나오는 이 하나의 문장을 언제 쓰면 되는지 잘 읽고 이해한 다음에 완전히 외워지고 자연스럽게 말할 수 있을 때까지 소리 내어 연습해보세요. 여러분은 지금 당장, 영어회화의 달인이 되실 겁니다.

Speaking Patterns 150

영어가 툭 튀어나오는 핵심 패턴 모음. 본문의 핵심 패턴 150개와 이 패턴을 활용한 문장 450개를 책 뒤에 모아두었습니다. 한글을 보고 영어로 바로 말하는, 순간 말하기 훈련에 활용하세요.

지금까지 〈이지 잉글리시〉 교재를 가지고 방송을 들으셨던 분들을 위한 단행본 활용 팁!

이 단행본은 〈이지 잉글리시〉 교재 백 권 이상의 결정체입니다. 단행본 4권을 합하면 누구나 꼭 알아야 할 영어회화의 상황이 자그마치 600개나 들어 있고, 문장을 쉽게 만들어 술술 말할 수 있는 스피킹 패턴이 600개, 그리고 상황별로 꼭 알아야 할 필수 표현은 무려 1,800개나 들어 있습니다. 매달 〈이지 잉글리시〉 교재로는 새롭고 재미있고 유익한 상황 속의 대화문으로 방송을 듣고 공부하시고, 단행본으로는 확실하고 탄탄한 영어회화의 기본기를 다져보세요. 어떤 상황에서도 영어회화가 유창해진 여러분, 이제 영어가 여러분을 더 넓고 넓은 세상으로 안내할 겁니다.

1
1단계 단행본의 삽화를 보고 어떤 상황에서의 대화인지 상상한다. 그리고 우리말 대화를 보면서 영어로는 얼마나 말할 수 있는지 스스로 테스트해본다.

2
2단계 QR 코드를 찍어, 영어 대화문을 들어본다.

3
3단계 강의 QR 코드를 찍어, 저자 김태연 선생님의 생생한 직강을 듣는다.

4
4단계 대화문에 나오는 필수 표현 세 개를 계속 소리 내어 말하면서 설명을 읽는다.

5
5단계 각 대화문에서 하나씩 뽑은 Big 3 패턴을 소리 내어 말하면서 외운다. 그리고 각 패턴을 가지고 내가 말하고 싶은 문장을 만들어 말해본다.

6
6단계 잘 모르고 헷갈렸던 영문법이나 발음에 대한 설명을 읽고 이해한다.

7
7단계 '이럴 때는 이렇게 말하는구나!'를 알려주는 딱 한 문장 영어, Level Up Expressions를 실감나게 연기하며 외운다.

그리고 나만의 마지막 단계!
대화문을 외워 거울을 보고 연기를 하거나, 휴대 전화로 녹음한다.

또 하나의 보너스 단계!
저자 김태연 선생님의 팟캐스트나 유튜브에 가서 훨씬 더 많은 재미있는 강의를 듣는다.

〈이지 잉글리시〉를 먼저 경험한 애청자들의 추천사를 소개합니다.

〈이지 잉글리시〉가 아주 쉽지도 않고 그렇다고 어렵지도 않아서 좋았습니다.

매일 점심시간에 도시락을 먹으며 20분을 꾸준히 듣게 되었습니다. 방송을 듣고 난 후에 저는 '패턴과 스피킹 영문법'에서 적어도 하루에 나만의 1문장을 만들어서 최소한 3번 말하며 제 블로그에 숙제처럼 매일 올렸습니다. 그렇게 꾸준히 1년 이상을 하니 가끔 라디오에서 나오는 영어가 잘 들려서 저도 깜짝 놀라게 되었습니다. 이번에 〈이지 잉글리시〉 10년 중 최고의 150 대화문을 책으로 만날 수 있다니 기뻤습니다. 다시 한번 복습도 할 수 있고 가방에 넣고 다니며 필요한 때마다 참고할 수 있으니까요! 책에는 제가 좋아하는 패턴도 있고, 제가 궁금해 하는 것도 Q/A로 정리가 되어 있어서 나의 영어 실력 업그레이드에 좋은 파트너가 될 것 같습니다.

40대 직장인 윤진웅

이 책으로 여러분의 영어 실력과 더불어 숨겨진 영어 자존감을 충분히 높일 수 있습니다.

한국에서 교과서로만 영어를 배운 나에게 김태연의 〈이지 잉글리시〉는 유학생이 된 듯한 느낌을 주는 라디오 프로그램이었습니다. 저를 아침 일찍 일어나게 만들었던 태연쌤의 목소리로 매일 하루를 응원하며 지낸 지 벌써 7년이 지났네요. 〈이지 잉글리시〉가 매력적이었던 가장 큰 이유는 한국에서 시험을 보기 위해 공부했던 영어가 아닌, 실제 외국인과 대화할 때 사용할 수 있는 표현들이 집약됐기 때문입니다. 그로 인해 외국 친구들과의 대화에서 잘 어울릴 수 있었고, 더불어 영어 강사 생활을 하며 영어뿐만 아니라 인생을 진정 즐길 수 있게 되었습니다. 이 책으로 여러분의 영어 실력과 더불어 숨겨진 영어 자존감을 충분히 높일 수 있을 거라 생각됩니다.

30대 영어강사 오난영

쉬운 문법과 단어로 말하는 저를 만들어준 〈이지 잉글리시〉는 최고의 영어 선생님입니다.

기본 말하기 패턴을 알게 해준 책이 바로 〈이지 잉글리시〉였습니다. 영어 문법은 알겠는데 말하지 못하는 나를 발견하고, 우연히 〈이지영〉을 알게 되어 지금까지 애청하게 되었고, 이 교재를 더 활용해서 공부하다 보니 그 후 영어전공은 아니지만 문화센터 성인 회화 강사도 되었고 아이들 학원강사로 일할 때 많은 도움이 되었습니다. 쉬운 문법과 단어로 말하는 저를 만들어준 〈이지 잉글리시〉는 최고의 영어 선생님입니다.

50대 실버 영어강사 정지현

영어에 울렁증 있으신 분들! 영어와 친해지고 싶다면 이 책을 친구로 만드세요!

〈이지 잉글리시〉 방송을 10년 간 함께 해온 덕택에 영어 지도에 많은 도움을 받았다. 상황별로 체계 있게 구성된 〈이지 잉글리시〉 교재는 감동이다. 동료들과 '이지 잉글리시 동아리 활동'을 일주일에 두 번 진행하고 있다. 뜻이 있다면 불가능은 없다고 〈이지 잉글리시〉에 도전해보라고 적극 권장한다. 끝으로 한마디만 한다면, '영어에 울렁증 있으신 분들! 영어와 친해지고 싶다면 〈이지 잉글리시〉를 친구로 만드세요!'라는 간절한 나의 메시지를 꼭 전달하고 싶다.

50대 초등학교 영어전담교사 문미자

〈이지영〉을 들으면서 영어가 '공부'가 아니라 '취미'가 되었습니다.

〈이지영〉을 접하기 전까지는 영어를 말 그대로 '공부'라고 생각했습니다. 머릿속에 단어와 문법은 가득하지만 문장을 만들고 뱉기가 늘 어렵고 무서웠거든요. 하지만 태연 선생님의 강의를 접하고 제게 영어는 '취미'가 되었습니다. 〈이지 잉글리시〉라는 제목처럼 영어는 어려운 과제나 숙제가 아니라 듣고 따라 하며 즐길 수 있게 만들어주거든요. 태연 선생님의 방송을 따라 하며 입에 남은 문장들 덕분에 회사 입사 면접의 간단한 자기소개와 해외 거래처와의 실무 통화 역할극을 잘 수행할 수 있었고, 저는 〈이지영〉 덕분에 취준생에서 사회인이 되었습니다. 앞으로도 제 출근길에 하루의 시작을 함께하는 태연 선생님의 비타민 같은 목소리 그리고 〈이지 잉글리시〉의 가볍고 상쾌한 그리고 재미있는 영어가 오래 함께 하길 그리고 더 많은 분들이 〈이지 잉글리시〉와 함께하길 바라겠습니다.

20대 새내기 직장인 방지수

중학교 때부터 영어와 담을 쌓았지만, 지금은 외국인과 의사소통에 전혀 문제없습니다.

5년 차 〈이지 잉글리시〉 애청자입니다. 유럽 출장을 앞두고 비즈니스 및 무역 영어를 배우기 위해 고민하던 중 EBS 라디오 영어 프로그램 〈이지 잉글리시〉을 알게 되어 지금까지 애청하고 있습니다. 남들에게는 짧고 쉬운 영어, 저에게는 막상 외국인을 만나면 매번 당황하기 쉽상이였죠. 지금은 〈이지 잉글리시〉 덕분에 해외거래처 및 해외기업을 상대로 적정하게 가격과 수량을 조정하고 배송 일정을 관리합니다. 영어로 전화 통화도 하고 업무 이메일과 문자도 보냅니다. 잘 모르면 〈이지 잉글리시〉 비즈니스 편에 나온 단어와 대화문을 찾아 활용하기도 합니다. 비즈니스뿐만 아니라 해외여행을 갔을 때 태연 쌤에서 알려주신 내용 그대로 외국인들과의 대화에 많이 활용하기도 합니다. 외국인들과의 의사소통에 전혀 문제없습니다.

30대 해외유통업 근무 장행두

언제나 휴대하고 다니면서 계속 공부하고 싶습니다. 강력 추천합니다.

저는 만 5년 9개월째 김태연 선생님의 〈이지 잉글리시〉 강의를 듣고 있는 1939년생 정종인입니다. 나이가 들어서인지 실력 향상이 빠르진 않지만 김 선생님의 강의에 완전 중독된 것 같습니다. 이번에는 또 더 멋있는 새 책을 내셨군요. 세상에 영어회화책이 넘쳐나지만 어쩌면 이렇게 잘 만드셨을까, 감탄을 금할 수 없습니다. 그동안 〈이지 잉글리시〉를 계속 들어서인지 이 책을 보니까 너무도 친숙한 기분이 듭니다. 전체적인 내용은 물론이고 치밀한 편집은 타의 추종을 불허할 것 같습니다. 간단 명료한 필수 표현, 친절하고 상세한 설명, 인쇄상 흠을 발견할 수가 없군요. 이 책 한 권만 잘 익혀 활용 능력을 갖추면 영어회화 배전의 실력을 갖출 수 있을 것 같습니다. 언제나 휴대하고 다니면서 계속 공부하고 싶습니다. 강력 추천합니다.

80대 〈이지 잉글리시〉 최고령 애청자 정종인

책을 보면서 공부하면 발음도 훨씬 좋아지고 영어 능력도 키울 수 있다.

방송을 처음 들었을 때 기초 영어여서 영어를 처음 하는 사람들한테 도움이 될 것 같았고, 책에 영어 문장과 한국어로 번역한 문장이 나와서 공부할 때 정확한 뜻을 알 수 있어서 정말 좋았다. 책을 보면서 공부하면 발음도 훨씬 좋아지고 영어 능력도 키울 수 있다. 이렇게 한 방송을 들으면 자기가 열심히 했다는 보람을 느낄 수 있다.

초등학교 5학년 애청자 김진우

SITUATION
MAP
150

Get you
anywhere
at anytime

1 일상생활 편
(가족/연인/친구 사이의 일상적인 대화)

SITUATION

2 비즈니스 편 (회사에서)

SITUATION

CHAPTER

3 여행·출장 편 SITUATION 📍

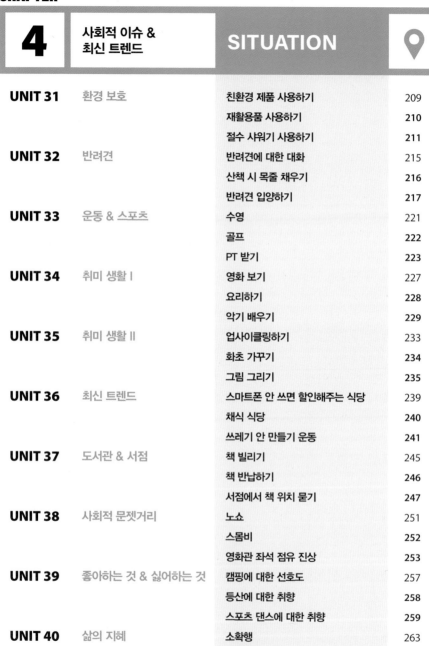

5 건강·미용 편 | SITUATION ⊙

CHAPTER

일상생활 편

(가족/연인/친구 사이의 일상적인 대화)

UNIT 01

인사하기

친구와 만났을 때 / 오래간만에 만났을 때
/ 다른 친구 둘을 인사 시켜줄 때

Try it in ENGLISH

누군가와 약속을 해서 만났을 때, 오래간만에 어떤 사람을 만났을 때, 그리고 내가 아는 다른 두 사람을 서로 인사 시켜줄 때 하는 대화를 연습해보세요.

강의 **01**

엘렌	안녕, 어머 너! 오늘 너무너무 멋지다.
	그 옷, 진짜 마음에 들어. 너한테 딱이야.
라이언	정말? 고마워.
엘렌	아, 라이언, 넌 늘 멋져.
라이언	고마워. 배고프지 않니?
	우리 좀 이른 저녁 먹으러 갈까?
엘렌	좋지. 사실, 나 배고파 죽겠어.
	오늘 아무것도 못 먹었거든.

만나기로 한 친구와 인사를 하는 상황이예요. 삽화를 보고 상황을 상상하며 영어로 생각해본 후 영어 대화문을 읽어보세요.

음원 01-1

CHAPTER 1

Ellen	Hey, look at you! You look stunning today.
	I love your outfit. It's perfect for you.
Ryan	Really? Thank you.
Ellen	Oh, Ryan, you always look good.
Ryan	Thanks. Aren't you hungry?
	001 How about we have an early dinner?
Ellen	Sounds good. Actually, I'm starving.
	I haven't eaten anything today.

VOCABULARY

stunning 엄청나게 멋진, 아름다운　**love ~** ~가 아주 마음에 들다　**perfect** 완벽한, 잘 어울리는　**outfit** 옷　**starving** 배가 많이 고픈, 배가 고파 죽겠는

KEY EXPRESSIONS

1　상대방의 모습을 보고 놀랐을 때 하는 말

Look at you!

늘 보던 모습이 아니라 아주 멋지게 차려입고 왔거나 머리를 하고 온 상대방을 보면 '어머, 얘 좀 봐! 이게 누구야?'라는 생각이 들죠? 이럴 때 Look at you!라고 말해요.

2　이른 저녁을 먹다

have an early dinner

점심을 걸렀더니 배가 고프네요. 이럴 때는 저녁을 좀 일찍 먹으면 좋겠죠? '저녁을 먹다'라는 건 have dinner라고 하는데, dinner 앞에 어떤 저녁인지를 나타내는 단어를 넣을 때는 〈a/an + 어떤(형용사)〉를 넣어서 표현해요.

3　나 아무것도 못 먹었어.

I haven't eaten anything.

하루 종일 얼마나 정신없이 바쁜지, 쫄쫄 굶었을 때, '어머, 나 오늘 한 끼도 못 먹었잖아!'라고 말할 때 I haven't eaten anything.이라고 표현해보세요.

음원 01-2

길에서 우연히 아는 사람을 만났습니다. 그동안의 안부를 묻고, 연락처도 다시 확인할 수 있겠죠? 우리말 대화를 보며 영어로 생각해본 후에 영어 대화문을 보세요.

해리	와, 우리 정말 오래간만이다.
티나	그러게. 계속 연락하고 지내자. 잠깐. 나한테 아직 네 번호 있는 것 같은데. (전화기를 보여주며) 아직 이 번호 쓰니?
해리	아니야. (자기 전화기를 티나에게 주며) 여기. 네 번호 찍어. 그럼 내가 너한테 전화 걸게.
티나	알겠어. 우리 회포 풀어야지. 오늘 만나서 정말 반가웠어, 해리.

Harry Oh, 002 it's been so long since we last met.

Tina Yeah. Let's keep in touch. Wait. I think I still have your phone number.

(showing her phone) Do you still use this number?

Harry No. *(giving his phone to Tina)* Here.

Put in your number, then I'll call you back.

Tina Okay. We should catch up. It was very good to see you today, Harry.

VOCABULARY

keep in touch 계속 연락하고 지내다　**still** 아직, 아직도　**put in** 입력하다
call ~ back ~에게 전화를 다시 걸다

KEY EXPRESSIONS

1 **계속 연락하고 지내자.** Let's keep in touch.

누군가에게 계속 연락을 주고받자고 할 때 이렇게 말하면 됩니다. Let's stay in touch.라고 표현하기도 합니다.

2 **네 전화번호 찍어봐.** Put in your number.

상대방의 전화번호를 저장하려고 할 때 내 전화기를 주면서, '여기에 번호 찍어'라고 하죠? 그때 영어로 Put in your number.라고 하면 돼요.

3 **우리, 회포 풀어야지.** We should catch up.

밀린 얘기를 하든, 못 잔 잠을 몰아서 푹 자든, 밀린 시험 공부를 하든, 아무튼 못하고 미뤄뒀던 것을 몰아서 다 하는 게 catch up이에요. 할 얘기가 많은 상대방에게 이렇게 말해보세요.

SITUATION 3   다른 친구 둘을 인사 시켜줄 때

남편에게 내 오랜 친구를 인사 시켜주는 상황입니다. 우리말 대화를 보고 영어로 생각해본 후에 영어 대화문을 보세요.

음원 01-3

프레드	여보, 나 왔어.
지니	와서 내 친구랑 인사해. 이 친구는 5년 전에 뉴질랜드로 이사 갔어.
프레드	안녕하세요, 만나서 반가워요. 저는 지니의 남편 프레드라고 해요.
베티	저도 만나서 반갑습니다. 베티라고 해요. 저희는 고등학교와 대학교를 다 같이 다녔어요. 지니도 보고 여행도 좀 하려고 뉴질랜드에서 왔어요.
프레드	잘 오셨어요. 편하게 계세요, 베티.

Fred   Honey, I'm home.

Jinny   `003` Come and meet my old friend.
She moved to New Zealand five years ago.

Fred   Hi, nice to meet you. I'm Fred, Jinny's husband.

Betty   Nice to meet you, too. I'm Betty. We went to the same high school and university. I came here from New Zealand to see Jinny and to travel a bit.

Fred   Nice. Please feel at home, Betty.

VOCABULARY

honey 아내나 남편, 아이를 부르는 애칭   **move to ~** ~로 이사하다   **nice** 좋아요, 잘했어요
a bit 좀

KEY EXPRESSIONS

1   **나 왔어. I'm home.**
학교에 다녀왔거나 외출하고 돌아왔을 때 아니면 일하러 갔다가 퇴근했을 때 우리는 '다녀왔습니다' 혹은 '나 왔어'라고 하죠? 영어로는 I'm home.이라고 해요.

2   **우리는 같은 ~학교를 다녔어요.**
We went to the same ~ school.
같은 학교를 다닌 친구를 소개할 때 꼭 필요한 말이죠. We went to the same 뒤에 어떤 학교를 같이 다녔는지 넣어서 말하면 돼요.

3   **편하게 계세요. Please feel at home.**
여러분은 어디에 계실 때 가장 편하세요? 맞아요, 집에 있을 때죠. 그래서, 우리 집에 온 손님에게, 편하게 계시라고 할 때 Please feel at home.이라고 합니다.

SPEAKING PATTERNS

핵심 패턴 **001**	**우리 ~할까?** **How about we + 동사?**

우리 좀 이른 저녁 먹으러 갈까?
How about we have an early dinner?

우리 새로 생긴 디저트 카페에 가볼까?
How about we try the new dessert café?

우리 좀 일찍 만나는 게 어때?
How about we meet up a little earlier?

상대방에게 어떤 것을 하자고 제안할 때 쓰는 패턴입니다. '우리 ~할까? 우리 ~하는 게 어때?'라고 말하고 싶을 때 써보세요.

핵심 패턴 **002**	**…가 ~한 지 정말 오래간만이다.** **It's been so long since + 누구 + 과거동사.**

우리 정말 오랜만이다.
It's been so long since we last met.

우리 정말 오랜만에 영화 보러 가네.
It's been so long since we went to the movies.

정말 오랜만에 너랑 얘기하는구나.
It's been so long since I talked with you.

누가 어떤 것을 한 지가 아주 오래되었다고 할 때 쓰는 패턴이에요. since 뒤에 동사의 과거형 시제를 쓴다는 것이 중요합니다. It's been은 It has been을 줄인 말입니다.

핵심 패턴 **003**	**와서 ~랑 인사해.** **Come and meet ~.**

와서 내 친구랑 인사해.
Come and meet my old friend.

와서 우리 새 매니저랑 인사하세요.
Come and meet our new manager.

와서 내 남편이랑 인사해.
Come and meet my husband.

내가 아는 둘을 소개 시켜줄 때, 한 사람에게 '와서 이 분이랑 인사해'라고 할 때 쓸 수 있는 패턴입니다. Come and meet 뒤에 소개할 사람의 이름이나 나와의 관계를 넣어 말해보세요.

You look stunning today.
look과 look like는 어떻게 다를까요?

Q

멋져 보인다고 할 때 You look stunning today.라고 했는데요, 어떤 문장에는 look도 있고, look like라고 되어 있는 것도 있던데⋯ look과 look like는 쓰임이 어떻게 다른가요?

A

look은 '어떻게 보인다'라는 뜻으로, 뒤에 형용사를 쓰고, look like는 '무엇처럼 보인다' 혹은 '무엇이 어떠한 것처럼 보인다'라는 뜻으로, 뒤에 명사를 쓰거나 〈주어 + 동사〉를 써요. look을 넣어서는 You look happy. (너 기분이 좋아 보여) This lake looks peaceful. (이 호수, 평화로워 보인다)와 같이 쓰고, look like를 넣으면 The moon looks like a bun. (달이 꼭 빵같이 생겼어) It looks like he's exhausted. (저 사람, 지친 모양이야)와 같이 쓸 수 있어요.

LEVEL UP
EXPRESSIONS

어떻게 지내? 뭐해? 약속 있어?
What are you up to?

'내일 약속 있어?', '주말에 뭐해?'라고 물을 때나 오랜만에 만나서 안부를 물을 때 다 쓰는 표현이 What are you up to?입니다. '내일, 이번 주말에, 다음 주 금요일에 뭐해?'라고 할 때는 What are you up to 뒤에 그때를 가리키는 말(tomorrow, this weekend, next Friday)을 쓰고, 오래간만에 만나서 안부를 물을 때는 What are you up to these days?라고 해요.

오랜만에 만나서 안부를 물을 때

A 요즘 어떻게 지내?
B 졸업했으니까, 일자리 찾는 중이예요.

A **What are you up to** these days?
B I just graduated, so I'm looking for a job.

오늘 저녁에 약속이 있는지 물을 때

A 너 오늘 저녁에 뭐해?
B 별 거 없는데. 나랑 저녁 먹을까?

A **What are you up to** tonight?
B Nothing special. Want to have dinner with me?

UNIT 02

식당에서

음식 주문하기 / 음식이 잘못 나왔을 때 / 식사 후 계산하기

Try it in ENGLISH

식당에 가서 메뉴판을 보고 음식을 주문할 때, 내가 주문하지 않은 음식이 나왔을 때, 그리고 다 먹고 나서 계산할 때 나눌 수 있는 대화문을 익혀볼까요?

강의 **02**

(식당에서)

다니엘   나 여기 단골이야. 적어도 일주일에 한 번은 여기서 먹어.

팸   이 식당 좋네.

(직원이 와서 주문을 받는다.)

직원   안녕하세요, 뭐 드시겠어요?

다니엘   저는 카레라이스 주세요.

팸   저도 같은 거 주세요.

직원   알겠습니다. 음료는요?

팸   괜찮아요. 물이면 돼요.

직원   네. 음식은 15분 정도 걸려요. 괜찮으세요?

단골 식당에서 음식을 주문하고, 친구는 나와 같은 메뉴를 시키는 상황입니다. 삽화를 보고 상 상하며 우리말 대화를 보고 영어로 생각해본 다음에 영어 대화문을 보세요.

음원 02-1

CHAPTER 1

(at a restaurant)

Daniel I'm a regular here. I eat here at least once a week.

Pam This place looks nice.

(A server comes and takes their order.)

Server Hi, what can I get for you today?

Daniel I'll have curry and rice.

Pam I'd like the same.

Server Got it. Anything to drink with that?

Pam No, thanks. Just water, please.

Server Alright. 004 That'll be about 15 minutes. Is that okay?

VOCABULARY

at least 적어도, 최소한 　**once a week** 일주일에 한 번 　**take an order** 주문을 받다
curry and rice 카레라이스

KEY EXPRESSIONS

1 **나 여기 단골이야.**

I'm a regular.

여러분이 자주 가는 단골 식당이나 단골 카페 있죠? 거기에 친구나 아는 사람을 데려가서, '나 여기 단골이야'라고 할 때 I'm a regular.라고 표현해요.

2 **난 카레라이스요.**

I'll have curry and rice.

식당이나 패스트푸드점, 카페 등에 가서 음식이나 음료를 주문할 때 쓰는 기본적인 표현이 〈I'll have + 무엇.〉이예요. 그리고 카레라이스는 영어로 curry and rice라고 해요.

3 **저도 같은 걸로 주세요.**

I'd like the same.

주문할 때 제일 편한 건 다른 사람이 시킨 것을 똑같이 시키는 것 아닐까요? '저도 같은 걸 로 주세요'라는 말은 I'd like the same.이라고 해요.

음식이 잘못 나왔을 때

주문을 하고 빨리 음식이 나오기를 기다렸는데, 앗! 내가 시키지 않은 음식이 나올 때 있죠?
이럴 때의 대화를 영어로 먼저 생각해보고 나서 영어 대화문을 보세요.

음원 02-2

직원	(음식을 가지고 와서) 기다려주셔서 감사합니다. 여기 음식 나왔습니다. 맛있게 드세요.
매트	아, 잠깐만요. 저희 이거 안 시켰는데요.
직원	아, 죄송합니다. 확인해보겠습니다. (1분 후에) 죄송합니다. 착오가 있었나 봐요. 이거 치우고 바로 다시 가지고 오겠습니다.
매트	감사합니다.
(잠시 후에)	
직원	(다시 음식을 내려놓으며) 음식 나왔습니다. 그리고 이건 서비스예요.

Server *(serving food)* Thank you for waiting.
Here you go. Enjoy your meal.

Matt Oh, wait a minute. We didn't order these.

Server Oh, I'm sorry. **005** Let me go check in the kitchen.
(1 minute later)
I'm sorry. There was a mistake.
I'll take these away and bring you your food right away.

Matt Thanks.

(after a while)

Server *(Serving food again)* Here you are. And this is on the house.

VOCABULARY

meal 식사, 음식   **check** 확인하다   **take away ~** ~를 치우다, 가져가다
right away 바로, 금방

KEY EXPRESSIONS

1 **저희, 이거 안 시켰는데요.** We didn't order these.

식당에 가서 음식을 주문하고 기다렸는데, '어? 이거 안 시켰는데…' 할 때 있죠? 그럴 때
이렇게 말하면 됩니다. We didn't order these.라고요.

2 **이것들을 치우고 새로 음식을 내오다**
take these away and bring you your food

주문하지 않은 음식을 잘못 내왔을 때 직원은 I'll take these away (이건 치워가겠습니다)
and bring you your food. (그리고 (손님이 주문하신) 음식을 가지고 오겠습니다)라고 해요.

3 **서비스예요.** This is on the house.

식당에서 음식을 서비스로 주면서 영어로 This is on the house.라고 하는데요. on 뒤에
있는 house가 돈을 내는 것이니까 서비스로 준다는 의미예요.

음원 02-3

"아~ 잘 먹었다!" 기분 좋게 식사를 마치고 계산을 합니다. 이때도 필요한 영어가 많은데요.
먼저 영어로 생각해보고 나서 영어 대화문을 보세요.

(식당에서 식사를 마시고)

직원	현금인가요, 신용 카드인가요, 아니면 체크 카드인가요?
신디	신용 카드요. 카드, 여기 있습니다.
탐	아니, 제 카드로 해주세요.
신디	아, 탐, 오늘 네가 사는 거야?
탐	응, 지난번에 네가 샀잖아.

계산원	죄송한데요, 카드가 승인이 안 되는데요.
탐	네? 카드가 안 된다고요?
신디	괜찮아, 탐. 내가 살게.
탐	이크… 알겠어. 내가 나중에 맛있는 저녁 살게.

CHAPTER 1

(after having dinner at a restaurant)

Server　Cash, credit, or debit?

Cindy　Credit, please. Here's my card.

Tom　No, please put it on my card.

Cindy　Oh, Tom, are you buying today?

Tom　Yes, you treated me last time.

Clerk　I'm sorry, but your card was declined.

Tom　Excuse me? My card was declined?

Cindy　It's okay, Tom. It's on me.

Tom　Ahh... okay. **006** I owe you a fancy dinner.

VOCABULARY

debit 체크 카드　　**treat** 한턱내다. 먹을 것이나 마실 것을 사다　　**be declined** 거절되다
fancy 멋진, 근사한

KEY EXPRESSIONS

1　**현금인가요, 신용 카드인가요, 아니면 체크 카드인가요?**
Cash, credit, or debit?
식당이나 매장에서 계산할 때 직원이 꼭 물어보는 말 중의 하나예요. 계산을 현금(cash)으로
할 것인지, 신용 카드(credit)로 할 것인지, 아니면 체크 카드(debit)로 할 것인지를 묻는 거죠.

2　**제 카드로 계산해주세요.**　**Put it on my card.**
계산대 앞에서 서로 내가 내겠다고 실랑이를 벌이는 상황, 상상이 가시죠? '제 카드로 계산
해주세요'라는 말을 영어로 Put it on my card.라고 해요.

3　**카드가 안 된다고요?**　**My card was declined?**
계산하려고 카드를 턱 내밀었는데, '어? 승인 거절이라고요?' 할 때 있죠? 카드가 승인 거절
이 된 건지 물어볼 때 My card was declined?라고 하시면 돼요.

SPEAKING PATTERNS

~정도 걸릴 거예요. / ~정도 될 겁니다.
That'll be about ~.

음식은 15분 정도 걸려요.
That'll be about 15 minutes.

50달러 정도 될 거야.
That'll be about 50 dollars.

100킬로그램 정도 될 걸.
That'll be about one hundred kilograms.

시간이 어느 정도 걸릴 거라고 하거나 비용, 무게 등이 얼마쯤 될 것 같다고 할 때 That'll be about 뒤에 소요 시간이나 비용, 무게 등을 넣어서 말해보세요.

제가 가서 ~할게요.
Let me go + 동사원형.

주방에 가서 확인해보겠습니다.
Let me go check in the kitchen.

가서 마실 것 좀 사 올게.
Let me go get a drink.

가서 지갑 가지고 올게.
Let me go get my wallet.

'내가 가서 무엇을 하겠다'라고 할 때 이 패턴을 쓰시면 됩니다. I'll ~이라고 말하는 것보다 좀 더 부드럽고 공손한 느낌이 드는 표현이예요.

내가 너한테 ~빚졌다.
I owe you + 무엇.

내가 나중에 맛있는 저녁 살게.
I owe you a fancy dinner.

내가 너한테 신세를 졌다.
I owe you one.

너한테 사과할 게 있어.
I owe you an apology.

상대방이 내게 뭔가 고마운 것을 해주었을 때나 내가 상대방에게 해줄 게 있을 때 쓰는 패턴이예요. 구체적으로 무엇에 대해서인지 말하지 않고 I owe you one.이라고도 합니다.

What can I get for you today?
get 뒤에는 for를 쓸까요? 아니면 to를 쓸까요?
for나 to를 안 쓰기도 하죠?

Q

매장 직원이 '뭐 드릴까요?'라고 할 때 What can I get for you today?라고 했는데요, 어떤 때는 〈get + 무엇 + for + 누구〉 말고 〈get + 무엇 + to + 누구〉라고도 쓰고, 또 get me some snacks의 형태로도 쓰던데 차이가 뭔가요?

A

네, 일단 for는 '누구를 위해', to는 '누구에게'라는 대상을 가리키죠. 그래서 패스트푸드점이나 카페 등에서 직원이 주문을 받을 때는 '(손님을 위해서) 뭘 만들어드릴까요?'라는 의미로 주로 What can I get for you today?라고 하고, '(누구에게) 무엇을 갖다주겠다'라고 할 때는 Let me get it to you. (제가 갖다드릴게요) I'll get them to you. (내가 갖다줄게)와 같이 써요. 그리고 Please get me some water. Can you get me some snacks?와 같이 〈get + 누구 + 무엇〉의 형태로도 씁니다.

LEVEL UP EXPRESSIONS

남은 것 좀 싸갈 수 있을까요?
Can I have a to-go box?

식당에서 먹고 남은 음식을 싸가지고 가는 용기를 가리켜서 예전에는 a doggie bag이라고 했는데요, 요즘에도 이 표현을 쓸 수 있지만, a to-go box라는 말도 많이 써요. 남은 음식을 싸가지고 가서 강아지에게 주겠다는 의미로 a doggie bag이라고 하는 것이고 (집에 가서 사람이 먹더라도), 음식을 싸서 '가지고 가다'니까 a to-go box라고 하는 거죠.

먹고 남은 음식을 싸가고 싶을 때

A 남은 것 좀 싸갈 수 있을까요?	A Can I have a to-go box?
B 그럼요. 여기 있습니다.	B Sure. Here you go.

남은 음식을 싸가지고 갈 게 필요할 때

A 남은 것 좀 싸가게 용기 좀 주실래요?	A Can I have a to-go box?
B 그럼요. 여기요.	B Of course. Here it is.

카페 · 패스트푸드점에서

음식 주문하기 / 포인트 적립하기 / 재료가 소진되었을 때

카페나 패스트푸드점에서 주문할 때, 포인트 적립할 때, 그리고 주문한 음료의 재료가 소진되었을 때의 대화문을 익혀봅시다.

> 3.50 dollars, please.

강의 **03**

주인	마실 것 뭐 드릴까요?
스콧	아이스 카푸치노 하나 주세요.
주인	알겠습니다. 계피가루 뿌려드릴까요?
스콧	네.
주인	여기서 드시나요? 가져가시나요?
스콧	가지고 갈 거예요.
주인	3.50달러입니다.
스콧	여기 카드요.

카페에 가서 마시고 싶은 음료를 주문하고, 구체적인 요청도 해봅니다. 삽화를 보고 상황을 상상하며 우리말 대화를 보고 영어로 생각해본 다음에 영어 대화문을 보세요.

음원 **03-1**

CHAPTER 1

Owner	**007** **What would you like to drink today?**
Scott	One iced cappuccino, please.
Owner	All right. Would you like cinnamon powder on it?
Scott	Yes, please.
Owner	For here or to go?
Scott	To go, please.
Owner	$3.50, please.
Scott	Here's my card.

VOCABULARY

iced ~ 아이스 ~   **cinnamon** 계피   **for here** 매장에서 마시고 갈 것
to go 테이크아웃 해갈 것

KEY EXPRESSIONS

1   **아이스 카푸치노 하나 주세요.**

One iced cappuccino, please.

우리말로 아이스 음료를 가리킬 때 '아이스'라고 하지만, 영어로 말할 때는 iced 뒤에 음료 이름을 넣어야 해요. 아이스 커피는 iced coffee, 아이스 티는 iced tea입니다.

2   **여기서 드시나요? 가져가시나요?**

For here or to go?

매장에서 먹고 갈 건지, 테이크아웃을 해갈 건지를 묻는 말이 For here or to go?예요. for here는 여기서 먹고 간다는 거고, to go는 테이크아웃을 해간다는 말인데, for takeout이라고 하기도 합니다.

3   **여기 카드요.**

Here's my card.

계산할 때 카드를 건네면서 Here's my card.라고 하면 돼요. 신용 카드로 계산할 때는 Here's my credit card. 체크 카드로 계산할 때는 Here's my debit card.라고 해도 되죠.

음원 **03-2**

자주 갈 카페나 빵집에서 포인트를 적립하면 무료로 음료를 마시게 되잖아요? 그럴 때의 대화를 먼저 영어로 생각해보고 나서 영어 대화문을 보세요.

테일러	안녕하세요. 망고 스무디 하나요.
직원	여기서 드실 건가요, 가져가시나요?
테일러	가지고 갈 거예요.
직원	여기 처음 오셨나요?
테일러	네.
직원	쿠폰 만들어드릴까요? 커피 한 잔 드실 때마다, 도장을 하나씩 찍어드려요. 10잔 드시면 한 잔은 무료입니다.
테일러	좋은데요. 네, 만들어주세요.

Taylor	Hi. A mango smoothie, please.
Clerk	For here or takeout?
Taylor	Takeout, please.
Clerk	Is this your first time here?
Taylor	Yes, it is.
Clerk	Would you like our stamp card?
	008 Every time you get a coffee, you'll get one stamp. Your 11th coffee is free.
Taylor	Nice. Yes, please get me a coupon.

VOCABULARY

stamp card 도장을 하나씩 찍어주는 쿠폰　**get** 사 마시다, 받다, 만들어주다　**free** 무료인, 공짜인 **nice** 좋은

KEY EXPRESSIONS

1 **여기 처음 오셨나요?　Is this your first time here?**

　처음 온 손님인 것 같을 때 가게 직원이 자주 묻는 질문이 Is this your first time here?예요. 손님이, '오늘 처음 왔는데요'라고 할 때는 It's my first time here.라고 하면 됩니다.

2 **10잔 마시면 한 잔은 무료입니다.　Your 11th coffee is free.**

　자주 가는 커피숍에서 만들어주는 쿠폰을 가지고 있으면, 10잔을 마시면 한 잔을 공짜로 주는 경우 있죠? 이럴 때 11번째 커피가 무료다, 즉 Your 11th coffee is free.라고 해요.

3 **나에게 쿠폰을 만들어주다　get me a coupon**

　get은 다양한 의미로 쓰여요. 커피숍이나 빵집 등에서 쿠폰을 만들어달라고 할 때 Please get me a coupon.이라고 하는데, 이때 get은 '누구에게 무엇을 만들어주다'라는 뜻이예요.

마시고 싶은 음료를 주문하려고 하는데, 오늘 그 재료가 다 떨어졌다고 하는 상황이예요. 우리 말 대화를 보고 영어로 생각해본 다음에 영어 대화문을 보세요.

음원 03-3

CHAPTER 1

직원	안녕하세요, 뭐 드릴까요?
테드	블루베리 스무디 되나요?
직원	죄송하지만, 오늘 블루베리가 다 나갔어요. 대신 바나나 스무디는 어떠세요?
테드	아니요, 저는 바나나는 별로 안 좋아해서요. 그럼 아보카도 되나요?
직원	됩니다. 이런 더운 날엔 딱이죠. 4.50달러입니다.

Clerk	Hi, what can I get you today?
Ted	Can I have a blueberry smoothie?
Clerk	I'm sorry, but we ran out of blueberries today. How about a banana smoothie instead?
Ted	Oh, no thank you. I don't like bananas. Then can I get an affogato?
Clerk	Sure. 　009　That'd be perfect for this hot weather. That's $4.50.

VOCABULARY

run out of ~ ~가 다 떨어지다, 소진되다　**instead** 대신, 대신에　**perfect** 딱 맞는
weather 날씨

KEY EXPRESSIONS

1 **블루베리 스무디 되나요?** **Can I have a blueberry smoothie?**
매장에 가서, '~ 되나요? ~ 주문할 수 있나요?'와 같이 말할 때 Can I have a/an ~?이라고 하시면 돼요. 여기서 have는 '먹다, 마시다'의 의미죠.

2 **오늘 블루베리가 다 나갔어요.**
We ran out of blueberries today.
재료가 다 떨어졌다고 할 때 쓰는 표현이 〈run out of + 재료〉입니다. 다 떨어졌으면 We ran out of ~.라고 하고, 다 떨어져 간다고 할 때는 We're running out of ~.라고 해요.

3 **대신 바나나 스무디는 어떠세요?**
How about a banana smoothie instead?
어떤 재료가 다 떨어져서 해당 주문이 안 될 경우에, 다른 음료나 음식을 권하기도 하죠? 그럴 때 〈How about + 무엇 + instead?〉라고 물어봐요.

SPEAKING PATTERNS

<table>
<tr><td>핵심 패턴
007</td><td>뭘 ~하시겠어요?
What would you like to + 동사원형?</td></tr>
</table>

마실 것 뭐 드릴까요?
What would you like to drink today?

저녁은 뭐 먹고 싶어?
What would you like to eat for dinner?

하루 쉴 때, 뭐하고 싶어?
What would you like to do on the day off?

> 상대방에게 뭘 먹고 싶은지, 뭘 하고 싶은지, 뭘 사고 싶은지 등을 물을 때 쓰는 패턴이에요. would you like to는 want to와 같은 뜻인데 좀 더 공손한 느낌을 줍니다.

<table>
<tr><td>핵심 패턴
008</td><td>~하실 때마다, …할 겁니다.
Every time you + 동사원형, you'll + 동사원형.</td></tr>
</table>

커피 한 잔 드실 때마다 도장을 하나씩 찍어드려요.
Every time you get a coffee, **you'll** get one stamp.

어떤 것을 구매하셔도, 10퍼센트씩 할인을 받으실 거예요.
Every time you purchase something, **you'll** get 10 percent off.

이 사이트를 이용할 때마다, 무료 쿠폰을 받게 될 거야.
Every time you use this website, **you'll** get a free coupon.

> 상대방이 무엇을 할 때마다 어떻게 될 거라고 말해줄 때 쓸 수 있는 패턴입니다. 매장에서 직원이, 혹은 집에서 부모님이 아이들에게 자주 쓰는 표현이기도 하죠.

<table>
<tr><td>핵심 패턴
009</td><td>~에 딱이다.
That'd be perfect for ~.</td></tr>
</table>

이런 더운 날엔 딱이죠.
That'd be perfect for this hot weather.

이렇게 화창한 날에 딱이네.
That'd be perfect for this sunny day.

네 생일에 딱 맞는 거네.
That'd be perfect for your birthday.

> 그게 마침 어떤 것에 '딱 맞다, 아주 잘 어울린다'라고 할 때 쓸 수 있는 패턴입니다. That'd는 That would를 줄인 거예요.

What would you like to drink today?
would you like는 무슨 뜻이죠?

Q

카페에 음료를 마시러 가면 오늘 뭘 마시겠냐고 하면서 **What would you like to drink today?**라고 하죠. **would you like**가 들어간 문장을 정말 많이 볼 수 있는데요, 정확하게 **would you like**는 무슨 뜻이고 어떻게 쓰는 건가요?

A

네, **would you like**는 **want to**와 같은 뜻인데 좀 더 공손한 표현이라고 생각하시면 돼요. 문장 안에서 '~하시겠어요?, ~드릴까요?, ~하려고요, ~주세요'와 같은 뜻이 되죠. **Would you like cinnamon powder on it?** 에서처럼 **Would you like** 뒤에 먹을 것이나 마실 것을 쓰면 '그걸 드릴까요? 그것을 드시겠습니까?'라고 묻는 거고, **Would you like our stamp card?**처럼 **Would you like** 뒤에 먹고 마시는 것이 아닌 걸 쓰면 '그걸 드릴까요? 사시겠습니까?'라는 뜻이 돼요.

다시 한번 확인해주실래요?
Can you double-check that?

모처럼 마시고 싶은 음료가 있어서 주문했는데, 앗! 재료가 다 떨어졌다고 하네요. 역시 내가 먹고 싶은 건 남들도 다 좋아하는 건가요? 이럴 때, 혹시 모르니까 다시 한번 재료가 있는지 확인해달라고 할 때 **Can you double-check that?**이라고 할 수 있어요. 그리고 결제를 하려고 카드를 냈는데 승인이 안 된다고 할 때도 역시 이렇게 말할 수 있죠. 어떤 상황에서든 다시 한번 확인해달라고 할 때 이렇게 말해보세요.

딸기 스무디를 먹고 싶은데 딸기가 떨어졌다고 할 때

A 죄송한데요, 오늘 딸기가 다 떨어졌어요.

B 정말요? 다시 한번 확인해주시겠어요?

A I'm sorry, but I'm out of strawberries today.

B Really? **Can you double-check that, please?**

카드 승인이 안 된다고 할 때

A 죄송하지만, 카드 승인이 거절되었네요.

B 정말이예요? 다시 한번 확인해주시겠어요?

A I'm sorry, but your card was declined.

B Are you sure? **Can you double-check that?**

UNIT 04

집에서

학교 가는 아이 챙기기 / 안 쓰는 물건 정리하기
/ 욕실용품 정리하기

Try it in ENGLISH

아침에 아이가 학교 가는 것을 챙기고, 쓰지도 않고 먼지가 소복하게 쌓여 있는
물건들을 정리하고, 지저분하게 늘어놓은 욕실용품을 정리하는 상황의 대화문을
익혀봅시다.

강의 **04**

(아침에)

엄마   제이슨, 일어났니? 학교 갈 준비해.

제이슨   일어났어요. 지금 옷 입고 있어요.

엄마   빨리 해. 와서 아침 먹어라.

(아침 먹고 나서)

엄마   양치질은 했어?

제이슨   네, 엄마.

엄마   잘했다. 조심하고 학교 잘 다녀와.

제이슨   감사합니다, 엄마. 다녀오겠습니다.

아침에 엄마가 학교에 가는 아이를 챙겨주는 상황입니다. 삽화를 보고 상상하며 우리말 대화를 보면서 영어로 어떻게 말하면 될지 생각해보고 나서 영어 대화문을 보세요.

음원 **04-1**

(in the morning)

Mom	Jason, are you up? **010** Get ready to go to school.
Jason	I'm up. And I'm getting dressed now.
Mom	Do it fast. Come and eat breakfast.

(after breakfast)

Mom	Did you brush your teeth?
Jason	Yes, Mom.
Mom	Atta boy. Take care and have a great day.
Jason	Thanks, Mom. See you later.

VOCABULARY

get dressed 옷을 입다 **atta boy** 잘했어 (아들에게 칭찬할 때 쓰는 말. 딸에게는 **atta girl**이라고 함) **take care** 조심하다, 몸조심하다 **later** 나중에, 이따가

KEY EXPRESSIONS

1 **일어났니?**

Are you up?

up은 '위에'라는 뜻도 있지만, be up, get up, wake up에서의 up은 '일어나다, 잠에서 깨다'라는 뜻이에요. 그래서 아이가 일어났는지 물을 때는 Are you up?이라고 묻고, '일어났다'고 할 때는 I'm up.이라고 해요. '5분만 있다가 일어날게요'라고 할 때는 I'm getting up in 5 minutes.라고 하죠.

2 **빨리 해.** **Do it fast.**

'빨리 해라, 시간 없으니까 서둘러'라고 할 때 Hurry up.이라고 할 수도 있지만, Do it fast. 라고도 합니다. 혹은 Do it quick. Do it quickly.라고 할 수가 있어요. 이때 quick과 quickly는 둘 다 부사라서 다 쓸 수 있습니다.

3 **양치질하다**

brush one's teeth

'양치질하다'라는 말은 brush my/your teeth라고 하는데요, 여기서 brush는 '솔로 뭔가를 닦는다'고 할 때 다 쓰는 말이에요. 즉, 신발에 먼지가 묻었으니 닦으라고 할 때도 brush your shoes라고 하고, 머리를 솔빗으로 빗으라고 할 때도 brush your hair라고 하죠.

음원 **04-2**

집 안 여기저기에 쌓여 있는 안 쓰는 물건들을 싹 다 정리하는 상황입니다. 우리말 대화를 보고 영어로 생각해본 다음에 영어 대화문을 보세요.

그레그	좋아, 오늘은 옷장을 싹 정리하자고. (옷장 문을 열고) 우선, 이 안에 있는 걸 다 입어봐. 당신한테 맞고 마음에 들면, 다시 걸어.
린다	아니면?
그레그	그럼 간단하지! 마음에 안 드는 것들

은 이 기증 상자에 넣어.
(잠시 후에)

린다	이 원피스는 유행은 지났는데, 엄청 비싸게 주고 산 거라.
그레그	입지도 않는 옷 끌어안고 살지 마.
린다	그래, 그냥 먼지만 쌓여가는 거지 뭐.

Greg Okay, let's clean up the closet today.
(opening a closet door) First, try on everything in this closet.
If it fits and you like it, hang it back up.

Linda Otherwise?

Greg Then it's simple!
011 Put the ones you don't like in this donation box.

(after a while)

Linda This dress looks out of style, but I paid lots of money for it.

Greg Don't try to hold on to clothes you don't wear any more.

Linda Yeah, this dress has been getting dustier in the closet.

VOCABULARY

clean up 정리하다　**closet** 옷장　**donation** 기부, 기증　**dustier** 먼지가 더 쌓이는

KEY EXPRESSIONS

1 **오늘은 옷장을 싹 정리하자.** **Let's clean up the closet today.**

옷장 안을 싹 다 정리하자고 할 때 쓰는 말인데, clean도 청소하는 거지만, clean up이라고 하면 완전히 정리한다는 의미가 돼요. 동사에 up을 써서 강조하는 것으로 eat up, finish up 등이 있어요.

2 **입지도 않는 옷 끌어안고 살지 마.** **Don't try to hold on to clothes you don't wear any more.**

이제는 입지도 않는 옷을 가지고 있지 말라고 할 때 쓰는 말인데요, 〈hold on to + 무엇〉은, '무엇에 집착하다, 버리지 못하고 끼고 있다'라는 뜻입니다.

3 **그냥 먼지만 쌓여가니까 뭐.**
This dress has been getting dustier in the closet.

get dusty, get dustier는 '먼지가 쌓여간다, 먼지가 계속 더 쌓여간다'라는 뜻이에요. 그동안 입지도 않고 넣어두기만 했으니까 이 원피스에 계속 먼지만 쌓여왔다는 말이죠.

SITUATION 3   욕실용품 정리하기

음원 **04-3**

욕실의 욕조 주변과 세면대 위에 늘어서 있는 안 쓰는 욕실용품들을 정리하는 상황이예요. 우리말 대화를 보고 영어로 먼저 생각해보고 나서 영어 대화문을 보세요.

프레드	우리 욕실 안에 물건이 너무 많아. 당신, 이 목욕용품들 다 쓰는 거야?
팸	솔직히, 안 써. 그거 거의 일 년 넘게 안 썼어.
프레드	그럼 우리 안 쓰는 건 버리자. 여기. 가지고 있을 건 다 이 바구니에 담아.
팸	그렇게. 시작해볼까?
	(한 시간 후에)
프레드	봐? 이러니까 우리 욕실이 전보다 훨씬 더 커 보이잖아.

CHAPTER 1

Fred   We've got so much stuff in our bathroom.
Are you using all these toiletries?

Pam   Honestly, no.

012 I haven't used most of them for over a year.

Fred   Then let's get rid of the things we are not using.
Here. Put everything you want to keep in this basket.

Pam   Good idea.
Shall we get started?

(1 hour later)

Fred   See? Now our bathroom looks much bigger than before.

■ VOCABULARY

stuff 짐, 물건들   **toiletries** 목욕용품, 욕실용품   **get rid of ~** ~를 버리다
get started 시작하다

KEY EXPRESSIONS

1   **물건이 정말 너무 많아.**   We've got so much stuff.

'우리가 너무 많은 물건, 짐을 끌어안고 살고 있다'고 할 때 이렇게 말해보세요. stuff는 짐이나 가방, 물건 등을 다 가리키는 말인데요, 복수의 물건들을 가리킬 때도 -s를 붙이지 않아요.

2   **안 쓰는 건 버리지 뭐.**
Let's get rid of the things we are not using.

'이제는 쓰지 않는 것들은 버리자'고 할 때 쓸 수 있는 문장이예요. things를 stuff로 바꿔 말할 수도 있어요. '스트레스를 없앤다'고 할 때도 get rid of stress라고 할 수 있어요.

3   **우리 욕실이 전보다 훨씬 더 커 보이잖아.**
Our bathroom looks much bigger than before.

정리 정돈을 하고 나니 똑같은 욕실인데도 엄청 커 보인다는 말이죠. big은 '큰', bigger는 '더 큰', much bigger는 '훨씬 더 큰'이라는 뜻입니다.

SPEAKING PATTERNS

~할 준비해.
Get ready to ~.

학교 갈 준비해.
Get ready to go to school.

출근 준비해.
Get ready to go to work.

갈 준비해.
Get ready to leave.

어떤 것을 할 준비를 하라고 할 때 이 패턴의 to 뒤에 동사원형을 넣어서 말해보세요.

…한 것들은 ~안에 넣어.
Put the ones + 주어 + 동사 + in ~.

마음에 안 드는 것들은 이 기증 상자에 넣어.
Put the ones you don't like **in** this donation box.

우리한테 안 필요한 건 이 통 안에 넣어.
Put the ones we don't need **in** this container.

그 아이들한테 주고 싶은 것들은 이 큰 상자에 넣어.
Put the ones you want to give them **in** this big box.

'어떤 것을 어디 안에 넣어'라고 말할 때 이 패턴을 쓰시면 됩니다. 〈주어 + 동사〉 자리에는, 그것들, the ones 가 어떤 것들인지를 가리키는 말을 넣어보세요.

난 …동안 ~를 안 했어.
I haven't p.p. ~ for …

그거 거의 일 년 넘게 안 썼어.
I haven't used most of them **for** over a year.

난 6개월 넘게 여행 못 갔어.
I haven't been on a trip **for** more than six months.

5년도 넘게 그 사람 못 봤는데.
I haven't seen him **for** over five years.

for 뒤에 오는 기간 동안 어떤 것을 하지 않았다고 할 때 쓸 수 있는 패턴입니다. I've never p.p. for ~.라고 말해도 같은 뜻이예요.

Our bathroom looks much bigger than before.
비교급인 -er이나 more 앞에 much를 왜 써요?

Q

욕실에 있던 불필요한 걸 다 정리하고 나니까 우리 욕실이 전보다 훨씬 더 커졌다고 하면서 Our bathroom looks much bigger than before.라고 했는데요, big보다 더 큰 걸 bigger라고 하는 건 알겠는데 그 앞에 much를 왜 썼죠?

A

네, much는 bigger를 더 강조하기 위해 쓰인 거예요. big은 '큰'이라는 뜻이고 비교급인 bigger의 뜻은 '더 큰'이죠. bigger 앞에 much를 써서 much bigger라고 하면 '훨씬 더 큰'이라는 뜻이 돼요. 비교급을 강조할 때 비교급 앞에 much 외에도 even, a lot 등을 쓸 수도 있습니다. a lot stronger(훨씬 더 센), even larger(훨씬 더 큰), a lot more essential(훨씬 더 필수적인), even more beautiful(훨씬 더 아름다운)과 같이 말이죠.

우리 딸/아들 다 컸네.
You're all grown up.

아이를 키우다 보면, '어머, 언제 이렇게 컸지?'라는 마음이 든다고 하죠? 마냥 어린 줄만 알았던 내 딸이, 내 아들이 참 기특하다는 마음이 들 때, You're all grown up.이라고 하시면 돼요. 참고로, grown up은 '어른'을 가리키는 명사로도 쓰여요. '어른들'은 grown ups라고 하죠. 우리 아이가 참 대견스럽다고 느껴지면 속으로만 생각하지 마시고, You're all grown up.이라고 말해주세요.

자기 빨래를 스스로 갠 딸에게

A	엄마, 제 빨래 다 갰어요.		A	Mom, I folded my clothes.
B	우리 딸 다 컸네.		B	**You're all grown up.**

방청소를 알아서 다 한 아들에게

A	아빠, 저 방 청소 다 했어요.		A	Dad, I cleaned my room.
B	우리 아들 다 컸네.		B	**You're all grown up.**

UNIT 05

이웃 & 동네에서

엘리베이터에서 층 눌러주기 / 층간 소음
/ 아는 이웃 사람을 만났을 때

Try it in ENGLISH

내가 사는 동네에서 일어날 수 있는 일들, 층간 소음 때문에 힘들 때, 혹은 전에
알던 이웃 사람을 만나 얘기하는 상황을 담은 대화문을 배워볼까요?

강의 **05**

(엘리베이터 문이 열린다.)

리즈   이거 올라가나요?

남자   네.

(엘리베이터가 다음 층에서 다시 열리고, 한 여자가 탄다.)

리즈   유모차가 있으시네요. 제가 이쪽으로 갈게요.

여자   감사합니다.

리즈   몇 층 가세요?

         제가 눌러드릴게요.

여자   10층 좀 눌러주시겠어요? 고맙습니다.

엘리베이터를 탔는데 어떤 사람이 유모차를 끌고 탑니다. 몇 층 가는지 묻고 대신 버튼을 눌러주는데요… 우리말 대화를 보고 영어로 생각해본 다음에 영어 대화문을 보세요.

음원 **05-1**

CHAPTER 1

(The elevator doors open.)

Liz   Is this going up?

Man   Yes.

(The elevator doors open on the next floor, and a woman gets in.)

Liz   You have a stroller. I'll move over here.

Woman   Thanks.

Liz   What floor are you going to?
013   Let me hit it for you.

Woman   Could you hit 10? Thanks again.

▬▬ **VOCABULARY**

go up 올라가다   get in 타다   stroller 유모차   move 옮기다

KEY EXPRESSIONS

1 **올라가다**
go up
엘리베이터가 열렸을 때 올라가는지 내려가는지 물으려면, Is this going up? (올라가나요?) Is this going down? (내려가나요?)라고 하면 돼요.

2 **몇 층 가세요?**
What floor are you going to?
1층, 2층, 3층과 같은 층은 floor라고 해요. 몇 층을 가는지 이렇게 물어봤을 때 대답은 To the fifth floor. (5층 가요) To the tenth floor. (10층 갑니다)와 같이 하시면 돼요.

3 **상대방이 갈 층을 눌러주다**
hit it for you
다른 누군가를 위해서 몇 층을 눌러주겠다고 할 때 이렇게 말할 수 있어요. hit ~는 '몇 층을 누르다'라는 뜻이죠. '7층을 누르다'는 hit 7, '10층을 누르다'는 hit 10과 같이 말합니다.

음원 05-2

밤이고 낮이고 위층에서 나는 층간 소음 때문에 너무 괴롭습니다. 이럴 때의 대화를 먼저 영어로 생각해본 다음에 영어 대화문을 보세요.

로즈	더 이상 못 참겠네. 윗집이 너무 시끄러워.
마이크	윗집에 어린애들 있어?
로즈	응, 남자애 둘.
마이크	몇 살인데?
로즈	한 애는 7살이고, 다른 애는 5살.
	맨날 저렇게 시끄럽게 하는 게 당연하지 뭐.
마이크	그렇구나. 밤에는 좀 쿵쾅거리면서 걷지 않았으면 좋겠네.

Rose	I can't stand it anymore. My upstairs neighbors are too noisy.
Mike	Do they have young kids?
Rose	Yes, two boys.
Mike	How old are they?
Rose	One is 7, and the other is 5.
	014 It's not surprising that they make noise all the time.
Mike	I see.
	I hope they don't stomp around at night.

VOCABULARY

upstairs neighbors 위층에 사는 이웃 사람들　**surprising** 놀라운
all the time 늘, 항상, 맨날　**stomp around** 쿵쾅거리며 걷다

KEY EXPRESSIONS

1 **참다, 견디다　stand it**
밤낮으로 윗집에서 쿵쾅거리면 정말 참을 수가 없죠? '정말 더는 못 견디겠다'라는 말은 I can't stand it anymore.라고 해요. 이때 stand는 '(소음이나 더위, 추위 등을) 견디다'라는 뜻이예요.

2 **윗집이 너무 시끄러워.**
My upstairs neighbors are too noisy.
윗집에 사는 이웃은 둘 이상이면 upstairs neighbors, 한 명이면 upstairs neighbor라고 하죠. 반대로 아랫집에 사는 이웃은 downstairs neighbor(s)라고 합니다.

3 **밤에 쿵쾅거리다　stomp around at night**
쿵쾅거리며 걷는 것을 stomp라고 해요. 그래서 '(위층에 사는) 사람들이 밤에는 좀 쿵쾅거리지 않았으면 좋겠다'라는 말은 I hope they don't stomp around at night.라고 하면 됩니다.

동생이 사는 동네에 갔다가, 전에 우리 아파트에 살던 사람과 마주쳤네요. 반갑게 인사하며 근황을 묻는 대화를 먼저 영어로 생각해보고 나서 영어 대화문을 보세요.

음원 05-3

CHAPTER 1

(케이트가 길을 걷다가 누군가와 마주쳤다.)

케이트	저기, 혹시 전에 분당 살지 않으셨어요?
토드	네! 케이트? 와, 어떻게 아직 저를 기억하고 계시네요. 여긴 왠일이세요?
케이트	동생네 집 잠깐 들르려고요. 어떻게 지내셨어요? 좋아 보이세요.
토드	잘 지냈어요. 새로운 이 동네도 마음에 들고요.
케이트	여기 참 조용한 곳인 것 같네요. 오늘 만나서 반가웠어요. 안녕히 가세요!

(Kate runs into someone while walking on the street.)

Kate   Hey, didn't you use to live in Bundang?

Todd   I did! Kate? Wow, **015** it's amazing you still remember me. What are you doing here?

Kate   I came here to drop by my brother's home. How have you been? You look great.

Todd   I've been doing okay. I like my new neighborhood, too.

Kate   It looks like a quiet place around here. It was so good to see you today. Take care!

VOCABULARY

still 아직   **drop by** ~ ~에 잠깐 들르다, 다니러 오다   **neighborhood** 이웃, 동네
quiet 조용한

KEY EXPRESSIONS

1   **전에 분당에서 살았다**   used to live in Bundang

전에 무엇 했는지 물을 때 Didn't you use to ~?라고 해요. '전에 여기서 일하지 않으셨어요?'는 Didn't you use to work here? '전에 요가강사 아니셨어요?'는 Didn't you use to be a yoga instructor?와 같이 말하죠.

2   **여긴 왠일이세요?**   What are you doing here?

뜻밖의 장소에서 누군가를 우연히 만났을 때 이렇게 말해요.

3   **만나서 반가운**   so good to see you

만났다 헤어질 때 so good to see you를 넣어 말해요. It was nice to see you today.라고 하기도 하고, I was happy to see you today. I was glad to see you today.라고도 합니다.

SPEAKING PATTERNS

핵심 패턴
013

제가 ~해드릴게요.
Let me + 동사원형 + for you.

제가 눌러드릴게요.
Let me hit it **for you.**

문 열어드릴게요.
Let me open the door **for you.**

커피 타드릴게요.
Let me make some coffee **for you.**

상대방을 위해 어떻게 해드
리겠다고 할 때 이 패턴을
써서 말해보세요. for you를
빼고, 〈Let me + 동사원형.〉
이라고만 해도 됩니다.

핵심 패턴
014

~하는 게 당연하네.
It's not surprising that + 주어 + 동사.

맨날 저렇게 시끄럽게 하는 게 당연하지 뭐.
It's not surprising that they make noise all the time.

우리가 녹초가 된 게 당연하지.
It's not surprising that we're exhausted.

네가 실망하는 게 당연해.
It's not surprising that you feel disappointed.

어떤 것이 놀랍지도 않을 만
큼 당연하게 여겨질 때 이
패턴을 써서 말해보세요.

핵심 패턴
015

어쩜 ~할 수가 있지.
It's amazing + 주어 + 동사.

어떻게 아직 저를 기억하고 계시네요.
It's amazing you still remember me.

어떻게 이번에 만점을 맞았니.
It's amazing you got a perfect score this time.

어쩜, 헤어지고 나서도 걔네들은 같이 일을 하네.
It's amazing they work together after a breakup.

어떠한 것이 놀라울 때, '어
쩜 이래?'라는 느낌이 들 때
쓸 수 있는 패턴이에요. It's
amazing 뒤에 주어와 동사
로 이어지는 문장을 쓰면 됩
니다.

It was so good to see you today.
Good to, Glad to 앞에는 뭐가 생략된 거죠?

Q

'오늘 만나서 반가웠어'라는 말을 It was so good to see you today.라고 했는데, 다른 데 보니까 앞에 있는 It was를 생략하고 So good to see you today.라고도 하던데요. 이렇게 앞에 생략된 주어와 동사는 모두 It was 나 It is인가요?

A

아닙니다. So good, Good은 사람이 so good이거나 good이라는 게 아니라 to 뒤에 있는 내용이 '좋다', 혹은 '좋았다'는 거라서 It was, It is가 생략된 거예요. Nice to ~앞에도 It was나 It is가 생략된 겁니다. 그런데 만약 Glad to see you today.라고 하면 Glad는 '기쁜'이라는 뜻으로 사람이 기쁜 거니까 I was glad to see you today.나 I'm glad to see you today.에서 I was 혹은 I'm이 생략된 거죠. 마찬가지로 Happy to see you. 앞에도 I was나 I'm이 생략된 겁니다.

LEVEL UP
EXPRESSIONS

빈손으로 갈 순 없잖아.
We shouldn't go empty-handed.

남의 집에 갈 때 혹은 어떤 모임 등에 갈 때 '빈손으로 가기는 좀 그렇지'라는 표현은 We shouldn't go empty-handed.라고 할 수 있어요. empty-handed는 손이 비어 있는 상태를 가리키죠? 그러니까 손에 아무 것도 들지 않고, 즉 선물이나 먹을 것, 마실 것 등을 가져가지 않고 그냥 가는 것을 go empty-handed라고 해요. 어디를 방문하면서 '빈손으로 어떻게 가니?'라고 할 때 We shouldn't go empty-handed.라고 해보세요.

집들이 갈 때

A 그 집 집들이 갈 때 과일 좀 사 가자.

B 좋아. 빈손으로 갈 순 없지.

A Let's bring some fruit to their housewarming party.

B Cool. **We shouldn't go empty-handed.**

부모님 댁에 갈 때

A 가게에서 뭐 좀 사 가지고 가자.

B 좋지. 빈손으로 가면 안 되잖아.

A Let's pick something up at the store.

B Good idea. **We don't want to go empty-handed.**

CHAPTER 1

UNIT 06

운전할 때

운전 중에 과속 딱지를 뗐을 때 / 엔진 오일 교환
/ 돌아가면서 운전하기

Try it in
ENGLISH

운전하다가 과속이나 신호 위반 등으로 딱지를 뗐을 때 경찰과의 대화, 엔진 오일 교환에 대한 얘기, 그리고 장거리 운전 시 돌아가면서 운전하기에 대해 나눌 수 있는 대화를 익혀봅시다.

강의 **06**

숀	어이, 프레드, 무슨 일 있어? 기분이 안 좋아 보여.
프레드	과속으로 딱지 뗐어.
숀	아니, 과속 딱지를 또 뗐다고?
프레드	응, 내가 좀 밟아대잖아.
숀	경찰이 잡든?
프레드	아니, CCTV에 찍혔어.
	이거 좀 봐. 방금 벌금 통지서를 우편으로 받았어.
숀	아, 이런…

운전 중에 과속을 해서 집으로 벌금 통지서가 나왔을 때의 대화입니다. 우리말 대화를 보고 영어로 생각해본 다음에 영어 대화문을 보세요.

음원 06-1

CHAPTER 1

Sean	Hey, Fred, what happened? You look upset.
Fred	I got a ticket for speeding.
Sean	Oh, you got a speeding ticket again?
Fred	Yeah, you know I've got a lead foot.
Sean	Were you pulled over by a police officer?
Fred	No, I was caught by CCTV.
	Look at this. **016** I just received the fine in the mail.
Sean	Oh, no...

VOCABULARY

upset 화가 난　 speeding 과속　 lead foot 운전할 때 늘 과속을 하는 사람에게 쓰는 표현
fine 벌금

KEY EXPRESSIONS

1 　과속으로 딱지를 떼다

get a ticket for speeding

get a ticket이 '딱지를 떼다'라는 말이고, 그 이유를 for 뒤에 씁니다. 불법 주차로 딱지를 떼면 get a ticket for illegal parking이라고 해요. 반대로 경찰이 딱지를 부과하는 건 〈give + 누구 + a ticket〉이라고 합니다.

2 　내가 좀 밟아대잖아.

I've got a lead foot.

우리말로, '왜 그렇게 밟아 대니?'라고 할 때의 그 느낌을 생각하시면 돼요. 엑셀을 밟아 과속을 하는 사람에게 〈누구 + have a lead foot.〉, 〈누구've got a lead foot.〉이라고 해요.

3 　경찰이 잡든?

Were you pulled over by a police officer?

운전하는 차를 갓길에 세우라고 하는 게 pull over예요. stop을 쓰면 운행 중인 차를 그 자리에 세우든지, 갑자기 서버리는 걸 가리키니까 차를 세운다고 할 때는 pull over를 쓰세요.

차를 모는데 예전과 달리 느낌이 좀 이상할 때 나누는 대화입니다. 우리말 대화를 보고 영어로 생각해본 다음에 영어 대화문을 보세요.

음원 06-2

캐시	흐음… 차가 전처럼 부드럽지가 않네.
피터	마지막으로 엔진 오일 언제 갈았어?
캐시	엔진 오일? 작년인가?
피터	일 년에 보통 얼마나 몰아?
캐시	5천 킬로 정도? 차를 그렇게 많이 안 쓰니까, 뭐…
피터	그럼 일 년 반에 한 번씩은 엔진 오일을 교환해야 해. 근데 그건 도로 상태나 교통량에 따라서 다르긴 해.

Cathy Hmmm… My car doesn't seem to drive as smoothly as before.

Peter When did you last change the motor oil?

Cathy The motor oil? Maybe sometime last year?

Peter What's your annual mileage?

Cathy About 5,000 kilometers? I don't drive a lot, so…

Peter Then you have to change the motor oil every one and a half years.
But **017** it also depends on the road conditions and the traffic.

VOCABULARY

smoothly 부드럽게　**last** 마지막으로　**motor oil** 엔진 오일　**road conditions** 도로 상태

KEY EXPRESSIONS

1 **차가 부드럽게 가다　drive smoothly**

차를 몰 때의 느낌이 부드러울 때 drive smoothly라고 해요. 차를 모는 것도 drive a car 라고 하지만, 차가 달릴 때의 느낌이 어떻다고 할 때도 목적어 없이 My car drives ~, My car doesn't seem to drive ~라고 써요.

2 **엔진 오일을 갈다　change the motor oil**

우리는 엔진 오일이라고 표현하는데 영어로는 the motor oil이라고 해요. 엔진 오일을 교환하는 건 change the motor oil이라고 하죠.

3 **일 년 간의 주행 거리　annual mileage**

우리가 보통, '일 년에 차를 얼마나 몰아?'와 같이 말하죠? 그렇게 일 년 간의 주행 거리는 annual mileage라고 하고 한 달에 얼마나 모는지는 monthly mileage라고 해요.

SITUATION 3   돌아가면서 운전하기

장거리 운전을 하거나 오래 운전을 해야 할 경우에 둘이 번갈아 운전을 하자고 말하는 상황입니다. 우리말 대화를 보고 영어로 생각해본 다음에 영어 대화문을 보세요.

음원 06-3

밥	음, 오늘 우리 매장을 몇 군데 들러야 해?
바이올렛	어디 보자… 신촌에 네 군데랑 일산에 두 군데.
밥	알았어. 빨리 하고 시간 좀 남으면 잘 활용해보자.
바이올렛	그러지 뭐? 네가 운전할래? 아니면 내가 할까?
밥	난 운전하는 거 괜찮아. 차 키 줘.
바이올렛	그래. 여기.
	이런, 기름이 다 떨어져가잖아.

Bob	So, how many shops do we have to visit today?
Violet	Let's see… Four in Shinchon and two in Ilsan.
Bob	Got it.
	018 Let's hurry and take advantage of some free time after that.
Violet	Why not? Will you drive or do you want me to drive us?
Bob	I don't mind driving.
	Give me the key.
Violet	Okay. Here.
	Oh, we're running out of gas.

VOCABULARY

take advantage of ~ ~를 이용하다   **mind** 싫어하다, 안 편하다
run out of ~ ~가 다 떨어지다, 바닥나다   **gas** 기름

KEY EXPRESSIONS

1 **내가 운전할까? Do you want me to drive us?**

'운전한다'는 drive죠. 그래서 '네가 운전할래?'는 Will you drive? '내가 운전할까?'는 Do you want me to drive?라고 하는데요, 상대방과 같이 타고 가는 차를 '내가 운전하다'라는 말은 drive us라고도 해요.

2 **운전하는 것을 싫어하다 mind driving**

mind는 뒤에 오는 것을 '싫어하다, 귀찮아 하다, 불편해 하다'라는 뜻이예요. mind 뒤에는 -ing 형태를 쓰죠. '흡연을 싫어하다' mind smoking, '기다리는 걸 싫어하다' mind waiting처럼요.

3 **기름이 다 떨어지다 run out of gas**

'어떤 것이 다 떨어지다'라고 할 때 run out of를 쓰는데요, '완전히 바닥났다'는 ran out of ~라고 하고, '다 떨어져가고 있다'라고 할 때는 is running out of ~라고 해요.

SPEAKING PATTERNS

016
우편으로 ~가 왔더라.
I just received ~ in the mail.

방금 벌금 통지서를 우편으로 받았어.
I just received the fine **in the mail.**

방금 결과를 우편으로 받았어.
I just received the results **in the mail.**

방금 점수가 우편함에 와 있더라.
I just received the score **in the mail.**

'메일함, 우편함에 뭔가 와 있다'고 할 때 이 패턴을 쓰세요. 이메일로 받았을 때는 in the email이라고 하시면 됩니다.

017
그건 ~에 따라 달라.
It depends on ~.

그건 도로 상태에 따라서 다르긴 해.
It depends on the road conditions.

그건 날씨에 따라 달라.
It depends on the weather.

그건 근무 환경에 따라 다르지.
It depends on the working conditions.

'무언가가 어떤 것에 따라 달라진다'고 할 때 이 패턴을 써보세요.

018
~를 잘 이용하자 / 활용하자
Let's take advantage of ~.

남은 시간을 잘 활용해보자.
Let's take advantage of some free time.

우리 이 상황을 잘 이용해보자.
Let's take advantage of this situation.

우리 근무 시간이 유동적인 걸 잘 활용해보자고.
Let's take advantage of our flexible work schedule.

상대방에게 '어떤 것을 잘 이용하자'거나 '활용하자'라고 할 때 이 패턴을 써보세요.

I don't drive a lot, so…

don't, doesn't의 -t는
아무리 들어도 소리가 안 들려요, 왜죠?

Q

대화문들을 들어보면, **don't drive**라고 할 때 **don't**의 -t 소리가 안 들리고, **want me**라고 할 때도 **want**의 -t 소리가 안 들리거든요. 철자는 있는데 왜 소리는 안 들리는 거죠?

A

네, 미국 영어에서는 이런 현상이 아주 많이 일어납니다. 철자가 있는데도 발음이 안 되고 소리가 들리지 않는 가장 흔한 경우는 -n 뒤에 -t나 -d가 올 때인데요. -n만 발음하고 뒤에 있는 -t나 -d는 발음하지 않는 거예요. 예를 들어, **doesn't seem**은 /더즌씨임/처럼, **don't drive**는 /도운드라이브/처럼, **want me**는 /원미/처럼 그리고 **mind driving**은 /마인드라이빙/처럼 발음하는 거죠.

뭔가 좀 이상하더라고.

Something was off.

몸이 안 좋든, 어떤 사람이 평소와 다른 모습을 보이든, 뭔가가 좀 이상하다고 할 때 **off**를 써요. 그래서, '어딘가 좀 이상하더라. 뭔가 좀 이상하더라'라고 할 때 **Something was off.**라고 합니다. 그리고 어떤 곳이나 기계 등을 가리키면서 '뭐가 잘못된 것 같다'고 할 때도 **Something is off.** 혹은 **Something was off.**라고 할 수 있어요. '몸이 좀 안 좋다'고 할 때 **Something felt a bit off.**라고 해요.

몸이 안 좋아서 일찍 집에 와서

A 왜 일찍 왔어?	A Why did you come home early?
B 몸이 좀 안 좋아서. 감기가 오려나 봐.	B **Something felt a bit off.** I think I'm getting a cold.

평소와 다른 누군가에 대해 얘기할 때

A 그 사람 좀 이상해.	A **Something is off about him.**
B 맞아, 요즘 좀 그 사람답지 않아.	B Yeah, he hasn't been himself lately.

UNIT 07

쇼핑하기 I

찾는 물건 말하기 / 배송 예약하고 결제하기
/ 원하는 사이즈 요청하고 계산하기

Try it in **ENGLISH**

쇼핑하러 가서 사려고 하는 물건이 뭔지 말하고 도움을 받을 때, 품절된 제품을
예약하고 결제할 때, 그리고 내가 원하는 사이즈가 있는지 묻고, 계산하는 상황의
대화들을 익혀봅시다.

강의 **07**

(옷 가게에서)

리타   안녕하세요. 저, 아쿠아 슈즈를 찾고 있는데요.

직원   이쪽으로 오세요. 편하게 구경하세요.

리타   고맙습니다. 아, 이 신발 마음에 드네.
저기요, 이 신발 235 있나요?

직원   아뇨, 죄송합니다. 진열대에 있는 게 마지막이에요.

리타   아, 알겠습니다. 이건 245라서 저한테는 안 맞거든요.

직원   원하시면, 손님 사이즈를 주문하시면 배송해드릴 수
있어요.

리타   그럼 이거 살게요.

신발 가게에 가서 내 발 사이즈를 말하면서 신발을 사는 상황입니다. 우리말 대화를 보고 영어로 생각해본 다음에 영어 대화문을 보세요.

음원 **07-1**

CHAPTER 1

(at a clothing store)

Rita Hello. I'm looking for water shoes.

Clerk Come this way. **019** Feel free to look around.

Rita Thank you. Oh, I like these ones.
Excuse me, do you have these shoes in 235?

Clerk No, I'm sorry. The pair on the shelf is the last one.

Rita Oh, okay. These shoes are 245, so they won't fit me.

Clerk We can order your size and get them delivered to you if you want.

Rita Then I'll get them.

VOCABULARY

shelf 선반　**fit** 딱 맞다　**deliver** 배달하다, 배송하다　**get** 사다

KEY EXPRESSIONS

1　**아쿠아 슈즈를 찾다, 사려고 하다**

look for water shoes

매장에 가서 기본적으로 쓸 수 있는 말이 I'm looking for ~입니다. 사려고 하는 물건을 look for 뒤에 쓰면 돼요. 직원은 보통, What are you looking for? Is there anything special you're looking for?라고 묻습니다.

2　**이 신발이 235로 있다**

have these shoes in 235

신발이나 옷과 같이 사이즈나 색깔이 다양할 경우, 어떤 것이 무슨 사이즈나 색깔이 있는지 물을 때 〈have + 무엇 + in + 사이즈/색깔〉처럼 in 뒤에 사이즈나 색깔을 넣어서 말해요. Do you have this jacket in black?처럼요.

3　**이것을 사다**

get them

어떤 것을 사기로 했을 때 '사다'라는 말은 get it, get them, take it, take them과 같이 말해요. 하나짜리는 get이나 take 뒤에 it을 쓰고, shoes, pants처럼 복수형일 때는 them을 쓰세요.

음원 07-2

사고 싶은 물건을 발견했는데 품절이 돼서, 배송을 받기로 하고 미리 계산하는 상황입니다. 우리말 대화를 보고 영어로 생각해본 다음에 영어 대화문을 보세요.

로라	(카드를 보여주며) 이 카드 되나요?
직원	네. 여기에 주소랑 전화번호를 적어주시겠어요? 우편번호도요.
로라	네. 언제쯤 받을 수 있을까요?
직원	입고되는 대로 보내드리겠습니다.

직원	아마 다음 주 수요일이나 목요일에 받으실 수 있을 거예요. 괜찮으시겠어요?
로라	좋아요. 괜찮습니다.
직원	여기 영수증입니다.
로라	감사합니다.

Lora *(Showing her card)* Can I pay with this card?

Clerk Sure. **020** Could you please write down your address and your phone number here? The postal code, too.

Lora Okay. When do you think I'll get them by?

Clerk As soon as the shoes are ready, I'll get them sent to you. It'll be next Wednesday or Thursday. Will that be okay with you?

Lora All right. No problem.

Clerk Here's your receipt.

Lora Thanks.

VOCABULARY

show 보여주다   **pay with ~** ~로 계산하다   **write down** 적다, 기입하다
as soon as ~ ~하자마자

KEY EXPRESSIONS

1 **이 카드로 결제하다** pay with this card

'카드로 결제한다'는 건 pay by card(신용 카드 credit card, 체크 카드 debit card)라고도 하는데요, this card, my card, a Visa card, a Mastercard와 같이 '특정 카드로 결제한다'고 할 때는 pay with ~라고 많이 씁니다.

2 **택배나 배송을 받다** get them by + 언제

'택배나 배송을 언제 받는다'고 할 때 〈get it/them by + 언제〉라고 하는데요 〈by + 언제〉는 '언제까지'라는 기한을 뜻해요. When do you think I'll get them by? 말고 When will I get them by?라고도 하죠.

3 **상대방에게 배송하다** get them sent to you

〈get + 무엇〉 뒤에 p.p.형태를 쓰면 '무엇이 어떻게 되게 한다'는 뜻이예요. 그래서 get 뒤에 있는 물건을 sent to you, '상대방에게 보내지게', 즉, '배송하겠다'는 말이 됩니다.

SITUATION 3 · 원하는 사이즈 요청하고 계산하기

입어본 옷이 사이즈가 안 맞을 때는 다른 사이즈를 달라고 할 수 있겠죠? 우리말 대화를 보고
영어로 생각해본 다음에 영어 대화문을 보세요.

음원 07-3

피오나 이 원피스 진짜 마음에 드는데요. 약
간 좀 끼네요. 한 치수 큰 걸로 입어볼
수 있을까요?

직원 죄송하지만, 이건 프리 사이즈거든요.

피오나 그렇군요.
그럼 그냥 이거 사야겠네요.

(계산대에서)

직원 쇼핑백 드릴까요? 비닐 쇼핑백은 0.50
센트이고, 종이 가방은 1달러예요.

피오나 비닐 쇼핑백 하나 주세요.

직원 네. 영수증은 쇼핑백 안에
넣어드릴까요?

피오나 아니요. 저한테 주세요.

Fiona	I really like this dress, but it's a little bit too tight. Can I try on a bigger size?
Clerk	I'm sorry, but this is one size fits all.
Fiona	I see. I think I'll just take this one.

(at a cash register)

Clerk	**021** Would you like a bag? A plastic bag is 50 cents, and a paper bag costs 1 dollar.
Fiona	A plastic bag, please.
Clerk	Okay. Would you like the receipt in the bag?
Fiona	No, I'll take it.

■■■ VOCABULARY

tight 꽉 끼는   **one size fits all** 프리 사이즈, 사이즈가 하나로 나오는
plastic bag 비닐 봉투, 비닐로 된 쇼핑백   **take** 사다

KEY EXPRESSIONS

1 **약간 좀 끼는 a little bit too tight**

'옷이 좀 낀다'라고 할 때 be a little bit too tight라고 하고, '좀 비싸다'고 할 때는 be a
little bit too expensive, '좀 작다'라는 건 be a little bit too small이라고 하면 돼요. 그
리고 a little bit, a little, a bit은 다 같은 뜻으로 쓸 수 있는 말입니다.

2 **한 치수 큰 걸로 입어보다 try on a bigger size**

어떤 것을 입어보거나 신어본다는 건 〈try on + 무엇〉, 〈try + 무엇 + on〉이라고 하고, 더
큰 걸 입어보는 건 try on a bigger size, 더 작은 걸 입어보면 try on a smaller size라고
하면 됩니다.

3 **프리 사이즈, 사이즈가 하나로 나오는 one size fits all**

우리가 '프리 사이즈'라고 하는 말은 영어로 one size fits all이라고 하는데요, 하나의 사이
즈(one size)로, 누구한테나 맞게(fits all) 나온 옷이라는 의미입니다.

SPEAKING PATTERNS

편하게 ~하세요.
Feel free to ~.

편하게 구경하세요.
Feel free to look around.

편하게 질문하세요.
Feel free to ask me questions.

편하게 이 샘플을 써보세요.
Feel free to try the samples.

상대방에게, '걱정 말고 편하게 무엇을 하라'고 할 때 Feel free to 뒤에 동사원형을 넣어 말해보세요.

~를 좀 적어주시겠어요?
Could you please write down ~?

여기에 주소를 적어주시겠어요?
Could you please write down your address here?

이름 전체를 적어주시겠습니까?
Could you please write down your full name?

이메일 주소를 적어주시겠어요?
Could you please write down your email address?

어떤 것을 적어달라고 부탁할 때 이 패턴을 써보세요.

~드릴까요?
Would you like a ~?

쇼핑백 드릴까요?
Would you like a bag?

리필 해드릴까요?
Would you like a refill?

앞 접시 드릴까요?
Would you like a plate?

매장에서 '어떤 것을 드릴까요?' 혹은 '사시겠어요?'라고 할 때 이 패턴을 쓸 수 있고, 다른 상황에서도, '이거 드릴까요?'라고 할 때 쓸 수 있어요.

When do you think I'll get them by?
문장 끝에 by는 꼭 써야 하나요?

Q

주문한 상품을 언제까지 받을 수 있느냐고 물을 때 When do you think I'll get them by?라고 했는데요, 끝에 있는 by는 왜 쓴 거죠? by를 빼고 말해도 되나요?

A

by는 '언제까지' 즉, 완료 시점을 가리키는 말이예요. When do you think I'll get them by?는 '며칠, 무슨 요일까지 그것을 받을 수 있을까요?'라고 묻는 거죠. 자료나 보고서 등을 요청하는 상대방에게 '그거 언제까지 필요해? 언제까지 받아야 하는 거야?'라고 물을 때 When do you need it by?라고 하고, '몇 시까지 끝낼 수 있는 거야?'라고 물을 때는 What time can you finish this by?라고 해요. 그런데 When do you think I'll get them by?와 When do you need it by?에서는 by를 빼도 됩니다.

아주 딱 맞네요.
It fits like a glove.

옷 가게나 신발 가게에 가서 마음에 드는 옷이나 신발을 입어봤는데 '사이즈가 딱 맞는다'라고 할 때 fit을 써서 It fits like a glove. These fit like a glove.라고 해요. 장갑이나 글러브를 손에 꼈는데 딱 맞는다는 표현인데, 어떤 것이 내 몸에 맞아도 다 쓸 수 있습니다.

옷 가게에서 원피스를 입어보고

A 어떠세요?
B 아주 딱 맞아요.

A How do you feel in it?
B **It fits like a glove.**

옷 가게에서 셔츠를 입어보고

A 이게 맞는 사이즈 같아?
B 응, 아주 딱 맞아.

A Do you think this is your size?
B Yes, **it fits like a glove.**

UNIT 08

쇼핑하기 II

해외 직구 후 일부 취소 / 배송 상품 누락 / 주문 상품 오배송

해외 직구로 쇼핑을 했는데 일부 제품을 취소하고 싶을 때, 그리고 배송된 제품에 문제가 있거나 배송이 너무 늦어질 때의 대화문을 익혀봅시다.

강의 **08**

(아만다는 해외 직구했던 물건 때문에 고객 센터에 전화를 하고 있다.)

(전화로)

아만다 여보세요, 저 주문한 것 좀 변경하고 싶은데요.

직원 네, 성함이랑 주문 번호가 어떻게 되나요?

아만다 저는 아만다 코스트너고요, 주문 번호는 3349999입니다.

직원 아만다 코스트너, 3349999라고요. 알겠습니다. 잠시만요.

(잠시 후에) 기다려주셔서 감사합니다.

어떻게 해드리면 될까요?

아만다 주문한 것에서 검정색 자켓만 취소할 수 있을까요?

직원 전체가 아니라, 검정색 자켓만 취소하고 싶으신 거죠, 맞죠?

해외 직구로 물건을 사고 나서 생각해보니 어떤 것은 취소를 하고 싶네요. 우리말 대화를 보고 영어로 생각해본 다음에 영어 대화문을 보세요.

CHAPTER 1

(Amanda is calling a customer service line about her international order.)
(on the phone)

Amanda Hello, **022** I'd like to change my order.

Agent Okay, what's your name and the order number?

Amanda This is Amanda Costner, and the order number is 3349999.

Agent Amanda Costner and 3349999. Okay. Hold on, please.
(after a while) Thank you for waiting.
So what can I do for you today?

Amanda Can I cancel the black jacket from the order?

Agent You want to cancel just the black jacket, not the whole order, right?

VOCABULARY

change 바꾸다, 변경하다　**hold on** 기다리다　**cancel** 취소하다　**whole** 전체의

KEY EXPRESSIONS

1 주문한 것을 변경하다
change my order
'주문한 것을 바꾸다'는 걸 change my order라고 하는데요, I'd like to change my order. 외에도 Can I change my order?, Is it possible to change my order?와 같이도 말할 수 있어요.

2 주문한 것에서 검정색 자켓만 취소하다
cancel the black jacket from the order
몇 가지 주문한 것 중에서 한 가지를 취소하겠다고 할 때 〈cancel + 무엇 + from the order〉라고 하면 돼요.

3 전체가 아니라, 검정색 자켓만 취소하다
cancel just the black jacket, not the whole order
'무엇 하나만 취소하다'는 〈cancel just the + 무엇〉이라고 하고, 전체를 취소하는 건 아니니까 not the whole order를 붙여 쓰면 돼요. '전체를 취소하다'는 cancel the whole order라고 하면 되고요.

음원 08-2

직구로 구입한 제품이 배송되었는데, 열어보니 빠져 있는 게 있습니다. 우리말 대화를 보고 영어로 생각해본 다음에 영어 대화문을 보세요.

제니	주문한 물건들을 오늘 받았는데요, 하나가 빠졌어요.
직원	주문 번호가 3349999죠.
	흰색 스커트랑 분홍색 블라우스, 그리고 검정색 바지를 주문하셨네요, 맞죠?
제니	네, 맞아요.
직원	어떤 게 빠졌나요?
제니	흰색 스커트요. 택배 안에 안 들어 있더라고요.
직원	아, 죄송합니다. 가능한 한 빨리 배송해드리겠습니다.
제니	정말 감사합니다.

Jenny	I received the items that I ordered, but **one thing was missing.**
Agent	Your order number is 3349999. You ordered a white skirt, a pink blouse and a pair of black pants, right?
Jenny	Yes, correct.
Agent	Which one was missing?
Jenny	The white skirt. **It was not in the package.**
Agent	Oh, I'm sorry. **023** **We'll have that** shipped to you ASAP.
Jenny	Thank you very much.

VOCABULARY

receive 받다, 수령하다　**miss** 빠져 있다, 누락되다　**package** 택배, 배송된 것　**ship** 선적하다

KEY EXPRESSIONS

1 **하나가 빠졌어요. One thing was missing.**

배송을 받았는데 어떤 물건이 빠져 있었다는 뜻입니다. miss는 뭔가가 '빠져 있다'는 뜻인데요, 지금 택배 상자를 보면서 말한다면 ~ is missing.이라고 할 수도 있어요.

2 **택배 안에 안 들어 있더라고요. It was not in the package.**

택배 안에, 시킨 물건이 없으면 〈무엇 + is/was/are/were not in the package.〉라고 하면 돼요. 우리가 '택배'라고 부르는 건 영어로 package라고 하시면 돼요.

3 **가능한 한 빨리 배송하다**

have that shipped to you ASAP

have 뒤에 '무엇'을 쓰고 ship(선적하다)의 과거분사인 shipped를 쓰면, '무엇이 선적되게 하겠다', 즉 '그것을 실어 보내주겠다'라는 말이에요. ASAP은 as soon as possible의 앞 글자를 딴 말인데, 발음은 /에이샙/이라고 하거나 /에이에스에이피/라고 합니다.

SITUATION 3 　주문 상품 오배송

배송된 택배 상자를 열어보니, 내가 주문한 거랑 다른 게 왔습니다. 우리말 대화를 보고 영어로 생각해본 다음에 영어 대화문을 보세요.

음원 08-3

에릭	흰색 셔츠를 주문했는데, 파란색 셔츠가 배송되었어요.
직원	정말요? 제가 주문 내역을 확인해보겠습니다.
	네, 흰색 셔츠를 주문하셨네요.
에릭	근데 파란색 셔츠가 왔어요.
	환불이나 교환할 수 있나요?
직원	둘 다 가능합니다.
	환불을 받으시겠어요? 아니면 교환을 하시겠어요?
에릭	환불을 받았으면 좋겠어요.

CHAPTER 1

Eric	I ordered a white shirt, but a blue one was delivered.
Agent	Really?
	Let me check your order.
	Yes, you ordered a white shirt.
Eric	But I received a blue shirt.
	Can I get a refund or get it exchanged?
Agent	Either is possible.
	024 **Would you like a refund or an exchange?**
Eric	I'd like a refund on this.

VOCABULARY

refund 환불　**either** 둘 다, 둘 중의 어느 것이나　**possible** 가능한　**exchange** 교환

KEY EXPRESSIONS

1 **~가 배송되다　~ be delivered**

'어떤 것이 배송되었다, 배달되었다'라고 할 때 〈무엇 + was delivered.〉라고 해요. '무엇을 주문했는데 다른 뭐가 왔다'라고 하면 〈I ordered 무엇, but 다른 것 was delivered.〉라고 하면 되죠.

2 **환불이나 교환을 받다**

get a refund or get it exchanged

'환불을 받다'는 get a refund, '어떤 물건을 다른 걸로 교환하다'는 get it exchanged라고 하면 됩니다. 또한 get an exchange라고 할 수도 있어요.

3 **~에 대한 환불　a refund on ~**

어떤 것에 대해 환불을 받고 싶을 때는 a refund on 뒤에 환불 받을 것을 넣어서 말하면 돼요.

핵심 패턴 022
~하려고 하는데요 / ~하고 싶은데요.
I'd like to ~.

저 주문한 것 좀 변경하고 싶은데요.
I'd like to change my order.

전체 주문을 다 취소하고 싶어서요.
I'd like to cancel the whole order.

배송을 가능한 한 빨리 받고 싶은데요.
I'd like to get the package ASAP.

'어떻게 하고 싶다'라고 할 때 쓸 수 있는 패턴인데요. I'd like to는 I want to와 같은 의미인데 I want to보다 좀 더 공손한 느낌의 말이예요.

핵심 패턴 023
그것을 ~해드릴게요.
We'll have that p.p.

가능한 한 빨리 배송해드리겠습니다.
We'll have that shipped to you ASAP.

내일까지 수리해드릴게요.
We'll have that fixed by tomorrow.

완벽하게 세탁을 해드리겠습니다.
We'll have that cleaned completely.

'무엇이 어떻게 되도록 하겠다'고 할 때 이 패턴을 써보세요.

핵심 패턴 024
~를 해드릴까요? 아니면 …를 해드릴까요?
Would you like a/an ~ or a/an ...?

환불을 받으시겠어요? 아니면 교환을 하시겠어요?
Would you like a refund **or an** exchange?

커피를 드시겠어요? 아니면 차를 드시겠어요?
Would you like a coffee **or a** tea?

생수를 드릴까요? 아니면 그냥 물을 드릴까요?
Would you like a bottled water **or** tap water?

상대방에게 두 가지 선택의 여지를 주면서 어떤 것을 원하는지 물을 때 이 패턴을 써보세요.

ASAP
ASAP는 뭐라고 발음하죠?

Q

'가능하면 빨리'라는 뜻의 **as soon as possible**을 줄여서 **ASAP**라고 쓰잖아요. 그런데 이걸 한 단어로 발음할 때는 어떻게 하죠? /아삽/이라고 읽나요? 좀 이상하기도 하고… 뭐라고 발음하는지 알려주세요.

A

네, **ASAP**은 철자를 하나씩 읽어서 /에이에스에이피/라고 읽을 수도 있고요, 한 단어로 /에이샙/이라고 읽기도 해요. /아삽/이라고 하지는 않습니다.

이거, 제가 배송 조회할 수 있나요?
Can I track the package?

물건을 사고 나서, 이 물건이 어디쯤 와 있는지, 언제쯤 배송이 되는지를 조회한다고 할 때 **track**을 써요. 그리고 우리가 택배라고 부르는 것은 영어로 **package**라고 부릅니다. 그래서 '택배의 배송 추적을 하다, 배송 조회를 하다'라는 것을 **track the package**라고 해요. 앱이나 홈페이지 등에서 배송 조회, 추적을 할 수 있느냐고 할 때 **Can I track the package?**라고 물어보세요.

택배의 배송 조회를 하고 싶을 때

A 배송 조회를 할 수 있을까요?
B 네, 홈페이지에 가셔서 확인하실 수 있습니다.

A **Can I track the package?**
B Yes, you can track it on our website.

편지의 배송 조회를 하고 싶을 때

A 편지가 어디쯤 갔는지 확인할 수 있나요?
B 배송 조회를 하시려면 특급 배송으로 하셔야 해요.

A **Can I track the letter?**
B You have to purchase express shipping if you want to track it.

병원에서

내과에서 / 치과에서 / 안과에서

Try it in
ENGLISH

내과나 치과, 안과 등에서 진료를 받을 때 나눌 수 있는 대화를 익혀봅시다.

강의 **09**

(병원에서)

의사	자, 어디가 아파서 오셨나요?
짐	복통 때문에요. 배가 아파요.
의사	언제부터 아프셨어요?
짐	오늘 오후부터요. 점심 먹고 나서요.
의사	어떻게 아프세요? 타오르듯이 아프나요? 아니면 찌르듯이 아픈가요?
짐	타는 듯이 아파요.
의사	알겠습니다. 엎드려보세요. 아프면 말씀하세요.

배가 아파서 병원에 갔습니다. 어디가 어떻게 아픈지 말하고 언제부터 아프기 시작했는지도 말할 수 있어야죠. 우리말 대화를 보고 영어로 생각해본 다음에 영어 대화문을 보세요.

음원 **09-1**

(at a doctor's office)

Doctor So, what seems to be the problem?

Jim I've got a stomachache. It's hurting.

Doctor When did the pain first start?

Jim This afternoon, after having lunch.

Doctor **025** What kind of pain is it?
Is it a burning pain or a throbbing pain?

Jim Kind of a burning one.

Doctor Okay. Lie on your back.
Please tell me if this hurts.

VOCABULARY

stomachache 복통   **burning** 타는 듯한   **lie** 눕다   **hurt** 아프다

KEY EXPRESSIONS

1 **어디가 아파서 오셨나요?**
What seems to be the problem?
병원에 가면 기본적으로 묻는 질문입니다. '어디가 아파서 오셨어요?'와 같은 의미로 What brings you here?라고 묻기도 해요.

2 **타오르듯이 아픈 통증 혹은 찌르듯이 아픈 통증**
a burning pain or a throbbing pain
어디가 아프다고 하면, 어떤 느낌의 통증이냐고 묻는데요, '타는 듯한 통증'은 a burning pain이라고 하고, '찌르듯이 아픈 통증'은 a throbbing pain이라고 해요.

3 **아프면 말씀하세요.**
Please tell me if this hurts.
의사가 진료하면서 여기저기를 만지면서 촉진을 하는데요, 이때 Please tell me if this hurts.라고 하면 어디가 아픈지 바로바로 얘기하셔야 합니다.

음원 **09-2**

치과에 가서 충치 치료나 스케일링을 할 때의 대화입니다. 우리말 대화를 보고 영어로 생각해 본 다음에 영어 대화문을 보세요.

치과의사	안녕하세요. 어디 보자…
	(차트를 보면서)
	지난번에 충치를 두 개 때우셨군요, 맞죠?
댄	네. 오늘은 뭘 해야 하나요?
치과의사	스케일링을 할게요.
댄	저 치석이 있나요?
치과의사	네, 하지만 그렇게 심하지는 않습니다.
	뒤로 기대시고 입을 크게 벌리세요.

Dentist	Hello. Let's see...
	(looking at the chart)
	You had two cavities filled last time, right?
Dan	Yes, I did.
	What do I need today?
Dentist	Let me clean your teeth.
Dan	Do I have plaque?
Dentist	Yes, but 026 it's not too bad.
	Please lean back and open wide.

━━━ **VOCABULARY**

cavity 충치　**plaque** 치석　**lean back** 뒤로 누워 기대다　**open wide** 입을 크게 벌리다

KEY EXPRESSIONS

1 **충치를 두 개 때우다**
 have two cavities filled
 '충치'는 cavity, cavities라고 하고요. 충치 치료를 할 때 썩은 부위를 제거하고 난 구멍을 뭔가로 때우는데 이걸 have ~ cavities filled라고 표현합니다.

2 **스케일링을 하다** **clean your teeth**
 우리가 '스케일링'이라고 하는 것은 치석 등을 제거하고 치아를 깨끗하게 하는 거죠? 영어 로는 clean my teeth, clean your teeth라고 해요.

3 **치석이 있다** **have plaque**
 '치석'은 영어로 plague라고 합니다. 그래서 '치석이 있다'는 말은 have plague라고 하죠.

시력이 떨어진 것 같아서 안과에 가서 시력 검사를 하고 안경을 맞추는 상황입니다. 우리말 대화를 보고 영어로 생각해본 다음에 영어 대화문을 보세요.

검안사 낀 게 좋아요? 안 낀 게 더 좋아요?

트레이시 안 낀 게 나은 것 같아요.

검안사 이건 어때요?

낀 게 더 낫나요? 안 낀 게 더 낫나요?

트레이시 이번에는 낀 게 더 나은 것 같은데요.

검안사 알겠습니다. 그럼 이걸 끼워볼게요.

시야가 약간 흐릿할 수가 있어요.

위를 보시고, 보이는 걸 읽어보세요.

(Tracy is with an optometrist.)

Optometrist With? Or without?

Tracy I think without.

Optometrist What about this one?

Better with? Or without?

Tracy I think this time it's better with.

Optometrist Alright. Then I'll put this one in.

This is going to blur your vision a little bit.

027 Please look up and tell me what you can read.

▬ **VOCABULARY**

put in 넣다, 끼우다   **blur** 흐릿하게 하다   **vision** 시야   **look up** 위를 보다, 올려다보다

KEY EXPRESSIONS

1 **안 낀 게 나은** without

안경을 맞출 때, 다양한 렌즈를 꼈다가 뺐다가 하면서 어떻게 하는 게 더 잘 보이느냐고 묻죠? 그때, 끼는 게 좋으면 with라고 하고, 안 끼는 게 좋으면 without이라고 합니다.

2 **낀 게 더 나은 것** better with

어떤 렌즈를 꼈더니 전보다 더 잘 보인다면, better with라고 하시면 돼요. 안 끼는 게 더 잘 보이면 better without이라고 합니다.

3 **시야가 약간 흐릿할 수가 있다**

blur your vision a little bit

blur your vision은 '시야를 약간 뿌옇게, 흐릿하게 만들다'라는 말이예요. 이 안경이나 렌즈를 끼면 '약간 시야가 흐릿해질 수 있다'는 말이 blur your vision a little bit입니다.

핵심 패턴

025 어떤 ~인가요?
What kind of ~ is it?

어떻게 아프세요?
What kind of pain **is it?**

어떤 두통이죠?
What kind of headache **is it?**

무슨 문제죠?
What kind of problem **is it?**

어떤 종류의 무엇인지를 물을 때 이 패턴을 써보세요.

핵심 패턴

026 그다지 ~하지 않네요.
It's not too ~.

그렇게 심하지는 않습니다.
It's not too bad.

그렇게 힘들지 않아요.
It's not too tough.

그렇게 복잡하지 않아요.
It's not too complicated.

상태를 묻는 질문에 대해 '그다지 ~하지 않다'라고 답변할 때 이 패턴을 활용해보세요.

핵심 패턴

027 위를 보시고, ~하세요.
Please look up and ~.

위를 보시고, 보이는 걸 읽어보세요.
Please look up and tell me what you can read.

위를 보고, 뭐라고 쓰여 있는지 읽어봐.
Please look up and read what it says.

고개를 들고, 하늘을 봐.
Please look up and see the sky.

위를 보고, 혹은 고개를 들고 어떻게 하라고 할 때 이 패턴을 써보세요.

You had two cavities filled last time, right?

had 무엇 혹은 누구 뒤에 과거분사(p.p.)를 쓰는 용법에 대해 알려주세요.

Q

대화문에서, '지난번에 충치를 두 개 떼우셨죠?'라고 할 때 You had two cavities filled last time, right?라고 했는데요. had two cavities filled 부분이 이해가 안 돼요. 떼우는 건 fill이고 충치 두 개는 two cavities니까 You filled two cavities라고 하면 안 되나요?

A

안됩니다. 왜냐하면 충치를 환자 본인이 스스로 떼웠나요? 아니죠? 의사(다른 사람)로 하여금 떼우게 한 거죠. 이렇게 다른 사람의 손을 빌려서 뭔가를 할 때, 예를 들어, 미용실에 가서 염색을 하면 I had my hair dyed.라고 하고, 세차장에 가서 세차를 맡겼으면 I had my car washed(cleaned).라고 해요. 즉, 시제에 맞게 have나 had를 쓰고 뒤에 대상을 쓴 다음에 동사의 과거분사, 즉 p.p.라고 하는 걸 쓰는 거예요.

어떤 거요?
Such as...? Such as what?

상대방이 어떤 말을 했을 때, 구체적으로 어떤 것을 말하는지 묻고 싶을 때는 상대방의 말에 이어 바로 Such as...?라고 하거나 Such as what?이라고 하시면 돼요. such as는 어떤 것의 예를 들 때, 구체적으로 예시를 들 때 쓰는 표현으로, such as 뒤에 예를 들 수 있는 것들을 열거하는데요. 이렇게 그냥 Such as...?라고 끝을 올려 묻거나, Such as what?이라고 물을 수 있습니다.

구체적으로 좋아하는 스포츠가 뭔지 물을 때

A 나는 야외에서 하는 스포츠가 좋아.
B 어떤 거?

A I like outdoor sports.
B **Such as...? Such as what?**

어떤 문제가 있는지 물을 때

A 우리 좀 문제가 있어.
B 어떤… 문제?

A We've got some issues.
B **Such as...? Such as what?**

UNIT 10

약속할 때

약속 정하기 / 약속 변경하기 / 약속 취소하기

친구와 만날 약속을 할 때, 이미 한 약속을 바꿀 때, 그리고 부득이한 이유로 약속을 취소할 때 나눌 수 있는 대화문을 익혀보세요.

강의 **10**

(전화로)

잭   오늘 저녁에 몇 시쯤 만나면 좋겠어?

테일러   나 6시 정도에 퇴근할 것 같으니까, 6시 반쯤 어때?

잭   그래, 6시 반으로 하자.

테일러   어디서 만나지?

         나 오늘 소고기가 당기는데.

잭   그럼 내가 신촌에 아주 좋은 데 알아.

         소고기 뷔페식당이야.

테일러   좋아! 신촌역 4번 출구 앞에서 6시 반에 보자.

친구와 만날 약속을 할 때 나눌 수 있는 대화입니다. 우리말 대화를 보고 영어로 생각해본 다음에 영어 대화문을 보세요.

음원 **10-1**

(on the phone)

Jack What time were you thinking we should meet tonight?

Taylor 028 I think I'll finish around six, so how about at six-thirty?

Jack Okay, let's make it six-thirty.

Taylor Where should we meet? I'm craving beef today.

Jack Then I know just the place in Shinchon.
It's an all-you-can-eat beef restaurant.

Taylor Alright! See you at six-thirty in front of the Shinchon subway station exit no. 4.

VOCABULARY

crave 뭔가가 많이 먹고 싶다, 당기다　**all-you-can-eat** 뷔페식의　**in front of ~** ~앞에서
exit 출구

KEY EXPRESSIONS

1 **몇 시쯤 만나면 좋겠어?**
What time were you thinking?
만나자는 약속을 할 때, 몇 시에 만나면 좋겠는지 묻는 표현으로 What time were you thinking? 혹은 What time were you thinking we should meet?라고 물을 수 있어요. 이때 should는 우리말로 '~할까'에 해당합니다.

2 **6시 반으로 하다**
make it six-thirty
약속 장소나 시간을 정할 때 '몇 시로 하자' 혹은 '어디로 하자'라고 할 때 make it 뒤에 시간이나 장소를 쓰면 돼요.

3 **아주 좋은 곳**
just the place
'내가 아주 좋은 곳을 알고 있어'라고 할 때 '아주 좋은 곳'을 just the place라고 해요. 다른 말로 a good place to go to라고 할 수도 있습니다.

만나기로 한 친구와의 약속에 늦을 것 같을 때 나눌 수 있는 대화입니다. 우리말 대화를 보고
영어로 생각해본 다음에 영어 대화문을 보세요.

음원 **10-2**

놀란	어디야? 이제 콘서트 곧 시작할 건데.
피터	미안해, 놀란. 나 30분 정도 늦을 것 같아.
놀란	왜 늦는데?
피터	차가 길에서 퍼져버렸어.
놀란	아이고, 이런! 넌 괜찮아? 도와줘?
피터	난 괜찮아. 걱정 마. 차 견인시켜 놓고, 택시 탈게.
놀란	알겠어. 천천히 와. 이따 봐.

Nolan	Hey, where are you? **029** The concert is about to start.
Peter	I'm sorry, Nolan.
	I'll be about thirty minutes late.
Nolan	What's the holdup?
Peter	My car broke down on the road.
Nolan	Oh, no! Are you okay? Do you need help?
Peter	I'm fine. Don't worry.
	After I get my car towed, I'll take a taxi.
Nolan	Alright. Take your time. See you soon.

VOCABULARY

holdup 지체되는 것, 늦어지는 것　**break down** 고장 나다, 퍼지다　**tow** 견인하다

KEY EXPRESSIONS

1 **나 30분 정도 늦을 것 같아.**
I'll be about thirty minutes late.
'약속에 늦겠다'고 할 때 〈I'll be + 몇 분 + late〉라고 표현합니다. '30분 정도 늦겠다'는 I'll
be about thirty minutes late.라고 하고, '10분 정도 늦겠다'는 I'll be ten minutes late.
라고 하면 돼요.

2 **왜 늦는데? What's the holdup?**
상대방이 늦게 오는 이유가 뭔지, 지체되는 이유가 뭔지를 물을 때 What's the holdup?이
라고 하면 되는데요, Why are you late?이라고 해도 됩니다.

3 **천천히 와. Take your time.**
상대방은 어차피 늦을 거니까, 마음이라도 편하게 Take your time.이라고 해주면 좋죠.

음원 10-3

친구와 만날 약속을 했는데 갑자기 일이 생겨서 취소하거나 변경해야 하는 상황입니다. 우리 말 대화를 보고 영어로 생각해본 다음에 영어 대화문을 보세요.

CHAPTER 1

(팀과 리타가 전화 통화하고 있다.)

팀   나랑 내일 놀러 갈래? 우리 진해로 벚꽃 축제 구경하러 가자.

리타   그래, 좋아! 차 막히는 거 피해서 일찍 출발하자.

팀   좋지. 그럼 내가 7시에 너희 집으로 데리러 갈게.

(팀이 리타에게 다시 전화를 건다.)

팀   리타, 정말 미안한데, 우리 다음 주말에 만날 수 있을까? 갑자기 일이 생겨서.

리타   그래? 알겠어.

(Tim and Rita are talking on the phone.)

Tim   Do you want to hang out with me tomorrow?
Let's go visit the cherry blossom festival in Jinhae.

Rita   OK, sure! Let's leave early to beat the traffic.

Tim   Cool. Then **030** I'll pick you up at your place at 7.

(Tim calls Rita again.)

Tim   Rita, I'm really sorry, but can we meet up next weekend
instead? Something came up suddenly.

Rita   Really? Okay.

VOCABULARY

hang out with ~ ~와 만나서 놀다   **cherry blossom** 벚꽃
beat the traffic 차 막히는 것을 피하다   **suddenly** 갑자기

KEY EXPRESSIONS

1   **나랑 만나서 놀다** hang out with me
누구와 만나서 논다고 할 때 어른의 경우 play가 아니라 hang out이라고 해요. 어른이 play를 한다고 할 때는 뒤에 the game, the guitar, the soccer와 같은 목적어를 넣어서 말합니다.

2   **만나다** meet up
'만나다'라는 건 meet라고 할 수도 있고, meet up이라고도 해요. meet up은 meet보다 좀 더 캐주얼한 느낌이 드는 표현입니다.

3   **(갑자기) 일이 생겨서.** Something came up.
약속을 취소하거나 변경할 때, 아니면 약속에 늦을 경우에 보통 '갑자기 일이 생겨서'라고 하잖아요. 이 말이 영어로 Something came up.이라고 해요. 뒤에 suddenly를 붙이기도 합니다.

Big 3
SPEAKING PATTERNS

핵심 패턴 **028**	나 ~할 것 같아. I think I'll ~.

나 6시 정도에 퇴근할 것 같아.
I think I'll finish around six.

나 그때쯤이면 다 끝낼 것 같아.
I think I'll get it done by then.

그 시간이면 집에 도착할 것 같아.
I think I'll be home around that time.

'내가 뭐뭐 할 것 같다'고 생각될 때 이 패턴을 써보세요.

핵심 패턴 **029**	~가 이제 막 …할 거야. ~ is about to …

이제 콘서트 시작할 건데.
The concert **is about to** start.

박물관 이제 곧 문 닫는데.
This museum **is about to** close.

쇼핑몰 이제 문 열려고 해.
The shopping mall **is about to** open.

'어떤 것이 이제 막 뭐뭐 하려고 한다'고 할 때 이 패턴을 써보세요.

핵심 패턴 **030**	내가 ~시에 …로 데리러 갈게. I'll pick you up at … at ~.

내가 7시에 너희 집으로 데리러 갈게.
I'll pick you up at your place **at** 7.

내가 공항으로 5시에 데리러 갈게.
I'll pick you up at the airport **at** 5.

내가 너희 회사로 6시에 데리러 갈게.
I'll pick you up at your workplace **at** 6.

상대방을 '몇 시에 어디로 데리러 가겠다'고 할 때 이 패턴을 써보세요.

Where should we meet?
should는 '~해야 한다'라는 뜻 아니에요?

Q

약속을 정하면서, '우리 어디서 만날까?'라고 할 때 Where should we meet?라고 했는데요, 제가 알기로는 should가 '~해야 한다'는 뜻의 조동사인 것 같은데, 그럼 이 말은 '우리 어디서 만나야 해?'인가요?

A

아닙니다. should에, '뭐뭐 해야 한다'라는 뜻이 있기도 하지만, Where should we meet?에서 should는 '~할까'의 뜻으로 쓰인 거예요. '우리 몇 시에 만날까?'는 What time should we meet?라고 하고, '우리 뭐 먹을까?'는 What should we eat?라고 하고, '우리 뭐 할까?'는 What should we do?라고 해요. should는 이렇게 문맥에 따라 다른 뜻으로 쓰인답니다.

LEVEL UP
EXPRESSIONS

나 곧 도착해.
I'll be there in no time.

'갈게'라는 말을 I'll be there.라고 하죠. 그리고, '금방, 빨리, 곧'이라는 말을 in no time이라고 해요. 약속을 하고, 오기로 한 사람이 오지 않으면 전화나 문자로 지금 어디인지 물을 텐데요, 이때 '금방 도착해, 바로 갈게, 곧 도착해'라고 하고 싶으면 I'll be there in no time.이라고 하시면 돼요.

약속 장소에 곧 도착한다고 할 때

A 어디야?
B 나 곧 도착해.

A Where are you?
B I'll be there in no time.

집에 거의 다 왔다고 할 때

A 늦어?
B 아니, 곧 도착해.

A Are you late?
B No, I'll be there in no time.

CHAPTER 1

CHAPTER
2

비즈니스 편
(회사에서)

UNIT 11

인사하기

퇴근할 때 인사 / 새로 온 직원과의 인사 / 새해 인사하기

Try it in **ENGLISH**

회사나 일하는 곳에서 할 수 있는 다양한 인사들을 대화문으로 익혀보세요.

강의 **11**

잭	다나, 저 오늘 좀 일찍 퇴근해도 될까요?
다나	무슨 일 있어요?
잭	네, 아들을 병원에 데리고 가야 해서요. 유치원에서 다쳤다고 하더라고요.
다나	아, 알겠어요. 걱정되겠네요.
잭	그리고 우리 새 프로젝트 PPT는 내일 마무리할게요.
다나	그러세요. 잭에게 맡길게요.
잭	감사합니다. 내일 봬요.

회사에서 퇴근할 때 동료들끼리 인사하는 상황입니다. 한글 대화문을 보며 이 상황을 상상하면서 영어로 생각해본 후에 영어 대화문을 보세요.

Jack	Dana, may I leave a little early today?
Dana	Did something come up?
Jack	Yes, I have to take my son to the hospital.
	I heard that he was injured at kindergarten.
Dana	Oh, okay. You must be worried.
Jack	**031** And the PPT for our new project
	will be wrapped up tomorrow.
Dana	Alright. I'll leave it up to you.
Jack	Thanks. See you tomorrow.

CHAPTER 2

VOCABULARY

come up 어떤 일 등이 생기다　**be injured** 다치다　**kindergarten** 유치원

KEY EXPRESSIONS

1 **일찍 퇴근하다**
leave a little early
'퇴근한다'는 건 leave, '일찍 퇴근한다'는 건 leave a little early라고 해요. 일찍 퇴근해야 할 때 Can(May) I leave a little early? Do you mind if I leave a little early?와 같이 말할 수 있습니다.

2 **무슨 일 있어요?**
Did something come up?
무슨 일이 생겼는지 물을 때는 Did something come up?이라고 묻고, '갑자기 일이 생겼어요'라고 할 때는 Something came up. 혹은 Something came up suddenly라고 해요.

3 **상대방에게 맡기다**
leave it up to you
상대방에게 일을 맡길 때 I'll leave it up to you.라고 할 수 있어요. '저한테 맡겨주세요'라고 할 때는 Please leave it up to me.라고 하면 되죠.

음원 11-2

부서에 새로 온 직원과 만나 인사하는 상황입니다. 한글 대화문을 보며 이 상황을 상상하면서
영어로 생각해본 후에 영어 대화문을 보세요.

사라   안녕하세요. 만나서 반갑습니다. 잭슨 씨. 저는 사라 스콧이라고 해요.
        말씀 많이 들었어요.

브래드   저도 만나서 반갑습니다. 그냥 브래드라고 불러주세요.
        여기서 일하게 돼서 좋네요.

사라   그럴게요, 브래드. 저희 부서에 오신 것을 환영해요.
        잘 지냈으면 좋겠네요.
        제가 우리 팀원들에게 인사 시켜드릴게요.
        이쪽으로 오세요.

Sara   Hi. Nice to meet you Mr. Jackson. I'm Sara Scott.
           I've **heard a lot about you**.

Brad   Nice to meet you, too. Please call me Brad.
           032 **I'm so happy to start** working here.

Sara   Okay Brad.
           Welcome to this division.
           Hope we can **get along**.
           Let me **introduce you to our team members**.
           Come with me.

VOCABULARY

call 부르다   **division** 부서   **get along** 잘 지내다

KEY EXPRESSIONS

1 **상대방에 대한 얘기를 많이 듣다**   hear a lot about you

처음 만나서, 상대방에 대한 좋은 얘기를 많이 들었다는 의미로 I heard a lot about you.
혹은 I've heard a lot about you.라고 해요. 〈누구 + told me a lot about you.〉라고도
하죠.

2 **잘 지내다**   get along

인사할 때, '잘 부탁드립니다. 잘 지내봅시다'라고 하잖아요. 잘 지내는 게 get along이예요.
잘 지낼 대상을 넣어서 〈get along with + 누구〉라고 하기도 해요.

3 **팀원들에게 인사 시켜주다**
   introduce you to our team members

상대방을 누구에게 인사 시켜줄 때 쓰는 표현이예요. to 뒤에 인사 시킬 대상을 넣어서, Let
me introduce you to my manager. (매니저와 인사하세요)와 같이 쓰시면 됩니다.

새해 첫 출근을 하면 새해의 덕담을 주고받죠? 그런 상황의 대화입니다. 한글 대화문을 보며
이 상황을 상상하면서 영어로 생각해본 후에 영어 대화문을 보세요.

음원 11-3

테리	해피 뉴 이어!
밥	해피 뉴 이어! 2021년 새해 복 많이 받으세요.
테리	새해 결심하셨나요?
밥	사실, 작년과 똑같아요.
	운동하고 살 빼고 영어 좀 잘하고 싶네요.
	무슨 새해 결심하셨어요?
테리	음, 저는 목표를 정하는 게 별로 안 맞아요.
	그냥 매일 의미 있는 삶을 살려고 노력하려고 해요.

CHAPTER 2

Terry   Happy New Year!

Bob   And to you as well! All the best for 2021.

Terry   Did you make any New Year's resolutions?

Bob   Actually, they're the same as last year.
I'm going to exercise, lose weight and be a fluent English speaker.
What's yours?

Terry   Well, **033** I'm not cut out for making goals.
I'll just do my best to live a meaningful life every day.

VOCABULARY

resolution 결심   **exercise** 운동하다   **fluent** 유창한   **meaningful** 의미 있는

KEY EXPRESSIONS

1   **새해 복 많이 받으세요.**   All the best for 2021.

새해 인사를 할 때 아주 많이 하는 인사말입니다. 우리말로 하면 '새해 복 많이 받으세요, 올
해 모든 일이 다 잘 되길 바랍니다' 정도의 의미죠.

2   **새해 결심을 하다**

make any New Year's resolutions

'새해 결심'을 영어로 New Year's resolutions라고 하고요, What are your New Year's
resolutions?라고 물을 수도 있습니다.

3   **작년이랑 똑같은**   the same as last year

내 새해 결심을 묻는 상대방에게, '작년에 했던 새해 결심과 똑같다'라고 할 때 They're the
same as last year.라고 해요. My New Year's resolutions are the same as last year.
라고 해도 됩니다.

SPEAKING PATTERNS

~는 …에 마무리될 겁니다.
~ will be wrapped up ...

우리 새 프로젝트 PPT는 내일 마무리될 겁니다.
The PPT for our new project **will be wrapped up** tomorrow.

나머지는 오늘 오후에 마무리될 겁니다.
The rest **will be wrapped** up this afternoon.

거래는 다음 주 월요일까지는 마무리될 겁니다.
The deal **will be wrapped up** by next Monday.

'어떤 것이 언제 마무리될 거다. 끝날 거다'라고 할 때 이 패턴을 써보세요.

~하게 돼서 기뻐요.
I'm so happy to start -ing.

여기서 일하게 돼서 좋네요.
I'm so happy to start work**ing** here.

어디든 다 여행을 할 수 있게 돼서 너무 좋다.
I'm so happy to start travel**ing** everywhere.

스포츠 센터에서 다시 운동을 하게 돼서 너무 좋아.
I'm so happy to start exercis**ing** at the gym.

'어떻게 하게 되어 기분이 좋다'고 할 때 이 패턴을 써보세요. start 뒤에 무엇을 해서 기쁜지를 -ing 형태로 붙여서 말해보세요.

저는 ~하는 게 잘 안 맞아요.
I'm not cut out for ~.

저는 목표를 정하는 게 별로 안 맞아요.
I'm not cut out for making goals.

저는 이런 일에 맞지 않아요.
I'm not cut out for this job.

저는 즉흥적인 여행에는 안 맞아요.
I'm not cut out for spontaneous trips.

'내가 어떤 것, 혹은 무엇 하는 것에 안 맞는다'고 할 때 이 패턴을 써보세요. for 뒤에 명사나 동명사(-ing) 형태로 무엇이 안 맞는지를 이어서 말해보세요.

Happy New Year! To you too.

To you too.는 무슨 뜻이죠?

Q

대화문에서 새해 복 많이 받으라는 인사로 Happy New Year.라고 하니까 상대방이 To you too.라고 했는데요, 왜 To you too.라고 했는지 잘 모르겠어요.

A

네, To you too.에서 To you.는 당신에게도 역시 이 말(Happy New Year)을 한다는 뜻 이죠. 상대방이 나에게 Happy New Year.라 고 복이 가득한 새해를 빌어줬으니, '당신에 게도 역시 마찬가지다'라는 의미로 To you too.라고 한 거예요. 다른 예로, 누구를 처음 만나서 그 사람이 나에게 반갑다고 Nice to meet you.라고 하면 뭐라고 답을 해야 할까 요? You too.예요. 이때 You too.는 Nice to meet you, too.의 끝부분 You too.입니다. 당신을 만난 것도 역시 기쁘다는 거죠.

일단 익숙해지면 그렇게 어렵지 않아.

It's not that hard once you get the hang of it.

새로 입사한 직원이나 새로 이 부서에 왔거나 어떤 업무를 맡은 사람에게, 익숙해지면 생각보다 어렵지 않을 거라고 말해줄 때 It's not that hard once you get the hang of it.라고 해요. It's not that hard에서 that은 형용사 앞에 서서 '그렇게 어떠한'이라는 뜻이 돼요. 그리고 once는 '일단 뭐뭐 하면'이라는 뜻이고 〈get the hang of + 무엇〉은 '무엇에 대해 감을 잡다, 익숙해지 다'라는 뜻입니다.

신입 사원에게 도움을 줄 때

A 일단 익숙해지면 그렇게 어렵지 않아요.

B 알겠습니다. 감사합니다.

A It's not that hard once you get the hang of it.

B Okay. Thank you.

상대방에게 힘내라고 격려할 때

A 으… 힘들어 보이는데.
B 일단 익숙해지면 그렇게 어렵지 않아.

A Aww... it looks challenging.
B It's not that hard once you get the hang of it.

CHAPTER 2

부탁하기 & 도움 청하기

업무에 대한 도움 청하기 / 협조 요청하기
/ 프로젝트 파일 요청하기

Try it in ENGLISH

일을 하면서 업무와 관련해서 도와달라고 할 때나 파일, 정보, 자료 등을 요청할 때의 대화문을 익혀봅시다.

강의 12

잭	헬렌, 잠깐 시간 있으세요? 이 매뉴얼이 이해가 안 돼서요.
헬렌	어디 봅시다. 아, 내가 도와줄 수 있겠네요. 점심시간 지나고 내 사무실로 올래요?
잭	점심시간 지나서요? 네, 그럴게요.
헬렌	좋아요. 지금은 다시 일을 좀 해야 해서요.
잭	알겠습니다, 헬렌. 감사합니다. 이따 봬요.

업무에 대한 도움 청하기

매뉴얼을 보다가 이해가 안 되자 상사에게 좀 도와달라고 부탁하는 상황입니다. 한글 대화문을 보며 이 상황을 상상하면서 영어로 생각해본 후에 영어 대화문을 보세요.

음원 **12-1**

Jack	Helen, do you have a minute?
	034 I can't understand this manual.
Helen	Let me see. Oh, I think I can help you.
	Can you drop by my office after lunchtime?
Jack	After lunchtime? Yes, I can do that.
Helen	Good. I'm going to get back to work now.
Jack	Okay, Helen. Thank you. See you later.

CHAPTER 2

━━━ **VOCABULARY**

manual 매뉴얼 **drop** 잠깐 들르다 〈**get back to + 동사원형**〉 다시 ~를 하다

KEY EXPRESSIONS

1 **잠깐 시간 있으세요?**

Do you have a minute?

상대방에게 잠깐 얘기 좀 할 수 있는지 물을 때 쓰는 말인데요. a minute 대신에 a second, a moment를 넣어서 Do you have a second? Do you have a moment?라고 할 수도 있어요.

2 **점심시간 지나고 내 사무실에 잠깐 올래요?**

Can you drop by my office after lunchtime?

어디에 잠깐 들르는 게 drop by입니다. drop by 말고도 stop by, swing by를 쓸 수도 있어요.

3 **지금 다시 일을 하려고요.**

I'm going to get back to work now.

일을 한다는 건 get to work이고, 일을 하다가 잠깐 쉬거나 사람을 만나고 나서 다시 일을 한다는 건 get back to work라고 합니다.

음원 12-2

지금 하고 있는 일을 혼자 하기가 버거워 동료에게 협조를 요청하는 상황입니다. 한글 대화문을 보며 이 상황을 상상하면서 영어로 생각해본 후에 영어 대화문을 보세요.

팸	무슨 일 하고 있어, 짐?
짐	회의 때 얘기했던 그 프로젝트.
	마감일이 안 바뀌면, 누가 좀 도와줘야 할 것 같아.
팸	내가 그 프로젝트 잘 알아.
짐	그래? 그럼 지금 이것 좀 도와줄 수 있어?
팸	그럴게. 같이 하자.
짐	내가 뭐 놓친 게 있는지, 내가 한 것 좀 봐줄래?

Pam	What are you working on, Jim?
Jim	The project we talked about during the meeting.
	If the deadline doesn't change, I'll need some help.
Pam	**035** I'm pretty familiar with your project.
Jim	Are you?
	Then can I ask you for help now?
Pam	Sure. Let's work on it together.
Jim	Can you look at my work to see if I am missing anything?

VOCABULARY

deadline 데드라인, 마감일   **change** 바뀌다   **familiar** 익숙한   **miss** 놓치다

KEY EXPRESSIONS

1 **무슨 일을 하다**   work on ~

어떤 일을 한다고 할 때 work on 뒤에 일을 넣어서 말합니다. 보고서를 쓰고 있으면 I'm working on the report.라고 하고, 프레젠테이션을 만들고 있으면 I'm working on the presentation.이라고 하면 됩니다.

2 **상대방에게 도움을 청하다**
ask you for help

누구에게 뭔가를 청하는 것이 〈ask + 누구 + for + 무엇〉인데요, 상대방에게 도움을 청하면 ask you for help라고 하고, 조언이 필요하면 ask you for some advice라고 할 수 있죠.

3 **내가 한 일을 봐주다**
look at my work

'뭔가를 보다, 살펴보다, 점검하다'라고 할 때 look at, have a look at, take a look at을 다 쓸 수 있어요. '내가 한 일, 내가 해놓은 일'은 my work라고 할 수 있죠.

음원 12-3

프로젝트와 관련된 파일을 동료에게 메일로 보내달라고 부탁하는 상황입니다. 한글 대화문을
보며 이 상황을 상상하면서 영어로 생각해본 후에 영어 대화문을 보세요.

웬디   우리 다음 프로젝트 관련 이메일이 없네.
        나한테 좀 보내줄 수 있어?
프레드 그럴게. 내가 지금 바로 보낼게.
웬디   내 개인 메일로 보내줘.
        내 회사 메일이 지금 다운됐어.
프레드 아, 이게 왜 안 들어갔는지 모르겠네.
        네 개인 메일도 안돼. 다시 보내보게, 다른 메일 있어?

CHAPTER 2

Wendy I can't find the email about our next project.
         Can you forward it to me?
Fred   No problem. I'll forward it to you right now.
Wendy Please send that to my personal email account.
         My work email is currently down.
Fred   Oh, 036 I don't know why this didn't go through.
         Your personal email address doesn't work, either.
         Is there another email address that I can try?

VOCABULARY

forward 보내주다, 전달하다   **account** 계정   **go through** 들어가다
either (부정문에서) 역시, 또

KEY EXPRESSIONS

1   **그것을 나에게 보내주다, 전달하다**   forward it to me
    자료 등을 전달하거나 보내는 것을 forward라고 해요. 그것을 보내주는, 전달하는(forward
    it)데, 나에게(to me) 보내는 거죠. It 자리에 forward할 것을 넣어 말하면 돼요.

2   **그것을 내 개인 이메일로 보내다**
    send that to my personal email account
    '그것을 보낸다'는 건 send that이고, '내 개인 이메일 계정으로'라고 하면 to my personal
    email account라고 하죠. personal email account는 회사 계정 말고 개인 계정을 가리
    켜요.

3   **이걸 보낼 다른 이메일**
    another email address that I can try
    '(이것 말고) 다른 이메일 계정, 주소'가 another email address이고, '내가 이메일을 보낼
    수 있는'이라는 말은 that I can try라고 이어서 써요.

Big 3
SPEAKING PATTERNS

핵심 패턴 034

~가 이해가 안 되네요.
I can't understand ~.

이 매뉴얼이 이해가 안 돼서요.
I can't understand this manual.

이 문제가 이해가 안 돼요.
I can't understand this question.

그 분의 설명을 이해를 못 하겠어요.
I can't understand his explanation.

'어떤 것이 이해가 안 된다'고 할 때 이 패턴을 써보세요.

핵심 패턴 035

내가 ~를 잘 알아.
I'm pretty familiar with ~.

내가 그 프로젝트 잘 알아.
I'm pretty familiar with your project.

여긴 내가 잘 알아.
I'm pretty familiar with this area.

이 주제에 대해서는 내가 잘 알지.
I'm pretty familiar with this topic.

'내가 어떤 것을 잘 알고 있다'고 할 때 이 패턴을 써보세요.

핵심 패턴 036

왜 ~한지 모르겠네.
I don't know why ~.

이게 왜 안 들어갔는지 모르겠네.
I don't know why this didn't go through.

이게 왜 안 되는지 모르겠어.
I don't know why this doesn't work.

그쪽에서 왜 우리 제안을 거절했는지 모르겠단 말이야.
I don't know why they rejected our offer.

'어떤 것이 왜 그런지 이유를 모르겠다'고 할 때 이 패턴을 써보세요.

---

94 CHAPTER 2 비즈니스 편

I don't know why it didn't go through.
I don't know why 뒤에 오는 순서가
왜 〈주어 + 동사〉, 즉 평서문이죠?

Q

대화문에서, '메일이 왜 안 들어갔는지 모르겠다'고 할 때 I don't know why it didn't go through.라고 했는데요, '메일이 왜 안 들어갔지?'라고 물어보는 건 의문문이니까 I didn't know why didn't it go through?라고 해야 하는 거 아닌가요?

A

아니에요. 이렇게 know의 목적어 자리에 쓰는 의문문(why 이하)을 간접의문문이라고 하는데요, 만약에 I didn't know를 쓰지 않고 그냥 '왜 이게 안 들어갔지?'라고 하고 싶으면 Why didn't it go through?가 맞죠. 그런데 I didn't know, 나는 모르겠다 뭘? '그게 왜 안 들어갔는지를'이라는 목적어 자리에 쓸 때는 〈의문사 + 주어 + 동사〉의 순서로 why(의문사) it(주어) didn't go through(동사 부분)라고 써서 I don't know why it didn't go through.라고 해야 해요.

LEVEL UP
EXPRESSIONS

너무 고마워서 어떻게 하지?
How can I ever thank you?

상대방이 어떤 상황에서 나를 도와줬을 때 너무너무 고마워서 뭐라고 표현을 해야 할지 모르겠다고 할 때 How can I ever thank you?라고 해요. '어떻게 하면 이 고마움을 다 표현할 수 있을까, 그리고 어떻게 이 고마움에 대해 보답할까'라는 의미죠. 정말 고마울 때 이렇게 말해보세요.

상대방이 도와줘서 너무 고마울 때

A 이렇게 고마워서 어쩌지?
B 별거 아닌데 뭐. 내가 도움이 돼서 좋다.

A How can I ever thank you?
B It's no big deal. I was happy to help.

어려운 상황에서 누군가에게 도움을 받았을 때

A 저를 살리셨어요! 이 고마운 걸 어떻게 갚으면 좋죠?
B 그냥 제가 할 일을 한 건데요 뭐.

A You saved my life! How can I ever thank you?
B I was just doing my job.

UNIT 13

일이 생겼을 때

병가 내기 / 늦는다고 전화하기 / 월차 내기

Try it in ENGLISH

회사에서 병가를 내거나 월차를 낼 때 또는 여름 휴가 등을 낼 때의 대화문을 익혀봅시다.

강의 **13**

(전화로)

데이브 여보세요, 나야. 나 아파서 오늘 출근 못 하겠어.

샐리 이크, 이런. 목소리 들으니 감기 걸렸나 보네.

데이브 응, 그런 것 같아.
      기침도 하고 온 몸이 다 쑤셔.

샐리 알겠어. 일 걱정은 말고 푹 쉬어.

데이브 고마워, 샐리.

샐리 빨리 나았으면 좋겠다.

병가 내기

아침에 일어나니 몸이 너무 아파서, 회사에 전화해서 출근을 못 하겠다고 말하는 상황입니다.
한글 대화문을 보며 이 상황을 상상하면서 영어로 생각해본 후에 영어 대화문을 보세요.

음원 13-1

(on the phone)

Dave Hey, it's me. I'm calling in sick.

Sally Oh, no. **037** You sound like you caught a cold.

Dave Yes, I'm afraid I did.
I have a cough and my body aches all over.

Sally Okay, don't worry about work and get a good rest.

Dave Thanks, Sally.

Sally I hope you get well soon.

CHAPTER 2

VOCABULARY

cough 기침하다   ache 아프다   worry about ~를 걱정하다   rest 휴식, 쉼

KEY EXPRESSIONS

1   **나 아파서 오늘 출근 못 하겠어.**
I'm calling in sick.
아파서 출근을 못하겠다고 전화하는 것을 call in sick이라고 해요. 아픈 사람에게, '아파서
못 간다고 전화했어?'라고 하려면 Did you call in sick?이라고 할 수 있죠.

2   **온 몸이 다 쑤시다**
my body aches all over
어디가 아플 때 ache라고 해요. 몸이 아플 때, 몸살이 났으면 My body aches.라고 하고,
온 몸이 다 아플 때는 ache 뒤에 all over를 붙여서 말합니다.

3   **빨리 낫다**
get well soon
아픈 사람에게, 빨리 나으라고 할 때 쓰는 기본적이 표현이예요. 앞에 I를 생략하고 Hope
you get well soon.이라고도 하고, 그냥 Get well soon.이라고 하기도 해요.

음원 **13-2**

출근길에 사고가 나서 길이 너무 막히는 바람에 지각을 하게 생겼어요. 한글 대화문을 보며
이 상황을 상상하면서 영어로 생각해본 후에 영어 대화문을 보세요.

(차가 막히는데 출근하면서, 동료에게 전화를 한다)

그레그　여보세요, 폴라! 나 지금 가는 중인데, 길이 너무 막혀. 저 앞에 사고가 났나 봐.

폴라　그러세요? 그럼 늦으시는 거예요?

그레그　응, 나 빼고 회의 시작할 수 있을까?

폴라　안돼요, 그럴 수 없죠. 부장님이 오셔야 회의할 수 있어요.
　　　8시 15분까지는 오실 수 있나요?

그레그　그랬으면 좋겠는데, 늦어도 8시 30분까지는 갈게.

(On his way to work in heavy traffic, calling his coworker)

Greg　Hi, Paula! I'm on my way to work, but traffic is terrible.
　　　　038 I think there must have been an accident up ahead.

Paula　Oh, then are you going to be late?

Greg　Yes, can you start the meeting without me?

Paula　No, we can't do that. We need you for this meeting.
　　　　Can you make it by 8:15?

Greg　I hope so, or 8:30 at the latest.

VOCABULARY

accident 사고　　up ahead 저 앞에

KEY EXPRESSIONS

1　**지금 일하러 가는 중인, 출근 중인**
on my way to work
'내가 어디로 가는 중'이라고 할 때 on my way to, on the way to를 쓰는데, home이
나 downtown으로 간다고 할 때는 to를 빼고 말해요. 즉, 집으로 가는 중이면 I'm on my
way home. 또는 I'm on the way home.이라고 하죠.

2　**8시 15분까지 가다, 도착하다**
make it by 8:15
'몇 시까지 도착하다'라고 할 때 〈make it by + 몇 시〉라고 합니다. Can you make it by
~? I can make it by ~. 또는 I don't think I can make it by ~.와 같이 말해요.

3　**늦어도 8시 30분까지는** **8:30 at the latest**
'늦어도 몇 시까지는, 그 시간이 넘지 않게'라고 할 때 시간 뒤에 at the latest를 붙여서 말
해요. '늦어도 6시까지는 갈게'라고 하면 I'll be there by 6 at the latest.라고 하죠.

SITUATION 3   월차 내기

음원 **13-3**

팀원에게 월차를 내야 하니 대신 빈 자리를 채워달라고 부탁하는 상황입니다. 한글 대화문을 보며 이 상황을 상상하면서 영어로 생각해본 후에 영어 대화문을 보세요.

팀   헤더, 나 부탁 하나 해도 될까?
헤더   부탁이 뭔지에 따라 다르지.
        하하, 농담이야. 뭔지 말해봐.
팀   내일 나 월차를 낼까 생각 중인데.
        나 없을 때 내 대신 연락 좀 받아줄 수 있을까?
헤더   그래. 그러지 뭐. 내가 대신 해줄게.
팀   고마워. 내가 신세 한 번 졌다.

CHAPTER 2

Tim   Heather, can I ask you a favor?
Heather It depends on what the favor is.
          Haha, I'm kidding.
          039 Tell me what I can do for you.
Tim   I'm thinking of taking the day off tomorrow.
          Can you be my point of contact while I'm not here?
Heather Alright. No problem. I can fill in for you.
Tim   Thanks. I owe you one.

VOCABULARY

favor 부탁   depend on ~에 따라 다르다   contact 연락
fill in for ~ ~대신 일하다, 자리를 채워주다   owe 신세지다, 빚지다

KEY EXPRESSIONS

1 **상대방에게 부탁하다**   ask you a favor
부탁을 가리키는 말 favor는 ask와도 쓰이고 do와도 쓰여요. '누구에게 부탁하다'라고 하면
⟨ask + 누구 + a favor⟩이고, '누구의 부탁을 들어준다'고 할 때는 ⟨do + 누구 + a favor⟩
라고 합니다.

2 **월차를 내다, 하루 쉬다**   take the day off
며칠 동안, 얼마 동안 휴가를 내거나 쉬는 건 ⟨take + 기간 + off⟩라고 표현해요. 하루를
쉬는 게 '월차'잖아요? 그건 take the day off라고 하고, '일주일 휴가'를 내면 take the
week off가 되죠.

3 **내 대신 연락을 받아줄 사람**   my point of contact
내가 자리를 비울 때 내 대신 나한테 온 업무 연락을 받아 처리하는 사람을 point of
contact라고 하는데요, 내가 상대방을 위해 그렇게 해주겠다고 할 때는 I'll be your point
of contact.라고 하면 됩니다.

UNIT 13 일이 생겼을 때   **99**

SPEAKING PATTERNS

핵심 패턴
037

목소리 들으니 ~한가 보네.
You sound like ~.

목소리 들으니 감기 걸렸나 보네.
You sound like you caught a cold.

너 이제 막 일어났나 보구나.
You sound like you've just gotten up.

너 화난 것 같다.
You sound like you're upset.

상대방의 목소리를 들으니 어떤 것 같다는 생각이 들 때 이 패턴을 써보세요.

핵심 패턴
038

~가 있었나 봐.
I think there must have been a/an ~.

저 앞에 사고가 났었나 봐.
I think there must have been an accident up ahead.

뭔가 오류가 있었나 보네.
I think there must have been a mistake.

이유가 있었던 것 같아.
I think there must have been a reason.

어떤 것이 있었던 게 분명해 보일 때 이 패턴을 써보세요.

핵심 패턴
039

내가 뭘 ~하면 되는지 말해봐.
Tell me what I can ~.

내가 뭘 해주면 되는지 말해봐.
Tell me what I can do for you.

내가 뭘 도와주면 되는지 말해봐.
Tell me what I can help you with.

내가 그녀에게 뭐라고 말하면 될지 알려줘.
Tell me what I can say to her.

내가 뭘 어떻게 하면 되는지, 어떻게 할 수 있는지를 상대방에게 알려달라고 할 때 이 패턴을 써보세요.

You sound like you caught a cold.

caught a cold라고 할 때 caught의
-t 소리가 아주 약하게 들려요. 어떻게 발음하죠?

Q

대화문에서 동료의 목소리를 듣고, '너 감기에 걸린 것 같다'라고 하면서 **You sound like you caught a cold.**라고 할 때 발음을 들어보니까 **caught a**라고 할 때 **-t** 소리가 제대로 들리지 않고 약하게 들려요. 어떻게 발음해야 하나요?

A

네. 영어 철자 중에서 어떤 자리에 있는지에 따라 다른 소리들이 나는 것들이 있어요. **-t**가 대표적입니다. 먼저, **caught a**라고 할 때처럼 **-t**를 약하게 발음하는 경우가 많은데요, 이때 주의할 것은, **caught a**에서 **-t**를 약하게 소리 낼 때도 제대로 **-t**를 소리 낼 때와 똑같이 혀끝이 입천장, 윗니 뒷부분에 닿고 떨어져야 해요. 발음하는 방법은 똑같이 하되 약하게 내는 겁니다. 또, **traffic**에서처럼 t와 -r이 이어질 때, **tr**을 /쮸ㄹ/처럼 발음합니다.

어디가 안 좋은 것 같은데?
What do you think it is?

아파서 출근을 못 하게 되었을 때, 배우자나 가족에게, 몸이 안 좋아서 회사에 출근을 못하겠다고 하면, 어디가 안 좋으냐고 하겠죠? 그리고 연락을 받은 동료는 걱정하는 마음으로, 어디가 안 좋아서 그런지 물을 수 있을 겁니다. 이때 **What do you think it is?**라고 물을 수 있어요. 그리고 아파서 병원에 가서 진찰을 받고, '어디가 안 좋은 걸까요?'라고 물을 때도 이렇게 묻습니다.

병원에서, 어디가 안 좋은 건지 의사에게 물을 때

A 어디가 안 좋은 걸까요, 선생님?
B 독감에 걸리신 것 같네요.

A What do you think it is, doctor?
B It seems like you have the flu.

몸이 안 좋은 이유를 물을 때

A 내가 왜 이럴까?
B 미세 먼지를 많이 마셔서 그런 것 같은데.

A What do you think it is?
B It's probably just the fine dust making you sick.

UNIT 14

회사 근무 규정

출퇴근 시간 / 복장 규정 / 근무 조건

Try it in
ENGLISH

회사에서 출퇴근 시간이나 복장 규정, 근무 조건 등에 대해 말하는 대화문을 익혀봅시다.

강의 **14**

프레드	매일 출퇴근하는 거 너무 스트레스 쌓여.
아내	당신 회사 근처로 우리 이사 갈까?
프레드	지금은 안 되지. 나중에.
	이사하는 게 쉬운 게 아니잖아.
아내	당신이 늘 출퇴근하는 것 때문에 스트레스를 받아 하잖아.
프레드	우리 사장님이 재택근무를 하게 해주시면 좋겠는데.
아내	그럼 최고지.

음원 14-1

출퇴근 시간이 너무 오래 걸려 힘들어 하는 남편을 보고 이사를 갈까 하는 상황입니다. 한글 대화문을 보며 이 상황을 상상하면서 영어로 생각해본 후에 영어 대화문을 보세요.

Fred	It's so stressful to commute to work every day.
Wife	**040** How about we move near your workplace?
Fred	Not now. Maybe later.
	You know it's not easy to move.
Wife	You're constantly getting stressed over your commute.
Fred	I hope my boss will let me work from my home.
Wife	That would be a great solution.

VOCABULARY

commute 출퇴근하다　**workplace** 직장, 회사　**solution** 해결책, 대안

KEY EXPRESSIONS

1 **직장으로 출퇴근을 하다**
commute to work
'출퇴근한다'는 말은 commute 또는 commute to work라고 합니다. 그리고 출퇴근을 하는 사람은 commuter라고 불러요.

2 **끊임없이 스트레스를 받다**
constantly get stressed
'스트레스를 받는다'는 건 I'm stressed. 혹은 I'm getting stressed. I got stressed.와 같이 말해요. 그런데 '늘, 끊임없이 스트레스를 받는다'면 I'm constantly getting stressed. 라고 하는데, always, constantly 등과 함께 현재진행형(be -ing)을 쓰면 '늘 뭐뭐 하더라' 라고 불평하는 느낌이 나는 표현이 됩니다.

3 **재택근무를 하다**
work from my home
'집에서 근무한다'는 말은 work from home, work from my/your home과 같이 말해요.

CHAPTER 2

회사에서 금요일에는 캐주얼로 입어도 좋다는 규정이 나온 상황입니다. 한글 대화문을 보며 이 상황을 상상하면서 영어로 생각해본 후에 영어 대화문을 보세요.

음원 **14-2**

신디	들었어? 새로 바뀐 복장 규정, 어떻게 된 거야?
라이언	경영팀에서 금요일에는 캐주얼을 입어도 된다고 하는 거지.
신디	정말 마음에 들어.
라이언	나도. 이제 늘 캐주얼을 입는 금요일이 기다려지겠어. 여름에 맨날 넥타이 매는 거 정말 힘들어.
신디	규정이 바뀌어서 정말 좋다.

Cindy	Did you hear? What's up with the new dress code?
Ryan	The management is allowing us to wear casual clothes on Fridays.
Cindy	I really like this idea.
Ryan	Me too. **041** I'll always be looking forward to casual Fridays. Wearing a tie every day in the summer is tough.
Cindy	I'm so happy that the policy has been changed.

VOCABULARY

allow 허용하다   **tie** 넥타이   **tough** 힘든, 어려운

KEY EXPRESSIONS

1   **새로 바뀐 복장 규정** the new dress code

어떤 옷을 입으라고 정한 것을 '드레스 코드'라고 하죠? 영어로 dress code입니다. 그 규정이 바뀌어서 새로운 규정이 나왔다면 the new dress code가 되죠.

2   **금요일에는 캐주얼을 입다**

wear casual clothes on Fridays

'캐주얼하게 입는다'는 말은 wear casual clothes 혹은 clothes를 빼고 그냥 wear casual 이라고도 해요. 그리고 on Fridays처럼 요일에 -s를 붙이면 '그 요일마다'라는 뜻이 돼요.

3   **규정이 바뀌었다.**

The policy has been changed.

회사 규정, 보험 증권, 어떤 방침 등을 policy라고 하는데요. '회사의 규정이 바뀌었다'는 말은 The policy has been changed.라고 합니다.

근무 조건

음원 14-3

근무 조건에 대해 이야기하며 회사에 근무해본 소감이 어떠냐고 묻고 답하는 상황입니다. 한글 대화문을 보며 이 상황을 상상하면서 영어로 생각해본 후에 영어 대화문을 보세요.

웬디   우리 휴가가 몇 일이죠?

닉   일년에 7일이에요. 그리고 매년 휴가가 하루씩 늘어나죠.
안 쓰면 없어지고요.

웬디   여기서 얼마나 일하셨어요?

닉   어디 보자… 2009년부터 근무했으니까, 10년이 넘었네요.

웬디   어떠세요?

닉   대부분은 마음에 들어요. 그리고 점심시간이 유동적이라는 게 제일 좋죠.

Wendy   How many vacation days do we have?

Nick   Seven days a year.
And we get one additional vacation day each year.
They expire if we don't use them.

Wendy   **042** | How long have you been working here? |

Nick   Let's see... I started in 2009, so it's been more than 10 years.

Wendy   So how do you like it?

Nick   I like it for the most part. And it's especially great that our lunch break is flexible.

VOCABULARY

additional 추가로   **expire** 소멸되다, 없어지다   **especially** 특히, 특히나
flexible 유동적인

KEY EXPRESSIONS

1   **휴가가 며칠**   how many vacation days

휴가는 vacation인데, '휴가가 며칠'이라고 할 때는 vacation days라고 합니다. I have seven vacation days this year. I have five vacation days left this year.와 같이 말해요.

2   **매년 휴가가 하루씩 늘어나다**

get one additional vacation day each year

'휴가가 하루 더 생기다'는 get one additional vacation day라고 해요. '매년 하루씩 혹은 이틀씩 휴가가 늘어난다'고 하면 get one(two) additional vacation day(days) each year라고 하죠.

3   **대부분은 마음에 들어요.**   I like it for the most part.

'어떤 게 마음에 든다'고 할 때 I like it이라고 하는데요. 대부분이 마음에 들면 뒤에 for the most part를 붙여서 말해요.

핵심 패턴 040

우리 ~할까?
How about we ~?

당신 회사 근처로 우리 이사 갈까?
How about we move near your workplace?

우리 오늘 저녁은 나가서 먹을까?
How about we eat out tonight?

우리 친한 친구들을 초대하는 게 어때?
How about we invite our close friends?

상대방에게, '무엇을 하는 게 어떠냐'고 제안할 때 이 패턴을 써보세요. to 다음에 기다려지는 대상을 명사나 동명사(-ing) 형태로 넣으면 됩니다.

핵심 패턴 041

이제 늘 ~가 기다려지겠어.
I'll always be looking forward to ~.

이제 늘 캐주얼을 입는 금요일이 기다려지겠어.
I'll always be looking forward to casual Fridays.

이제 회사에 출근하는 게 늘 기다려지겠다.
I'll always be looking forward to coming in to work.

이젠 그 사람들 만나는 게 언제나 기다려지겠어.
I'll always be looking forward to seeing them.

'이제 어떤 날이 혹은 어떻게 하는 것이 늘 기다려질 것 같다'라고 할 때 이 패턴을 써보세요. to 뒤에는 무엇 혹은 무엇 하는 것을 뜻하는 명사나 대명사, 동명사(-ing)를 씁니다.

핵심 패턴 042

얼마나 ~하셨어요?
How long have you been -ing?

여기서 얼마나 일하셨어요?
How long have you been work**ing** here?

여기 사신 지 얼마나 되셨어요?
How long have you been liv**ing** here?

그 사람이랑 얼마나 사귄 거야?
How long have you been dat**ing** him?

이렇게 한 지가 얼마나 되었는지 물을 때 이 패턴을 써보세요.

It's so stressful to commute to work.

stressful과 stressed는 어떻게 다르죠?
어떻게 써야 하나요?

Q

대화문에서 매일 장시간 출퇴근하는 게 너무 스트레스 쌓인다고 하면서 It's so stressful to commute to work.라고 했는데요, 이 문장에서 stressful 대신에 stressed를 쓰면 안 되나요?

A

네, 틀립니다. stressful은 '(사람에게 뭔가가) 스트레스를 준다'고 할 때 쓰는 말이고, stressed 혹은 stressed out은 '(사람이, 누군가가) 스트레스를 받는다'고 할 때 쓰는 말이거든요. 과로하는 게 스트레스를 준다면 Working too hard is stressful. 또는 It's stressful to work too hard.라고 하고, '회사에서 내가 스트레스를 받는다'면 I'm stressed (out) at work.라고 해요.

CHAPTER 2

**LEVEL UP
EXPRESSIONS**

어떻게 알았어.
You read my mind.

내가 생각하고 있었던 걸 상대방이 알아맞힌 것 같을 때, 나와 같은 생각을 가지고 상대방이 무슨 말을 하면, '어머… 내가 생각한 거랑 똑같은 말을 하네, 내가 무슨 생각을 하고 있는지 알아차렸나 봐'라는 의미로 You read my mind.라고 할 수 있어요. 이 문장에서 read는 과거형입니다.

내가 마시고 싶은 걸 상대방이 마시자고 할 때

A 우리 핫초코 마시자.
B 내가 그거 마시고 싶은 거 어떻게 알았어. 마시러 가자!

A Let's get some hot chocolate.
B You read my mind.
Let's get some!

행사를 취소해야겠다는 생각이 상대방과 맞았을 때

A 우리, 행사 취소해야겠는데요.

B 제 생각도 그래요. 비가 너무 많이 오네요.

A I think we should cancel the event.

B You ready my mind. It's raining too much.

UNIT 15

전화 응대하기

전화 내용 메모 남기기 / 신제품 문의 전화 받기
/ 가격 조정에 대한 전화 응대하기

Try it in **ENGLISH**

회사에서 전화가 왔는데 찾는 사람이 없어서 메모를 남길 때, 신제품에 대해 문의하는 전화를 받을 때, 가격 조정에 대한 전화에 대해 응대할 때의 대화문을 익혀봅시다.

강의 **15**

(전화로)

소피　죄송하지만, 이 건에 대해선 잘 모르겠어요.
　　　매니저에게 여쭤볼게요.
　　　잠시만 기다려주시겠어요? 끊지 마세요.

바이어　네. 그럴게요.

소피　여보세요? 기다려주셔서 감사합니다.
　　　매니저가 방금 외출하셔서요.
　　　다시 전화드려도 될까요?

바이어　그렇게 해주세요. 기다릴게요.

음원 15-1

전화가 왔는데 문의하는 내용에 답을 해줄 매니저가 부재중이라 메모를 남기는 상황입니다.
한글 대화문을 보며 이 상황을 상상하면서 영어로 생각해본 후에 영어 대화문을 보세요.

(on the phone)

Sophie　**043**　**I'm sorry, but I'm not sure about** this one.
Let me ask my manager.
Can you hold a minute**? Don't hang up.**

Buyer　**Sure. Go ahead.**

Sophie　**Hello? Thank you for your waiting.**
My manager has just stepped out.
Will it be okay if she calls you back**?**

Buyer　**No problem. I'll wait.**

VOCABULARY

hang up 끊다　**step out** 나가다　**call back** 다시 전화하다

KEY EXPRESSIONS

1　**잠시 기다리다**
hold a minute
전화 통화 중에, 잠깐 기다리라고 할 때 hold a minute이라고 하기도 하고 Hold on. Hold on a second. Hold on a minute. Hold on a moment.와 같이 말해요.

2　**방금 외출했다**
have just stepped out
'누가 방금 외출하셨다'라고 할 때 step out이라는 표현을 쓰는데요, 반대로 전화를 하고 있는데 '지금 막 들어오셨다'라고 할 때는 step in을 쓰면 됩니다.

3　**상대방에게 다시 전화하다**
call you back
'상대방에게 다시 전화를 건다'는 말은 call you back이라고 해요. '금방 다시 전화할게'라는 말은 I'll call you back in a minute.이라고 하죠.

CHAPTER 2

음원 15-2

신제품에 대해 관심이 있다는 바이어의 전화를 받는 상황입니다. 한글 대화문을 보며 이 상황을 상상하면서 영어로 생각해본 후에 영어 대화문을 보세요.

라이언 이지 전자입니다. 무엇을 도와드릴까요?

바이어 여보세요. 저는 싱가포르에 있는 나이스 전자의 다니엘 웨이든이라고 하는데요. 귀사에서 새로 나온 배터리에 관심이 있어서 전화 드렸어요.

라이언 죄송하지만, 성을 못 들었는데요. 다니엘…

바이어 웨이든입니다. W-E-Y-D-E-N.

라이언 아, 감사합니다. 웨이든 씨. 무엇을 도와드리면 될까요?

바이어 새로 나온 배터리에 대한 자세한 내용을 이메일로 보내주실 수 있을까요?

Ryan Easy Electronics. How may I help you?

Buyer Hello, this is Daniel Weyden from Nice Electronics in Singapore.
I'm calling about your new batteries.

Ryan I'm sorry, **044** I didn't catch your last name. Daniel…

Buyer Weyden. W-E-Y-D-E-N.

Ryan Okay, thank you, Mr. Weyden. So what can I do for you?

Buyer Could you email me with the details of your new batteries?

VOCABULARY

last name 성   **details** 자세한 내용, 세부 사항

KEY EXPRESSIONS

1 **저는 ~라고 하는데요.** **This is Daniel ~**

전화로 내가 누군지 말할 때 〈This is + 누구.〉라고 하는데요. I am을 쓰지 않고 This is를 쓰는 이유는 얼굴이 안 보여서예요. 화상 통화로 할 때는 〈I am + 누구.〉라고 하시면 돼요.

2 **~에 관심이 있어서 전화 드렸어요.**
I'm calling about ~

전화 건 용건을 말할 때 I'm calling about ~.이라고 해요. 강아지를 병원에 맡기고, 궁금해서 전화를 했으면 I'm calling about my dog. 차를 맡기고 카센터에 걸면 I'm calling about my car.라고 하면 되죠.

3 **~에 대한 자세한 내용을 이메일로 보내주다**
email me with the details of ~

누구에게 무엇을 첨부해서 이메일을 보낸다고 할 때 〈email + 누구 + with + 무엇〉이라고 해요. email이라는 동사 대신에 〈send + 누구 + an email〉이라고 하기도 하죠.

음원 15-3

바이어가 전화를 해서, 가격을 조정해줄 수 있느냐고 묻는 상황입니다. 한글 대화문을 보며 이 상황을 상상하면서 영어로 생각해본 후에 영어 대화문을 보세요.

테리   여보세요, 저 테리인데요.
       제안 주신 것에 대해 여쭤보려고 전화 드렸어요.

그레그   아, 네. 안녕하세요, 테리.

테리   샘플 받았는데, 품질이 아주 마음에 들어요.
       가격 조정이 가능한가요?

그레그   죄송하지만, 그게 제일 좋은 가격이에요.
       하지만 부장님께 다시 한번 여쭤볼 수는 있어요.

CHAPTER 2

Terry   Hello, this is Terry.
        I'm calling about your offer.

Greg   Oh, yes.
        Hello, Terry.

Terry   **045** We got your sample products, **and we really like the quality.**
        Is the price negotiable?

Greg   I'm sorry, but that's our best offer.
        I can double check with my boss though.

━━━━ **VOCABULARY**

offer 제안   **quality** 품질   **though** 하지만, 그런데

KEY EXPRESSIONS

1   **조정할 수 있는**
    ## negotiable
    비즈니스 미팅을 할 때 '계약 조건이나 가격 등이 조정이 가능한'이라는 말이 negotiable이예요. 우리가 흔히 '네고 되나요?'라고 하는 그 '네고'가 negotiable의 앞부분을 말한 거죠.

2   **저희가 드릴 수 있는 제일 좋은 조건**
    ## our best offer
    우리가 물건을 판매하는 입장일 때, '상대측에 줄 수 있는 제일 좋은 조건'이라는 말을 our best offer라고 합니다.

3   **상사에게 다시 한번 확인하다**
    ## double check with my boss
    어떤 것을 확인하는 건 check이고, 다시 한 번 확인하는 게 double check이죠. 누구한테 그 재확인을 한다는 말은 〈with + 누구〉라고 뒤에 이어서 말합니다.

핵심 패턴
043
죄송하지만, 저는 ~에 대해서 잘 모르겠어요.
I'm sorry, but I'm not sure about ~.

죄송하지만, 이 건에 대해서는 잘 모르겠어요.
I'm sorry, but I'm not sure about this one.

미안한데, 난 결과에 대해서는 잘 모르겠어.
I'm sorry, but I'm not sure about the results.

죄송하지만, 정확한 날짜는 잘 모르겠어요.
I'm sorry, but I'm not sure about the exact date.

'내가 어떤 것에 대해서 잘 모르겠다'고 할 때 이 패턴을 써보세요.

핵심 패턴
044
~를 못 알아들었어요.
I didn't catch ~.

성을 못 들었어요.
I didn't catch your last name.

성함을 못 들었는데요.
I didn't catch your name.

마지막 단어가 뭐였는지 못 들었어.
I didn't catch the last word.

어떤 말을 잘 못 알아들었을 때 이 패턴을 써보세요.

핵심 패턴
045
~를 받았는데, …가 아주 마음에 들어요.
We got ~, and we really like ...

샘플 받았는데, 품질이 아주 마음에 들어요.
We got your sample products, **and we really like** the quality.

네 영상 파일을 받았는데, 내용이 아주 좋더라.
We got your video clip, **and we really like** the content.

택배를 받았는데, 제품이 아주 마음에 들어요.
We got the package, **and we really like** the products.

'어떤 것을 받았는데, 그게 아주 마음에 든다'고 할 때 이 패턴을 써보세요.

I can double check with my boss though.
though와 but은 어떻게 다른가요?

Q

부장님께 여쭤보고 다시 한번 확인을 해보겠다고 할 때 I can double check with my boss though.라고 했잖아요. 문장 끝에 있는 though가 '그런데'라는 뜻인데 but도 같은 뜻이잖아요? 그럼 though 대신 but을 써도 되나요?

A

아니에요. I can double check with my boss though.처럼 though는 문장 끝에 붙여서 '~지만, 근데, 그래도'와 같은 뜻을 나타냅니다. but도 though와 비슷한 뜻이지만 but은 문장의 앞에 써요. 예를 들어, '내일 만나자고? 내일은 바쁜데… 근데 시간을 낼 수 있는지 볼게.'라고 한다면 Tomorrow? I'm busy tomorrow, but I'll see if I can make time.이라고 하거나 Tomorrow? I'm busy tomorrow. I'll see if I can make time though.와 같이요.

LEVEL UP
EXPRESSIONS

내가 받을게.
I'll get it.

회사 사무실에 전화가 오거나 어떤 곳에서라도 여러 명이 있는데 전화벨이 울렸을 때 '그 전화를 내가 받겠다'라는 말은 I'll get it.이라고 해요. get은 받는 거고, it은 전화죠. 집에서 누군가의 전화가 울릴 때 그 사람이 못 받을 상황일 때도 '내가 받을게'라고 할 때도 I'll get it.이라고 할 수 있어요.

전화를 내가 받겠다고 할 때

A 당신 전화기가 계속 울리는데. 내가 받을까?
B 아니, 괜찮아. 내가 받을게.

A Your phone keeps ringing. Do you want me to get it?
B No, it's okay. I'll get it.

상대방 대신 전화를 받아주겠다고 할 때

A 전화 좀 받아줄래?
B 알았어. 내가 받을게.

A Will you please get the phone?
B Okay. I'll get it.

UNIT 16

업무 진행 상황

업무 보고 / 프레젠테이션 결과 보고 / 바이어의 제안에 대한 보고

Try it in ENGLISH

회사에서 상사에게 업무에 대해 보고할 때, 프레젠테이션을 하고 나서 결과를 보고할 때, 그리고 바이어한테서 제안이 왔다는 보고를 할 때의 대화문을 익혀봅시다.

강의 **16**

리사	밥, 제가 작업한 보고서 좀 봐주실래요?
밥	(속삭이면서) 여기에 두고 가세요. 지금 통화 중이라.
리사	(속삭이며) 네. 자세한 건 메일로 보고 드릴게요.
밥	(전화를 끊고) 리사, 이리 와보세요.
리사	지금 괜찮으세요?
밥	네. 무슨 보고서죠?
리사	올해 마케팅 계획안이에요.
밥	아, 그걸 벌써 다 한 거예요?

음원 16-1

보고서를 완료하고 상사에게 보고하는 상황입니다. 한글 대화문을 보며 이 상황을 상상하면서 영어로 생각해본 후에 영어 대화문을 보세요.

Lisa	Bob, can you please take a look at my report?
Bob	*(whispering)* Just put it here. I'm on the phone.
Lisa	*(whispering)* Okay. I'm going to email you the details.
Bob	*(after hanging up the phone)* Lisa, come here.
Lisa	Is it okay to talk now?
Bob	Yes. What is this report about?
Lisa	The new marketing strategy this year.
Bob	Oh, **046** did you finish the report already?

CHAPTER 2

VOCABULARY

take a look at ~ ~를 살펴보다   **strategy** 전략

KEY EXPRESSIONS

1 내가 작업한 보고서를 살펴보다

take a look at my report

보고서나 프레젠테이션 등을 살펴본다고 할 때 〈take a look at + 무엇〉이라는 표현을 쓰는데요, 이것 말고도 〈look at + 무엇〉, 〈have a look at + 무엇〉이라고도 합니다.

2 이 보고서, 뭐에 대한 거죠?

What is this report about?

보고서나 자료 등이 뭐에 대한 건지 물을 때 쓰는 표현이예요. 이미 했던 회의에 대해 물으면서 '그게 뭐에 대한 거였죠?'라고 물을 때는 What was the meeting about?이라고 할 수 있겠죠.

3 마케팅 전략

marketing strategy

마케팅에 대해 말할 때 쓰는 필수적인 표현입니다. 마케팅이나 광고를 기획할 때는 어떤 전략으로 할 건지가 중요하죠? 이런 전략을 strategy라고 합니다.

SITUATION 2   프레젠테이션 결과 보고

프레젠테이션을 한 다음에 결과가 어땠는지에 대해 얘기하는 상황입니다. 한글 대화문을 보며 이 상황을 상상하면서 영어로 생각해본 후에 영어 대화문을 보세요.

음원 **16-2**

웬디	저기, 제이크, 회의는 어땠어?
짐	잘 모르겠어. 내가 낸 아이디어가 마음에 들 드셨는지 알기 힘들더라고.
웬디	걱정 마. 잘 됐을 거야.
짐	고마워. 프레젠테이션 진짜 열심히 만들었거든.
웬디	커피나 한잔 하면서 얘기하러 갈까?
짐	그러고는 싶은데, 다른 거 마감하는 거 해야 해서.
	오늘은 일에 치여 사네.
	내일 하자.

Wendy	Hey, Jim, how did that meeting go?
Jim	I'm not sure. **047** **It was hard to tell if** they liked my idea.
Wendy	Don't worry.
	I'm sure it went fine.
Jim	Thanks. I worked really hard on the presentation.
Wendy	Do you want to go chat with me over coffee?
Jim	I'd love to, but I have to prepare for another deadline.
	I'm swamped with work today.
	Maybe tomorrow.

VOCABULARY

tell 알아차리다   **chat** 얘기를 나누다   **prepare for ~** ~에 대비하여 준비하다

KEY EXPRESSIONS

1. **회의는 어떻게 됐어?** How did that meeting go?

무언가가 어떻게 되어 가고 있는지, 진행되고 있는지 물을 때 동사 go를 써요. 프로젝트가 지금 어떻게 진행되고 있는지 물을 때는 How's the project going?이라고 하죠.

2. **다른 거 마감에 맞추려고 준비하다**

prepare for another deadline

뭔가에 대비해서 준비를 하는 건 〈prepare for + 무엇〉이고, 무엇 자체를 준비하는 건 〈prepare + 무엇〉입니다. '시험을 준비하다'는 prepare for the test라고 하고, '음식을 준비하다'는 prepare food라고 하죠.

3. **일에 치이다** swamped with work

'할 일이 너무 많아서 꼼짝도 못한다, 완전 일에 파묻혀 있다'고 할 때 swamped with work라고 해요. swamp는 '늪'이라는 뜻인데, 일이라는 늪에 빠져 있는 거죠.

바이어의 제안에 대한 보고

음원 16-3

바이어한테서 수입을 하겠다는 제안이 왔다고 보고하는 상황입니다. 한글 대화문을 보며 이 상황을 상상하면서 영어로 생각해본 후에 영어 대화문을 보세요.

테리　닉, 캐나다에 있는 회사에서 전화가 왔어요.
닉　　아, 뭐에 대한 건데요?
테리　우리 회사의 신제품 배터리에 관심이 있다고, 자세한 걸 알고 싶대요.
닉　　잘됐네요. 제일 좋은 가격으로 견적을 내보세요.
테리　알겠습니다. 그럴게요.
닉　　그리고 샘플 제품도 보내세요.
　　　재고가 있는지 확인하시고요.
테리　네. 오늘 바로 처리하겠습니다.

CHAPTER 2

Terry	Nick, I got a phone call from a company in Canada.
Nick	Oh, regarding?
Terry	They're interested in our new batteries, and they want to know more details.
Nick	Sounds good. Try to quote them our best price.
Terry	Okay. I'll do that.
Nick	And send them some sample products.
	048 Check whether we have any in stock.
Terry	All right. I'll get back to them today.

VOCABULARY

phone call 전화 통화　quote 견적을 내다　stock 재고

KEY EXPRESSIONS

1 **~한테서 온 전화를 받다　get a phone call from ~**
'전화를 받다'는 get a phone call입니다. 누구한테서 온 전화인지를 그 뒤에 〈from + 누구〉라고 이어서 쓰죠.

2 **우리의 신제품 배터리에 관심이 있는**
interested in our new batteries
어떤 것에 관심이 있다는 걸 interested라고 해요. 바이어가 우리 회사의 신제품을 수입하려고 관심을 보일 때 They're 혹은 They seem to be interested in our new batteries.라고 할 수 있죠.

3 **그들에게 제일 좋은 가격으로 견적을 제시하다**
quote them our best price
'견적을 제시하다'라는 말이 quote입니다. 뒤에 누구, 어떤 가격의 순서로 이어서 말하죠.

SPEAKING PATTERNS

핵심 패턴
046

벌써 ~를 다 했어요?
Did you finish ~ already?

그 보고서를 벌써 다 한 거예요?
Did you finish the report **already?**

너 숙제 벌써 다 했어?
Did you finish your homework **already?**

방 청소를 벌써 다 한 거야?
Did you finish cleaning your room **already?**

어떤 것을 벌써 다 끝냈는지 확인할 때 이 패턴을 써보세요. finish 뒤에 명사나 동명사(-ing) 형태로 무엇을 다 했는지 말해보세요.

핵심 패턴
047

~인지 아닌지 잘 모르겠더라.
It was hard to tell if ~.

내가 낸 아이디어가 마음에 들 드셨는지 알기 힘들더라고.
It was hard to tell if they liked my idea.

그 사람이 진심이었는지 난 잘 모르겠더라고.
It was hard to tell if he meant it.

그녀가 사실대로 말한 건지 잘 모르겠던데.
It was hard to tell if she told me the truth.

'뭐뭐인지 아닌지 잘 모르겠다'고 할 때 이 패턴을 써보세요. tell은 '말하다'라는 뜻 외에 '정확히 알다, 판단하다'라는 의미로도 쓰여요.

핵심 패턴
048

~인지 확인해보세요.
Check whether ~.

재고가 있는지 확인해보세요.
Check whether we have any in stock.

우리가 마감일을 맞출 수 있는지 확인해보세요.
Check whether we can meet the deadline.

다른 문제가 있는지 좀 확인해보세요.
Check whether there's another problem.

'뭔가가 어떤지 아닌지를 확인하라'고 할 때 이 패턴을 써보세요.

Try to quote them our best price.
Try to를 쓰는 거랑 그냥 동사원형 quote로 시작해서 말하는 거랑 뭐가 다르죠?

Q

우리 회사 제품에 관심을 보이는 바이어 측에 최대한 좋은 조건의 견적서를 보내라고 할 때 Try to quote them our best price.라고 했는데요. Try to를 빼고 Quote them our best price.라고 하면 안 되나요? 이 두 문장의 의미는 어떻게 다르죠?

A

Try to를 쓰면, 의미가 좀 더 부드러워져요. Try to를 안 쓰고 Quote them our best price.라고 하면, '최대한 좋은 견적을 제시하세요'라는 의미가 되고, Try to quote them our best price.라고 할 경우, '최대한 좋은 견적을 제시하도록 하세요' 정도의 의미가 돼요. 그러니까 동사원형으로 바로 시작해서 말하는 명령문보다 〈Try to + 동사원형〉으로 말하는 게 더 부드럽고 듣기 좋은 말이 되는 거죠.

CHAPTER 2

이제 할 거 별로 안 남았어.
There's not much left to do.

'(회사에서 할 일이 많았는데) 거의 다 하고 이제 별로 안 남았다.'고 할 때 **There's not much left to do.**라고 할 수 있습니다. 업무 상황을 확인할 때 많이 쓸 수 있는 말이죠. 여기에서 **much**는 '많은 일'을 가리키는 단어입니다. **There's not much left to do.**는 많지 않은 일(**not much**)이 남아 있다(**left**)는 뜻이죠.

인테리어를 거의 다 했을 때

A 집 인테리어, 이제 거의 다 한 것 같네.

B 페인트칠 말고는, 이제 별로 할 거 없어.

A The house looks almost completely finished.

B Besides painting, there's not much left to do.

저녁 준비 다 됐는지 물을 때

A 저녁 거의 다 된 거야?

B 조금만 더 하면 돼. 식탁 좀 차려줘.

A Is dinner almost ready?

B There's not much left to do. Please set the table.

UNIT 17

회의에 대해서

회의 주재하기 / 회의에 대한 의견 / 회의 불참 후 내용 전달 받기

Try it in ENGLISH

회의를 잡고, 어떤 것에 대해 회의를 할지 알려줄 때, 그리고 회의에 불참하고 참석자에게 회의 내용을 전달 받을 때의 대화문을 익혀봅시다.

What's on the agenda?

강의 **17**

팀	캐롤, 지금 회의실에서 좀 볼까요?
캐롤	알겠습니다. 바로 갈게요, 팀.

(회의실에서)

팀	오늘 몇 가지 의논할 사항이 있어요.
캐롤	안건이 뭐죠?
팀	두 가지 얘기할 게 있는데요. 우선, 보류 중인 프로젝트를 어떻게 할 건지 의논을 해야 하고.
캐롤	새로운 마케팅 전략을 짜는 것도 포함해서요?

의논할 것이 있어서 팀원들에게 회의를 하자고 하는 상황입니다. 한글 대화문을 보며 이 상황을 상상하면서 영어로 생각해본 후에 영어 대화문을 보세요.

음원 17-1

Tim   Carol, can we meet in the conference room now?

Carol   All right. I'll be right there, Tim.

(In the conference room)

Tim   We have a few issues to discuss today.

Carol   What's on the agenda?

Tim   **049** We have two items to talk about.

First, we need to talk about our pending projects.

Carol   Including making a new marketing strategy?

VOCABULARY

conference 회의   issues 문제   agenda 안건   pending 아직 해결 안 된

KEY EXPRESSIONS

1   회의실에서 보다

meet in the conference room

'회의실'은 conference room 혹은 meeting room이라고 합니다. 그리고 '회의를 전화로 하는 것'은 conference call이라고 하죠.

2   의논할 몇 가지 문제

a few issues to discuss

'의논할 문제들이 몇 개 있다'라고 할 때 '문제'를 problems라고 할 수도 있지만 issues라고 하기도 해요. '우리, 문제가 좀 있어.'라는 말은 We have some issues.라고 표현해요.

3   안건이 뭐죠?

What's on the agenda?

회의 때 의논할 '안건'을 agenda라고 합니다. 그리고 어떤 것이 '그 안건의 목록에 있다'고 할 때 on the agenda라고 해요.

CHAPTER 2

회의를 서서 하고, 시간 제한을 두고 해보니까 효율적이라고 좋아하는 상황입니다. 한글 대화문을 보며 이 상황을 상상하면서 영어로 생각해본 후에 영어 대화문을 보세요.

음원 17-2

어셔	회의를 서서 하니까 좋던데요. 효율적이었어요.
로라	그러게, 아주 효과적이었어. 그리고 시간 제한을 두니까 더 좋지 않아?
어셔	맞아. 오래 전에 시작했어야 했는데.

그렇게 하니까 다른 사람들이 말하는 것에 더 집중하게 되는 것 같아.

로라　다음번에는, 배송을 더 빠르게 할 수 있는 방법을 논의해보자. 배송이 너무 늦어지면, 사람들이 주문을 취소할 수도 있잖아.

Usher I liked that stand-up meeting. It was productive.

Lora Yes, it was very effective.
And isn't it also good to set a time limit?

Usher Right. We should've started doing that a long time ago.
I think it helps us be more focused on what other people say.

Lora Next time, 050 let's talk about a way to speed up our deliveries. If the deliveries take too long, people might start canceling their orders.

VOCABULARY

stand-up meeting 서서 하는 회의　set 정하다　focus on ~ ~에 집중하다
speed up 속도를 빠르게 하다　delivery 배송　cancel 취소하다

KEY EXPRESSIONS

1 **효율적인** productive
일이나 회의가 효율적으로 잘 되었다고 할 때, 혹은 오늘 하루를 알차게 잘 보냈다고 할 때도 productive를 써요. Today was productive. I had a productive day.처럼 씁니다.

2 **시간 제한을 두다** set a time limit
어떤 것을 정해 놓는다고 할 때 set을 쓰죠. 시간을 정해두는 건 set a time limit이고, 알람시계를 맞추는 건 set my alarm, 목표를 설정하는 건 set a goal이라고 하죠.

3 **~에 더 집중할 수 있게 해주다**
help us be more focused on ~
누가 무엇을 할 수 있게 도와준다고 할 때 〈help + 누구 + 동사원형〉을 써요. 우리가 어떤 것에 더 집중할 수 있도록 도와주니까 help us 뒤에 동사원형 be를 써서 이렇게 말합니다.

음원 **17-3**

회의에 참석하지 못하고, 추후에 다른 동료로부터 회의 내용을 전달 받는 상황입니다. 한글 대화문을 보며 이 상황을 상상하면서 영어로 생각해본 후에 영어 대화문을 보세요.

닉   오늘 아침 전화 회의에 참석하신 분 계신가요?

엘렌   네, 저 참석했어요.

닉   잘됐네요. 어떻게 됐어요?

엘렌   꽤 잘 됐다고 말씀드릴 수 있어요.

닉   자세한 내용을 좀 알려주실래요?

엘렌   그럴게요.

닉   감사합니다.

엘렌   아니에요.

Nick Is there anyone who attended this morning's conference call?

Ellen Yes, I participated in that.

Nick Great, 051 **how did it go?**

Ellen I'd say it went pretty well.

Nick Can you please fill me in on the details?

Ellen I'd be more than happy to.

Nick I'd really appreciate it.

Ellen Don't mention it.

VOCABULARY

conference 회의   participate in ~ ~에 참석하다   appreciate 고마워하다, 감사하다

KEY EXPRESSIONS

1 **오늘 아침 전화 회의에 참석하다**

attend this morning's conference call

'어디에 참석하다'는 attend입니다. 그리고 '전화로 회의하다'는 conference call이라고 해요. 그래서 '오늘 아침에 열렸던 전화 회의에 참석하다'를 attend this morning's conference call라고 하죠.

2 **꽤 잘 됐다. It went pretty well.**

'어떤 일의 진행이 잘 되다'란 말은 go well이라고 해요. 그리고 '꽤'라고 할 때는 pretty well 또는 quite well이라고 하죠.

3 **나에게 자세한 내용을 알려주다 fill me in on the details**

'누구에게 어떤 것을 알려주다'는 〈fill + 누구 + in on + 무엇〉의 순서로 말해요. 누가 모르고 있는 것을 알려주는 것은 〈fill + 누구 + in〉이고, 무엇을 알려주는지는 on 뒤에 쓰죠.

핵심 패턴 049	우리 …할 ~가 있어요. **We have ~ to …**

두 가지 얘기할 게 있는데요.
We have two items **to** talk about.

해결해야 할 컴플레인이 세 개 있어요.
We have three complaints **to** deal with.

의논할 주제가 한 가지 있어요.
We have one topic **to** discuss.

'우리에게 무엇 할 어떤 게 있다'고 할 때 이 패턴을 써 보세요. to 뒤에 '무엇 하다' 에 해당하는 동사를 넣어서 말해요.

핵심 패턴 050	~할 수 있는 방법에 대해 얘기해보자. **Let's talk about a way to ~.**

배송을 더 빠르게 할 수 있는 방법을 논의해보자.
Let's talk about a way to speed up our deliveries.

일을 더 효율적으로 할 수 있는 방법을 얘기해보자.
Let's talk about a way to work more efficiently.

좀 일찍 퇴근할 수 있는 방법을 얘기해보자.
Let's talk about a way to finish work early.

'어떻게 할 수 있는 방법에 대해 얘기해보자'고 할 때 이 패턴을 써보세요.

핵심 패턴 051	~는 어떻게 됐나요? **How did ~ go?**

그건 어떻게 됐어요?
How did it **go?**

출장은 어떻게 되었나요?
How did the business trip **go?**

협상은 어떻게 됐어요?
How did the negotiations **go?**

무언가가 어떻게 되었는지 물어볼 때 이 패턴을 써보세 요. 여기서 go는 '(일의 진행 이 어떻게) 되다'의 의미예요.

We should've started doing that a long time ago.

should've는 언제 쓰는 거고 무슨 뜻인가요?

Q

대화문에서, 서서 회의를 하면서 회의 시간도 정해 놓고 하니까 훨씬 효율적이라면서 일찍 좀 시작할 걸⋯ 하면서 We should've started doing that a long time ago.라고 했는데요, should've started가 정확하게 무슨 뜻인가요?

A

네, should've 뒤에 started와 같은 과거분사(p.p.)를 쓰면, '그랬어야 했는데 안했다'라는 뜻이예요. 즉, 우리가 흔히 '~할 걸⋯'이라고 하거나 '~했어야 했는데⋯'라고 하는 말을 〈should've + 과거분사〉로 표현할 수 있죠. We should've started doing that a long time ago.는 '훨씬 오래 전에 시작했어야 했는데 그러지 않았다, 그게 좀 후회된다'라는 거예요. '영어회화를 일찍 좀 시작할 걸'이라는 말은 I should've started learning English earlier.라고 할 수 있어요.

이거 조금만 바꿉시다.
Let's change it up a bit.

회사에서 전략을 짰거나 계획을 세웠거나 한 상황에서 어떤 것을 좀 바꿀 필요가 있다고 할 때 쓸 수 있는 말인데요, '바꾼다'는 말은 change 혹은 change up이라고 해요. 그래서 '바꿉시다'라는 말은 Let's change it, Let's change it up이라고 할 수 있어요. a bit은 '약간, 좀, 살짝'이라는 뜻이죠. '약간'이라는 의미로는 a bit 말고도 a little, a little bit을 쓸 수도 있습니다.

전략을 약간 수정하자고 할 때

A   우리가 세운 전략, 어떤 것 같아요?

B   조금만 바꿉시다.

A   What do you think about our strategy?

B   Let's change it up a bit.

포스터를 좀 수정하자고 할 때

A   포스터 마음에 드세요?

B   좋아요, 근데 약간만 바꾸죠.

A   Do you like our poster?

B   It's nice, but let's change it up a bit.

UNIT 18

홍보 & 마케팅 전략

웹사이트 아이디어 / SNS 홍보에 대한 인터뷰
/ 매출 향상 아이디어 논의

Try it in
ENGLISH

웹사이트를 어떻게 만들지에 대한 아이디어, **SNS** 홍보에 대한 인터뷰, 그리고
매출 향상을 위한 아이디어를 논의할 때의 대화문을 익혀봅시다.

강의 **18**

팸	브라이언, 우리 홈페이지에 대한 아이디어 좀 짜보실래요?
브라이언	새로 오픈하는 여행 사이트 말씀이시죠?
팸	네, 좀 특별하고 독특하게 만들고 싶어요.
브라이언	알겠습니다. 바로 작업해볼게요.
팸	좋아요. 빨리 최종 사이트를 보고 싶네요!
브라이언	실망시켜 드리지 않을게요, 팸. 저한테 맡겨주세요.

새로 홈페이지를 만드는 작업을 하면서 의논하는 상황입니다. 한글 대화문을 보며 이 상황을 상상하면서 영어로 생각해본 후에 영어 대화문을 보세요.

음원 18-1

Pam   Brian, can you come up with some ideas for our website?

Brian   You mean the new tour website?

Pam   Yes, I'd like to make it special and unique.

Brian   All right. I'll get started right away.

Pam   Sounds good.

> **052** I can't wait to see the final product!

Brian   I won't disappoint you, Pam.
Leave it to me.

CHAPTER 2

VOCABULARY

special 특별한   unique 독특한   get started 시작하다   final 최종적인

KEY EXPRESSIONS

1   ~에 대한 아이디어를 생각해내다

come up with some ideas for ~

어떤 아이디어나 방안을 생각해내는 것을 〈come up with + 무엇〉이라고 합니다. 어떤 것에 대한 아이디어를 생각해내는 건 〈come up with some ideas for + 어떤 것〉이라고 하죠.

2   특별하고 독특하게 만들다

make it special and unique

'무언가를 어떻게 만든다'고 할 때 〈make + 무엇 + 어떻게〉라고 말해요. 홈페이지를 특별하고 독특하게(special and unique) 만든다는 건 make it(the website) special and unique라고 합니다.

3   상대방을 실망시키다

disappoint you

'실망시키다'는 말은 disappoint라고 해요. '상대방을 실망시키다'는 disappoint you이고, '나를 실망시키다'는 disappoint me가 되죠. '누구를 실망시키다'고 할 때 〈let + 누구 + down〉이라고도 표현할 수 있어요.

회사의 제품이 인기도 많고 매출이 커서 인터뷰를 하는 상황입니다. 한글 대화문을 보며 이 상황을 상상하면서 영어로 생각해본 후에 영어 대화문을 보세요.

리포터	오늘 시간 내주셔서 감사합니다. 어떻게 매출액을 올리셨나요?
그레그	소셜 미디어를 아주 효과적으로 활용했어요.
	사람들이 우리 제품에 대해 입소문을 내게 했죠.
리포터	연간 매출은 얼마나 되나요?
그레그	작년 총매출이 250만 달러 정도 됐어요.
리포터	그렇군요. 제품은 어디서 생산하시죠?
그레그	제품들 대부분은 한국에서 생산됩니다.

Reporter	Thank you for your time today.
	053 How did you increase your sales volume?
Greg	We used social media quite effectively.
	We got people to get the word out about our products.
Reporter	What's your annual revenue?
Greg	Our gross revenue was about $2.5 million last year.
Reporter	I see.
	Where are your products manufactured?
Greg	Most of our products are manufactured in Korea.

VOCABULARY

increase 올리다   **effectively** 효과적으로   **revenue** 매출액   **manufacture** 제조하다

KEY EXPRESSIONS

1 **소셜 미디어를 아주 효과적으로 활용하다**

use social media quite effectively

'무엇을 어떻게 이용하다/활용하다'를 〈use + 무엇 + 어떻게〉의 순서로 말해요. 우리가 SNS라고 하는 것은 영어로 social media라고 합니다.

2 **우리 제품에 대해 입소문을 내게 하다**

get the word out about our products

'입소문을 내다'라는 건 get the word out이라고 해요. 그야말로 the word(이 제품이 좋다는 말)을 퍼뜨리는(get out) 거죠. 무엇에 대한 입소문인지는 about 뒤에 씁니다.

3 **한국에서 제조되다   be manufactured in Korea**

'어떤 것이 어느 나라에서, 어디에서 만들어진다, 제조된다'라고 할 때 〈is/are manufactured in + 어디〉라고 하는데요. 〈made in + 어디〉라고도 해요.

SITUATION 3 매출 향상 아이디어 논의

음원 18-3

매출을 어떻게 끌어올릴 수 있을지를 논의하는 상황입니다. 한글 대화문을 보며 이 상황을 상상하면서 영어로 생각해본 후에 영어 대화문을 보세요.

마이크	오늘 회의는 매출을 올릴 방안에 대한 거죠, 그죠?
에이미	네. 유럽에는 이미 고정 바이어가 많지만,
	장기적으로 더 많은 제품을 팔 수 있는 전략이 필요해요.
마이크	올해 매출을 끌어올릴 아이디어 있어요?
에이미	네. 몇 가지 아이디어를 생각해뒀어요.
마이크	저도요. 회의하기 전에 우리 아이디어를 공유하는 게 어때요?
마이크	좋죠. 효과적인 전략에 대해 얘기를 나눠봐요.

CHAPTER 2

Mike Today's meeting is about how to increase our sales, right?

Amy Yes. We already have lots of regular buyers in Europe. But we need a strategy to sell more products in the long term.

Mike **054** Do you have any ideas to make our sales go up this year?

Amy Yes. I came up with several ideas.

Mike Me too. How about we share our ideas before the meeting?

Amy Alright. Let's talk about some effective strategies.

VOCABULARY

regular 단골의, 고정적인   in the long term 장기적으로
come up with ~ ~를 생각해내다   effective 효과적인

KEY EXPRESSIONS

1   **고정 고객을 많이 확보하고 있다** have lots of regular buyers

'고정 고객'을 regular buyers라고 하는데요, 우리가 보통 쓰는 '단골 손님'이라는 말은 a regular라고 합니다. lots of는 a lot of로 바꾸어 써도 됩니다.

2   **제품을 더 많이 팔 수 있는 전략**
a strategy to sell more products

'전략'을 strategy라고 하고 '무엇을 하기 위한 전략'이라고 할 때는 〈a strategy to + 동사원형〉이라고 해요.

3   **효과적인 전략들** some effective strategies

'전략들 중에서 효과적인 것들'이라고 하면 some effective strategies라고 하죠. '효과적인'이라는 말은 effective라고 하고 '효율적인'이라는 말은 efficient라고 합니다.

SPEAKING PATTERNS

핵심 패턴
052

빨리 ~하고 싶어요!
I can't wait to ~!

빨리 최종 결과물을 보고 싶네요!
I can't wait to see the final product!

최신 버전을 빨리 보고 싶어요!
I can't wait to see the latest version!

결과를 빨리 받았으면 좋겠어요!
I can't wait to get the results!

'어떤 것을 빨리 하고 싶다'고 할 때 이 패턴을 써보세요.

핵심 패턴
053

~를 어떻게 올렸어?
How did you increase ~?

어떻게 매출액을 올리셨나요?
How did you increase your sales volume?

점수를 어떻게 올린 거야?
How did you increase your score?

팔로워 수를 어떻게 늘린 거야?
How did you increase your followers?

무엇을 어떻게 올렸는지 방법을 물을 때 이 패턴을 써보세요.

핵심 패턴
054

~할 아이디어 있어요?
Do you have any ideas to ~?

올해 매출을 끌어올릴 아이디어 있어요?
Do you have any ideas to make our sales go up this year?

배송을 더 빠르게 할 수 있는 방안이 있나요?
Do you have any ideas to speed up the deliveries?

우리 고객들을 만족시킬 수 있는 아이디어가 있나요?
Do you have any ideas to make our customers content?

무언가에 대한 아이디어를 물을 때 이 패턴을 써보세요.

I'd like to make it special and unique.

special, started, strategy에서
sp-, st-의 발음을 어떻게 하나요?

Q

대화문에 나오는 **special, started, strategy**의 발음을 들어보면, **special**은 /스페셜/이라기 보다는 /스뻬셜/이라고 들리는데요. 이런 단어들을 어떻게 발음하면 원어민의 발음과 비슷하게 날까요?

A

네, **special, started, strategy**와 같은 단어들을 보면 s- 뒤에 -p나 -t가 나오는데요. 이것 말고도 s- 뒤에 -k가 올 때도 발음 요령은 같아요. **sp-, st-, sk-**의 발음은 각각 **-p, -t, -k**를 강하게, 즉 된소리로 발음해서 /스뻐, 스뜨, 스끄/와 같이 하면 됩니다. **s-**의 소리가 뒤에 나오는 **-p, -t, -k**의 소리에 영향을 미쳐서 그래요. 그러니까 **special, started, strategy**는 각각 /스뻬셜, 스따ㄹ리드, 스뜨뤠리쥐/와 같이 소리내면 됩니다.

제가 제안 하나 해볼게요.
I'm just throwing out an idea.

제품을 더 많이 알리고 매출을 올릴 방도, 아이디어가 필요한 상황에서 '아이디어를 내다'라는 말을 **throw out an idea**라고 할 수 있어요. 아이디어(**an idea**)를 그야말로 내다, 제시하다(**throw out**)라는 거죠. 그래서 '제가 아이디어를 하나 내볼게요'라는 말은 **I'm just throwing out an idea.**라고 할 수 있습니다. 그런데 **throw out an idea**는 문맥에 따라, '어떤 아이디어를 없던 걸로 하자, 버리자'라는 뜻으로도 쓰입니다.

매출을 올릴 제안을 할 때

A 우리 매출을 어떻게 하면 올릴 수 있을까?

B 제가 아이디어를 하나 내볼게요.

A How can we increase our sales volume?

B Let me throw out an idea.

당분간 재택근무를 제안할 때

A 제가 제안 하나 할게요.
일주일 동안 재택근무를 하면 어떨까요?

B 좋아요.

A I'm just throwing out an idea. How about we work from home for a week?

B Sounds good.

UNIT 19

신제품 런칭

신제품에 대한 논의 / 잠재적 시장에 대한 논의 / 바이어 맞이하기

신제품에 대해 서로의 의견을 공유할 때, 잠재적 시장에 대해 논의할 때, 그리고 바이어를 맞이할 때의 대화문을 익혀봅시다.

강의 **19**

피오나	우리 새로 나온 선블록 써보셨어요?
매트	네, 지난주에 써봤어요.
피오나	어떻든가요?
매트	우선, 투명한 게 마음에 들어요.
	그리고 부드럽게 펴 발라지고 끈적이지도 않고요.
피오나	잘됐네요. 이게 우리 잠재 고객들 명단이예요.
	제품에 대한 상세한 내용을 이메일로 보내세요.
매트	네, 알겠습니다.

신제품을 팀원들이 써보고 느낌을 공유하는 상황입니다. 한글 대화문을 보며 이 상황을 상상하면서 영어로 생각해본 후에 영어 대화문을 보세요.

음원 19-1

Fiona Have you used our new sunblock?

Matt Yes, for the past week.

Fiona What do you think?

Matt **055** First of all, I like that it's transparent.

It also spreads smoothly and doesn't feel sticky.

Fiona Glad to hear that. This is a list of prospective customers.

Please email them the product details.

Matt Okay, will do.

CHAPTER 2

VOCABULARY

transparent 투명한 smoothly 부드럽게 sticky 끈적거리는 prospective 잠재적인

KEY EXPRESSIONS

1 **지난 한 주 동안**

for the past week

'지난 일주일 동안'이라는 말을 for the past week라고 합니다. past 말고 last를 써서 for the last week, for the last month라고도 해요.

2 **부드럽게 발린다**

spread smoothly

빵에 버터를 바르는 것처럼 '바르다'라는 것도 spread이고, 어떤 것이 부드럽게 '발린다, 발라진다'라고 할 때도 spread라고 해요.

3 **잠재 고객들의 명단**

a list of prospective customers

지금은 아니지만 앞으로 고객이 될 수 있는 잠재력을 가지고 있는 사람을 prospective ~ 라고 해요. 그런 잠재 고객들은 prospective customers, prospective buyers라고 하죠.

앞으로 잠재적인 시장이 될 수 있는 나라와 판매 가능할 것 같은 품목에 대해 얘기하는 상황입니다. 한글 대화문을 보며 이 상황을 상상하면서 영어로 생각해본 후에 영어 대화문을 보세요. 음원 **19-2**

브래드　그쪽에서 어디에 관심이 있을 것 같아요?
엘렌　조사를 좀 해봤는데요.
　　　그 나라에서는 아이제품 시장이 커지고 있더라고요.
브래드　아…아이쉐도우나 아이라이너 같은 거요? 또 다른 건요?
엘렌　네일 제품 시장도 크던데요.
브래드　좋아요. 조사 잘 했네요. 그 브로셔를 준비합시다.
엘렌　바로 시작할게요.

Brad　What do you think they'll be interested in?
Ellen　I did some research.
　　　I found out that the eye cosmetics market is growing there.
Brad　Okay. Like eye shadows and eyeliners? Anything else?
Ellen　There's a big market for nail polish, too.
Brad　Okay, good research.
　　　056   Let's get those brochures ready.
Ellen　I'm right on it.

VOCABULARY

research 조사, 연구　**grow** 늘어나다, 커지다　**nail polish** 매니큐어

KEY EXPRESSIONS

1 **조사를 하다**
do some research
'조사를 하다'라는 말을 do some research라고 해요. research를 발음할 때는 첫 음절인 re-에 강세를 두어야 합니다.

2 **아이 제품 시장**
the eye cosmetics market
'어떤 제품을 팔 수 있는 시장'이라고 할 때 품목을 쓰고 market을 이어 쓰면 돼요. cosmetics에 있는 cos-의 발음은 코스가 아니라 커즈입니다.

3 **~에 대한 큰 시장**
a big market for ~
'어떤 제품을 팔 수 있는 큰 시장'이라는 말은 〈a big market for + 무엇〉이라고 해요.

음원 **19-3**

한국에 온 바이어를 공항으로 마중 나가서 인사하고 숙소로 안내하는 상황입니다. 한글 대화문을 보며 이 상황을 상상하면서 영어로 생각해본 후에 영어 대화문을 보세요.

(공항에서)

릴리   인도네시아에서 오신 제임스 스캇 씨이신가요?

제임스   네, 저예요. 릴리 킴 씨이신 모양이군요. 반갑습니다.

릴리   저도요. 그냥 릴리라고 불러주세요. 비행은 어떠셨어요?

제임스   괜찮았어요. 그래도 잠을 좀 잤어요.

릴리   잘하셨네요. 이쪽으로 오시죠. 제가 호텔로 모셔다드릴게요.

제임스   감사합니다. 가시죠.

(at the airport)

Lily   **057** **Are** you James Scott **from** Indonesia?

James   Yes, that's me. You must be Lily Kim. Nice to meet you.

Lily   Nice to meet you, too. Just call me Lily.
How was your flight?

James   It was okay. I got some sleep at least.

Lily   Good to hear. Come this way. Let me take you to your hotel.

James   Thanks. Lead the way.

VOCABULARY

flight 비행   **at least** 그래도, 적어도

KEY EXPRESSIONS

1   **~씨이신가 보네요.**
You must be ~.
어떤 것을 추측할 때 must를 쓰는데요. 공항에 바이어를 마중 나갔는데, 저 사람이 맞나 싶을 때 〈You must be + 누구.〉라고 하죠. '누구 맞으시죠?'라는 의미입니다.

2   **비행은 어떠셨어요?**
How was your flight?
비행기를 타고 온 사람에게 묻는 기본적인 문장입니다. 오랜 비행에 피곤하지는 않은지를 묻는 말이죠.

3   **가시죠.** **Lead the way.**
상대방에게 먼저 가라고 하면서 따라가겠다고 할 때 Lead the way.라고 해요. 반대로 '이쪽으로 가시죠'라고 내가 이끌 때는 Come this way.라고 합니다.

CHAPTER 2

핵심 패턴 055

우선, ~한 게 마음에 들어요.
First of all, I like that ~.

우선, 투명한 게 마음에 들어요.
First of all, I like that it's transparent.

우선, 무겁지 않아서 좋네요.
First of all, I like that it's not heavy.

무엇보다도, 튜브에 들어 있어서 좋아요.
First of all, I like that they're in a tube.

'여러 가지 중에서 우선 어떤 것이 마음에 든다'고 할 때 이 패턴을 써보세요.

핵심 패턴 056

~를 준비합시다.
Let's get ~ ready.

그 브로셔를 준비합시다.
Let's get those brochures **ready.**

목록을 만들어보죠.
Let's get the list **ready.**

샘플 제품을 준비해봅시다.
Let's get the sample products **ready.**

'어떤 것을 준비하자'고 할 때 이 패턴을 써보세요.

핵심 패턴 057

…에서 오신 ~이신가요?
Are ~ from …?

인도네시아에서 오신 제임스 스캇 씨이신가요?
Are you James Scott **from** Indonesia?

이지 전자의 PM이신가요?
Are you the product manager **from** Easy Electronics?

말레이지아에서 오신 뱁콕 킴 씨이신가요?
Are you Babcock Kim **from** Malaysia?

어디에서 온 누구, 어느 회사에서 온 누구인지 확인할 때 이 패턴을 써보세요.

What do you think they'll be interested in?

의문사 다음에 do you think를 넣으니까 뒷부분의 어순이 달라지네요?

Q

바이어 측에서 어떤 제품에 관심이 있는 것 같은지 물을 때 What do you think they'll be interested in?라고 했는데요. do you think가 없을 때는 What will they be interested in?이라고 하잖아요. 그런데 do you think가 들어가니까 어순이 달라지네요?

A

네, 맞습니다. 의문문에 do you think나 do you believe와 같은 말을 넣으면 그 뒤에 나오는 부분의 어순이 의문문의 어순에서 평서문 〈주어 + 동사〉의 순서로 바뀝니다. What do you think they'll be interested in?라는 문장도 그렇죠? What 뒤에 do you think를 넣으니까 뒷부분이 will they be에서 they will be, 즉 they'll be로 바뀌는 거죠.

좋은 생각 있어요?
Do you have any tips?

회사에서 혹은 일을 할 때 아주 많이 쓰는 말이 '무슨 좋은 방법이 있냐? 참고할 만한 요령, 비법, 비결이 있냐?'라는 말이겠죠? 좋은 '방법이나 요령, 비법, 비결'을 가리키는 단어 중에서 tips라는 게 있죠. 그래서 상대방의 조언이나 도움, 노하우가 필요할 때 Do you have any tips?라고 할 수 있습니다.

프레젠테이션을 만들 아이디어가 필요할 때

A 이게 첫 프레젠테이션이예요?
B 네. 좋은 아이디어 있으세요?

A Is this your first presentation?
B Yeah. Do you have any tips?

집중을 잘 할 수 있는 방법을 물을 때

A 요즘 집중을 잘 못하는 것 같네.
B 맞아. 어떻게 하면 좋을까?

A You seem to be struggling to focus lately.
B I am. Do you have any good tips?

UNIT 20 축하하기 & 격려하기

승진 축하 / 수상 축하 / 업무에 대한 칭찬과 격려

Try it in ENGLISH

승진한 동료에게 축하해줄 때, 수상한 직원에게 축하해줄 때, 그리고 업무에 대해 칭찬과 격려를 해줄 때의 대화문을 익혀봅시다.

강의 20

바이올렛	잘됐어요, 빌리. 드디어 승진을 했네요!
	그렇게 열심히 일을 하더니 보답을 받았어요.
빌리	감사합니다. 차장님께 감사드려요.
	이번에 제가 승진할 거라고는 기대 안 했거든요.
바이올렛	자격이 충분해요.
	늘, 일에 대한 자세가 참 훌륭하다고 생각했거든요.
	그리고 활기차고요.
	그게 바로 고객 서비스 매니저로서 빌리가 가진
	장점이죠.

동료가 승진을 하게 돼서 진심으로 기뻐해주는 상황입니다. 한글 대화문을 보며 이 상황을 상 상하면서 영어로 생각해본 후에 영어 대화문을 보세요.

음원 **20-1**

Violet I'm so happy for you, Billy. You finally got a promotion! All your hard work has paid off.

Billy Thank you. I feel thankful to you.
I didn't expect that I would get promoted this time.

Violet You deserved it.
I always thought you had a good attitude toward your work.
And you're cheerful.
058 That's your strength as a customer service manager.

CHAPTER 2

━━━ **VOCABULARY**

promotion 승진   **pay off** 보답이 되다   **get promoted** 승진하다   **attitude** 태도, 자세
cheerful 활기찬

KEY EXPRESSIONS

1 **잘됐다.**
   I'm so happy for you.
   상대방에게 좋은 일이 있을 때 '좋겠다' 혹은 '잘됐다'라는 의미로 하는 말이 I'm so happy for you.입니다. Good for you.라고도 해요.

2 **그렇게 힘들게 일한 보답을 받았네.**
   All your hard work has paid off.
   pay off에는 '돈을 갚는다, 낸다'라는 의미도 있는데요, '일이나 노력을 한 보답을 받는다, 보 상을 받는다'고 할 때도 pay off라고 해요.

3 **넌 그럴 만했어.**
   You deserved it.
   상대방에게 좋은 일이 있을 때, '넌 그럴 만하다, 그럴 자격이 충분하다'라는 의미로, You deserved it. 혹은 You deserve it.이라고 합니다.

올해의 직원으로 뽑혀 상을 받게 된 동료에게 축하를 건네는 상황입니다. 한글 대화문을 보며
이 상황을 상상하면서 영어로 생각해본 후에 영어 대화문을 보세요.

음원 **20-2**

주디　축하해요! 올해의 사원으로 뽑혔네요.

다니엘　제가요? 그럴리가요. 농담이시죠?

주디　정말이예요. 수상 소감이 어때요?

다니엘　제가 뽑힐 거라고는 생각 못했어요.

주디　정말 열심히 일했잖아요. 이제 보답을 받은 거죠.
　　솔직히, 참가자들 모두 다 자격이 충분했는데, 다니엘이 다른 사람들보다 더 앞섰어요.

다니엘　그렇게 말씀해주셔서 감사합니다, 주디.

Judy　Congratulations! You were chosen as the employee of the
year.

Daniel　I was? Come on. You're kidding me!

Judy　I'm serious. How does it feel to win?

Daniel　**059** I never expected to be chosen.

Judy　You worked so hard, and it paid off.
Honestly, all the participants were so qualified, but you
rose above the rest.

Daniel　Thank you for saying that, Judy.

■■■■ **VOCABULARY**

congratulations 축하해　**employee** 직원　**serious** 진심인, 정말　**participant** 참가자

KEY EXPRESSIONS

1　**올해의 사원, 올해의 직원**

the employee of the year

'올해의 사원, 올해의 책, 올해의 디자이너'와 같이 말할 때 the ~ of the year를 써서 the
employee of the year, the book of the year, the designer of the year와 같이 말합
니다.

2　**수상 소감이 어때요?**　**How does it feel to win?**

상대방이 어떤 상을 받았을 때 소감을 묻게 되죠. 이럴 때 How does it feel to win?라고
묻습니다.

3　**남들보다 낫다, 뛰어나다, 특출하다**　**rise above the rest**

'남들보다 더 낫다, 뛰어나다, 특출하다'라고 할 때 〈rise above + 다른 대상〉의 형태로 말
하는데요. rise above는 뒤에 있는 대상보다 '올라와 있는, 뛰어난'이라는 말이죠.

일을 잘 하고 있는 직원에게 격려를 해주는 상황입니다. 한글 대화문을 보며 이 상황을 상상하면서 영어로 생각해본 후에 영어 대화문을 보세요.

음원 20-3

피터	어떠세요?
	이 프로젝트 하느라 정말 고생했거든요.
웬디	음, 피터가 생각하는 것만큼 나쁘지 않아요.
피터	정말요? 감사합니다. 다행이네요.
웬디	정말 잘했어요. 내가 생각했던 것보다 훨씬 좋아요.
	피터는 가능성이 풍부하고 계속 발전할 것 같아요.
	계속 열심히 하세요.

CHAPTER 2

Peter So how do you like it?
I struggled a lot on this project.
Wendy Well, 060 it's not as bad as you think.
Peter Really?
Thank you. What a relief.
Wendy You did a great job. It's much better than I expected.
I think you have great potential and will continue to improve.
Keep up the good work.

VOCABULARY

struggle 애쓰다, 고생하다   **relief** 다행, 안도, 안심   **potential** 가능성   **continue** 계속하다
improve 발전하다, 더 나아지다

KEY EXPRESSIONS

1 **이 프로젝트 하느라 많이 고생하다**
struggle a lot on this project
'어떤 일을 하느라고 고생하다, 애쓰다, 잘 안 풀려서 애를 먹다'와 같이 말할 때 struggle을 써요. 어떤 것을 하느라고 그렇게 힘들었는지는, 뒤에 〈on + 무엇〉이라고 이어서 쓰죠.

2 **내가 기대했던 것보다 훨씬 더 좋은**
much better than I expected
내가 기대했던 것보다, 예상했던 것보다 더 좋으면 better than I expected인데, 훨씬 더 좋으니까 앞에 much를 넣어서 강조하는 의미로 much better than I expected라고 해요.

3 **풍부한 잠재력이 있다**   have great potential
'잠재력', 더 좋아지거나 잘 될 수 있는 가능성을 potential이라고 해요. 명사와 형용사 둘 다 됩니다.

핵심 패턴 **058**	그게 ~로서의 당신의 장점이예요. **That's your strength as a ~.**

그게 바로 고객 서비스 매니저로서 당신이 가진 장점이죠.
That's your strength as a customer service manager.

그게 영업 사원으로서 당신의 장점입니다.
That's your strength as a salesperson.

그게 제품 매니저로서의 네 장점이야.
That's your strength as a product marketer.

어떤 점이 상대방의 장점이라고 말해줄 때 이 패턴을 써보세요.

핵심 패턴 **059**	~할 거라고는 생각 못했어요. **I never expected to ~.**

제가 뽑힐 거라고는 생각 못했어요.
I never expected to be chosen.

제가 상을 탈 거라고는 예상 못했어요.
I never expected to win the prize.

내가 여기 다시 올 줄은 몰랐네.
I never expected to come here again.

어떤 일이 예상치도 못하게 일어났을 때, 뜻밖일 때 이 패턴을 써보세요.

핵심 패턴 **060**	…만큼 ~하지 않네. **It's not as ~ as …**

당신이 생각하는 것만큼 나쁘지 않아요.
It's not as bad **as** you think.

전처럼 그렇게 어렵지 않은데.
It's not as difficult **as** it used to be.

우리가 생각했던 것처럼 그렇게 간단하지가 않은 걸.
It's not as simple **as** we thought.

무언가가 어떤 것만큼 그렇지 못하다고 할 때 이 패턴을 써보세요.

All the participants were so qualified.

qualified, quiz, question, quality에서 q-가 있는 부분의 발음이 좀 다르게 들려요.

Q

대화문에 나오는 qualified의 발음을 들어보면 /퀄러파이드/와 좀 다르던데요, q-가 있는 부분을 발음할 때 어떻게 해야 하나요?

A

네, q-와 q- 뒤에 따라오는 모음을 발음할 때는 한 음절로 발음하지 말고, 이어서 하듯이 해야 해요. 즉, qualified는 /퀄러파이드/처럼 발음하지 말고, /쿠월러파이드/와 같이 소리 내야 합니다. 또 quiz도 /퀴즈/보다는 /쿠위즈/처럼, 그리고 question은 /퀘스천/보다는 /쿠웨스천/과 같이 소리 내고, quality라는 단어도 /퀄러티/보다는 /쿠월리티/와 같이 발음하면 원어민과 똑같다는 얘기를 들을 수 있을 겁니다.

넌 늘 남들보다 몇 배로 노력을 하더라.

You always try to go the extra mile.

회사에서 어떤 직원이 상을 타거나 승진을 할 때, 연봉이 인상되었을 때, 그 사람은 늘 남보다 몇 배의 노력을 쏟는다고 할 수 있을 텐데요, 이렇게 남들보다 더 열심히 노력하고 더 애쓰는 사람에게 쓸 수 있는 표현이 You always try to go the extra mile.이예요. go the extra mile은 다 왔는데도 더 간다(extra mile)는 말이잖아요. 그래서 남들보다 훨씬 더 큰 노력을 기울인다고 할 때 이렇게 말하죠.

늘 남들보다 훨씬 더 노력하는 상대방에게

A 넌 늘 남들보다 몇 배로 노력을 하더라.

B 고마워.

A You always try to go the extra mile.

B Thanks.

상대방의 노력을 칭찬할 때

A 내가 이걸 받을 자격이 되는지 모르겠네.

B 당연하지. 넌 늘 남들보다 몇 배로 노력을 하잖아.

A I'm not sure if I deserve it.

B No doubt. You always try to go the extra mile.

CHAPTER

3

여행·출장 편

UNIT
21

공항에서

체크인하기 / 공항에 늦게 도착했을 때 / 수화물 맡기기

Try it in ENGLISH

공항에서 체크인을 할 때, 공항에 늦게 도착해서 수화물을 못 부치게 되었을 때, 몇 시간 동안 수화물을 맡기고 싶을 때 할 수 있는 대화를 익혀봅시다.

강의 **21**

직원	부치실 게 가방 하나인가요? 여기 위에 가방을 올려주세요.
피터	네.
직원	기내용 가방은 몇 개죠?
피터	하나요. 이거예요.
직원	짐은 직접 싸셨나요?
피터	네, 그랬어요.
직원	가연성 물질을 가지고 계신가요?
피터	아니요.

체크인을 하면서 가방을 수화물로 부치는 상황입니다. 우리말 대화를 보고 영어로 생각해본
다음에 영어 대화문을 보세요.

음원 21-1

Staff	One bag to check in? Please put your bag up here.
Peter	Sure.
Staff	How many carry-on bags are you taking with you?
Peter	One bag. This one.
Staff	Did you pack your bags yourself?
Peter	Yes, I did.
Staff	**061** Are you carrying any flammable material?
Peter	No, I'm not.

VOCABULARY

put up 올리다   flammable 가연성의   material 물질

KEY EXPRESSIONS

1 **부치실 게 가방 하나인가요?**
One bag to check in?
공항에서 수화물로 짐을 부치는 것을 check 또는 check in한다고 해요. '가방 몇 개를 부치
시겠어요?'라는 의미로 How many bags would you like to check (in)?이라고도 합니다.

2 **기내용 가방**
carry-on bags
수화물로 부치는 짐 말고 기내로 가지고 들어가는 가방을 carry-on bags, carry-on
baggage(luggage) 또는 그냥 carry-on이라고도 해요.

3 **짐을 직접 싸다**
pack your bags yourself
짐을 남이 싸준 것이 아니라 직접 쌌느냐고 묻는 이 말은 가방에 안전을 해치는 물건을 누
가 넣었는지 확인하는 것으로 공항에서 자주 들을 수 있습니다.

CHAPTER 3

음원 21-2

공항에 늦게 도착해서 허겁지겁 체크인 카운터로 달려가 물어보는 상황입니다. 우리말 대화를 보고 영어로 생각해본 다음에 영어 대화문을 보세요.

(공항에서)
해리   지나갈게요. 지나갑니다.
(체크인 카운터에서)
해리   저, 제 비행기가 40분 후에 출발하는데요. 지금 체크인할 수 있나요?
직원   죄송하지만, 체크인 카운터가

닫혔어요. 그러니까, 탑승구로 바로 가세요.
해리   근데 이 짐은 부쳐야 하는 거잖아요, 그죠?
직원   그렇죠. 그냥 그거 들고 게이트로 가보세요.

(at the airport)
Harry   Coming through. Coming through.
(at a check in counter)
Harry   Excuse me, my plane departs in 40 minutes. Can I check in now?
Clerk   Sorry, but this check-in counter is closed. So, **062** go straight to the boarding gate.
Harry   But this suitcase has to be checked in, right?
Clerk   Yes, but just go to the boarding gate with that bag.

■■■■ VOCABULARY

depart 출발하다   **suitcase** 캐리어

KEY EXPRESSIONS

1   **지나갈게요. Coming through.**
come through는 '누군가의 사이로 지나간다'는 말인데요. 급해서 바쁘게 사람들 사이를 지나갈 때 이렇게 말할 수 있어요. Excuse me.라고 할 수도 있죠.

2   **제 비행기가 40분 후에 출발하는데요.**
My plane departs in 40 minutes.
'비행기가 출발하다'는 depart이고 명사로 '출발'이라는 단어가 departure죠. '비행기가 얼마 있다가 출발한다'고 할 때 depart in 뒤에 시간을 씁니다.

3   **이 짐은 부쳐야 하는 거잖아요, 그죠?**
This suitcase has to be checked in, right?
우리가 많이 쓰는 캐리어는, 그 여행 가방을 가리키는 게 아니에요. 영어로는 suitcase라고 합니다. '수화물로 부쳐야 한다'는 건 has to be checked (in)이라고 해요.

음원 21-3

공항에서 짐을 맡겨두고 시내 관광을 다녀오거나 짐없이 편하게 식사 등을 하고 싶을 때의 대화입니다. 우리말 대화를 보고 영어로 생각해본 다음에 영어 대화문을 보세요.

(짐 보관소에서)

데이브　저기요, 저 짐을 여기 좀 맡기고
　　　　싶은데요.

직원　　몇 개죠?

데이브　하나요, 이 캐리어요.

직원　　24시간에 20유로입니다.

얼마 동안 보관하실 건가요?

데이브　오늘 저녁 7시까지요, 그럼 24시간이
　　　　안 되는 거죠, 맞죠?
　　　　그럼 얼마죠?

직원　　그래도 20유로예요.

데이브　알겠습니다. 여기 20유로요.

(at a luggage storage counter)

Dave 　Excuse me. I want to leave my luggage here.

Staff 　How many bags?

Dave 　Just one. This suitcase.

Staff 　It's 20 euros for 24 hours.

　　　063 　How long do you want to leave it here?

Dave 　Until 7 p.m. today. That's less than 24 hours, right?
　　　　How much is it then?

Staff 　It's still 20 euros.

Dave 　I see. Here's 20 euros.

CHAPTER 3

VOCABULARY

leave 어디에 두고 가다　**luggage** 짐, 가방　**still** 그래도, 역시

KEY EXPRESSIONS

1 **짐을 여기에 맡기다**
leave my luggage here
'어떤 물건을 어디에 두다'라고 할 때 put과 leave를 쓸 수 있는데요, put은 '그냥 둔다'는 걸 뜻하고, leave는 '두고 간다'는 의미가 있어요.

2 **이 캐리어요.** **This suitcase.**
우리는 '캐리어'라는 단어를 너무 당연하게, 바퀴 달린 여행 가방을 가리킬 때 쓰는데요, 영어로는 suitcase라고 하는 게 맞아요.

3 **24시간이 안 되는**
less than 24 hours
어느 정도의 시간이 안 된다는 건 〈less than + 시간〉이라고 해요. 그 시간이 넘는다는 건 〈more than + 시간〉이라고 하죠.

핵심 패턴 061

~를 가지고 계십니까?
Are you carrying any ~?

가연성 물질을 가지고 계신가요?
Are you carrying any flammable material?

동물을 데리고 계신가요?
Are you carrying any animals?

화초를 가지고 계신가요?
Are you carrying any plants?

어떤 것을 가지고 있는지, 소지하고 있는지를 물을 때 이 패턴을 써보세요. carry 는 '휴대하다, 가지고 있다' 라는 뜻이예요.

핵심 패턴 062

~로 바로 가세요.
Go straight to ~.

탑승구로 바로 가세요.
Go straight to the boarding gate.

입구로 바로 가세요.
Go straight to the entry point.

승강장으로 바로 가세요.
Go straight to the platform.

어디로 바로 가라고 말해줄 때 이 패턴을 써보세요. to 뒤에 '장소'를 넣어서 말해요.

핵심 패턴 063

얼마 동안 ~하실 거예요?
How long do you want to ~?

여기에 얼마 동안 보관하실 건가요?
How long do you want to leave it here?

여기에 얼마나 있고 싶은데요?
How long do you want to stay here?

이 도시에서 얼마 동안 여행하고 싶은데요?
How long do you want to travel in this city?

상대방에게 얼마 동안 무언 가를 할 건지 물을 때 이 패턴을 써보세요. to 뒤에 '무 엇을 하다'에 해당하는 말을 넣어서 말해요.

Until 7 p.m. today.

until과 by의 쓰임은 각각 어떻게 되나요?

Q

until과 by는 우리말로 하면 둘 다 '~까지'인 데 쓰임이 다른가요? 대화문의 공항 짐보관 소에서, '짐을 오늘 저녁 7시까지 맡기고 싶 다'고 할 때 by가 아니라 until을 써서 Until 7 p.m. today.라고 했잖아요. until 말고 by를 쓰면 안 되는 건가요?

A

네, by를 쓰면 틀립니다. until과 by는 둘 다 '~까지'지만, until은 '~까지 계속'이고, by는 '~까지 완료'를 뜻하거든요. 우리말 해석 말 고, 동사를 생각하세요. 동사의 동작을 그때 까지 계속하면 until이고, 동사의 동작을 그 때 완료하면 by를 써요. I'd like to leave my baggage here.에서 동사는 leave죠? 짐을 두는 데 언제까지? 7시까지 '계속'이잖아요. 그래서 until을 써야 합니다. '여기에 7시까 지 올 수 있어?'라고 할 때는 7시에 여기 도착 (get)하는 것을 '완료'하는 거죠? 이때는 Can you get here by 7?이라고 해요.

LEVEL UP
EXPRESSIONS

이거 가지고 가도 되나요?
Can I bring this with me?

공항에서 짐을 부칠 때, 혹은 보안 검색대를 지나면서 어떤 물건을 기내로 가지고 타도 되는지 궁금하면 이렇게 물을 수 있어요. Can I bring this with me?라고요. bring this with me는 '이 것을 내가 가지고, 지니고 간다'는 말이죠.

칼을 기내에 가지고 가도 되는지 물을 때

A	이 칼 가지고 가도 되나요?	A	Can I bring this knife with me?
B	아니요, 그건 수화물에 넣으셔야 합니다.	B	No, that needs to go in your checked bags.

노트북을 들고 비행기를 타도 되는지 물을 때

A	이거 가지고 가도 되나요?	A	Can I bring this with me?
B	네, 노트북은 비행기에 가지고 타셔도 돼요.	B	Yes, you can take your laptop with you on the plane.

입국 심사

입국 심사대에서 / 보안 검색대에서 / 세관 통과할 때

Try it in
ENGLISH

외국을 가려면 공항의 입국 심사대를 통과하고, 보안 검색대도 지나야 하죠. 그리고 세관을 통과해야 합니다. 이럴 때 필요한 대화문을 익혀봅시다.

For 5 days.

강의 **22**

(입국 심사대에서)

직원	방문 목적이 뭔가요?
딜런	여행이요.
직원	지난 한 달 내에 베트남에 오신 적 있나요?
딜런	아니요, 안 왔어요.
직원	얼마 동안 계실 건가요?
딜런	5일 동안요.
직원	어디서 묵으시나요?
딜런	호텔에요. 여기 주소요.
직원	네, 감사합니다. 즐거운 여행 하세요.

입국 심사대에서 심사원의 말을 잘 알아듣고 대답을 해야 하는 상황인데요. 우리말 대화를 보고 영어로 생각해본 다음에 영어 대화문을 보세요.

음원 **22-1**

(at an immigration checkpoint)

Officer   What's the purpose of your visit?

Dylan   For travel.

Officer   Have you visited Vietnam within the last month?

Dave   No, I haven't.

Officer   **064**   How long are you staying?

Dylan   For 5 days.

Officer   Where are you staying?

Dylan   At this hotel. Here's the address.

Officer   Okay, thank you. Have a nice trip.

▬ VOCABULARY

immigration checkpoint 입국 심사대   **purpose** 목적   **last ~** 지난 ~

KEY EXPRESSIONS

1 **방문 목적**

the purpose of your visit

입국 심사대에서 직원이 그 나라에 온 목적을 물을 때 꼭 묻는 표현이죠. the purpose of your visit라고 하기도 하고 the purpose of your trip이라고 하기도 합니다.

2 **여행이요.**

For travel.

그 나라에 간 목적에 따라 여행하러 갔으면 For travel. 혹은 For a trip.이라고 하고, 일하러 갔으면 For work. 또는 For business.라고 합니다.

3 **5일 동안요.**

For 5 days.

입국 심사대에서, 며칠간 그 나라에 있을 건지를 물을 텐데요. 날짜나 기간에 따라, '한 달간'은 For a month. '일주일간'은 For a week. '20일 정도'는 For about 20 days.와 같이 말하면 됩니다.

CHAPTER 3

음원 22-2

보안 검색대를 지나면서 꼭 알아두어야 할 대화문입니다. 우리말 대화를 보고 영어로 생각해
본 다음에 영어 대화문을 보세요.

(보안 검색대에서)

직원 　보딩 패스 보여주세요.

수지 　네. 전화기에 있어요. 여기요.

직원 　벨트를 풀어주시고 자켓도
　　　　벗어주세요.

수지 　신발도 벗어야 하나요?

직원 　아니요. 안 벗으셔도 돼요. 가방 안에
　　　　배터리나 노트북 있나요?

수지 　아니요. 없어요.

직원 　안을 살펴봐야 하니까, 가방을 열어
　　　　주시겠어요? (샴푸병을 꺼내면서) 이거
　　　　100밀리 넘네요.

(at a security checkpoint)

Officer Show me your boarding pass, please.

Susie Okay. It's on my phone. Here.

Officer Please take off your belt and a jacket.

Susie 　065　 Do I need to take off my shoes, **too?**

Officer No, you don't have to. Are there any batteries or a laptop in
the bag?

Susie No, there aren't.

Officer Could you please open your bag so that I can check inside?
(taking out a shampoo bottle) This one is over 100ml.

VOCABULARY

show 보여주다　 **take off ~** ~를 벗다, 빼다　 **inside** 안, 내부

KEY EXPRESSIONS

1 **보딩 패스 보여주세요.** Show me your boarding pass.

보안 검색대를 통과할 때도 보통 보딩 패스를 보여달라고 합니다. 그럴 때 Show me your
boarding pass. 혹은 Your boarding pass, please.라고 하죠.

2 **전화기에 있어요.** It's on my phone.

보딩 패스를 프린트한 거면 Here it is. Here you are. 또는 Here you go.라고 하고 보여
주면 되고, 전화기에 있으면 역시 이렇게 말하거나, It's on my phone.이라고 하면서 보여
주시면 됩니다.

3 **벨트를 풀어주세요.** Please take off your belt.

보안 검색대에서는 보통, 뭔가 수상한 것을 감출 수 있는 여지가 있는 것은 다 벗거나 빼라
고 하죠. 그때 take off your jacket(외투), take off your scarf(스카프, 목도리), take off
your belt(벨트), take off your shoes(신발)와 같이 말합니다.

세관을 통과할 때도 몇 가지 질문을 하기도 합니다. 그럴 때의 상황을 상상하며 우리말 대화를 보고 영어로 생각해본 다음에 영어 대화문을 보세요.

음원 22-3

(세관을 통과하면서)

직원	신고하실 물품 없으신가요?
잭	아니요, 없습니다.
직원	미화 만 달러 이상을 소지하고 계신가요?
잭	아니요, 없는데요.
직원	확실한가요?
잭	네, 그렇게 많은 현금을 가지고 있지 않아요.
직원	알겠습니다. 시카고에서 즐거운 여행 하세요.

(while going through customs)

Officer You've got nothing to declare?

Jack No, I don't.

Officer Are you carrying more than 10,000 U.S. dollars with you?

Jack No, I am not.

Officer Are you sure?

Jack Yes, I don't carry that much cash.

Officer Alright.

066 Have a nice **trip** in Chicago.

CHAPTER 3

VOCABULARY

customs 세관   **declare** 신고하다   **carry** 가지고 있다, 소지하다   **that much** 그렇게 많은

KEY EXPRESSIONS

1   **신고하실 물품 없으신가요?**
  You've got nothing to declare?
  세관을 통과할 때는 면세 허용 범위를 초과한 구매 물건을 신고해야 하는데요, 이렇게 신고한다는 걸 declare라고 해요. 그래서 신고할 게 없는지를 이렇게 묻습니다.

2   **확실한가요?** **Are you sure?**
  대답이 사실인지를 확인할 때 가끔 Are you sure?이라고 묻습니다. 내가 대답한 게 사실이면, Yes. Yes, I am.이라고 하면 되죠.

3   **그렇게 많은 현금을 소지하다**
  carry that much cash
  carry는 '뭔가를 가지고 있다, 지니고 있다, 소지하다'라는 뜻이고, that much ~는 '그렇게 많은 ~'이라는 뜻이예요.

핵심 패턴 064
~동안/~에서 묵으실 건가요?
~ are you staying?

얼마 동안 계실 건가요?
How long are you staying?

어디서 묵으시는데요?
Where are you staying?

어느 호텔에서 묵으실 건가요?
Which hotel are you staying at?

얼마 동안, 어디에서 묵을지 물을 때 이 패턴을 써보세요.

핵심 패턴 065
~도 해야 하나요?
Do I need to ~, too?

신발도 벗어야 하나요?
Do I need to take off my shoes**, too?**

이 양식도 작성해야 하나요?
Do I need to fill out this form**, too?**

이 가방도 부쳐야 하나요?
Do I need to check this bag**, too?**

내가 이것도 해야 하는지 물을 때 이 패턴을 써서 물어보세요.

핵심 패턴 066
~한 여행하세요.
Have a ~ trip.

즐거운 여행하세요.
Have a nice **trip.**

재미있는 여행 잘 해.
Have a pleasant **trip.**

좋은 여행하고 와.
Have a great **trip.**

여행을 하게 될 사람에게 하는 인사입니다. 이 패턴으로 말해보세요. trip 대신 day를 넣으면 Have a ~ day. (~한 하루 보내세요)라고 일상적인 인사말로 활용할 수 있어요.

Have you visited Vietnam within the last month?
현재완료와 쓸 수 없는 말이 있나요?

Q

대화문에서 베트남 공항 입국 심사대의 직원이 최근 한 달 이내에 베트남에 온 적이 있었는지 물으면서 Have you visited Vietnam within the last month?라고 했는데요, 한 달 전에 왔냐고 Have you visited Vietnam one month ago?라고 하면 안 되나요?

A

안 됩니다. 현재완료, 즉 〈have/has + 과거분사(p.p.)〉의 형태로 쓰는 시제는 과거를 나타내는 부사(구)와 같이 쓸 수 없어요. 과거를 나타내는 부사나 부사구라고 하면 last month, three weeks ago, in 2018와 같은 말인데요, 현재완료는 과거에서 현재까지가 연결된 시제거든요. '뭐뭐 해봤느냐'라고 묻는 것은 과거에 무엇을 했던 것이 지금 기억 속에 남아 있는 것을 뜻하는 거라서, 과거를 가리키는 부사나 부사구와 현재완료는 같이 쓸 수 없어요.

LEVEL UP
EXPRESSIONS

CHAPTER 3

방금 여기 있었는데.
I just had it a second ago.

입국 심사대에서 심사원이 종종 어디에 묵을 건지, 숙소의 주소 등을 묻는데요, 일행에게, 숙소 주소가 있는 여행 일정표를 가지고 있는지 물었더니 '방금까지 여기 있었는데 어디 갔지?'라고 합니다. 이때 I just had it a second ago.라고 할 수 있어요. 그리고 비행기를 타려면 보딩 패스가 필요한데요, 방금까지 있었던 보딩 패스가 안 보일 때도 I just had it a second ago.라고 할 수 있어요.

여행 일정표가 여기 있었는데 안 보일 때

A 일정표 가지고 있어?
B 응, 여기 있었는데.

A Do you have the itinerary?
B Yes, I had it just a second ago.

방금까지 있던 보딩 패스가 안 보일 때

A 네 보딩 패스 어디 있어?
B 여기. 여기 있었는데.

A Where is your boarding pass?
B Here. I had it just a second ago.

UNIT 23

기내에서

기내식 요청하기 / 물품 요청하기 / 문제가 생겼을 때

Try it in ENGLISH

비행기 기내에서 기내식이나 음료를 요청할 때, 필요한 물건을 갖다 달라고 할 때, 그리고 어떤 문제가 생겼을 때의 대화를 익혀봅시다.

강의 23

승무원	비빔밥과 닭고기가 있는데요. 어떤 거 드시겠어요?
데이브	저는 비빔밥 주시고요, 이분은 닭고기 주세요.
승무원	알겠습니다. 여기요. 음료는 뭐 드시겠어요?
데이브	사과 주스 두 잔 주세요.
승무원	죄송하지만, 사과 주스가 다 떨어졌네요. 가서 바로 가지고 올게요. 잠시만 기다려주세요.

기내식을 줄 때 내가 원하는 메뉴와 음료를 골라 달라고 하는 상황입니다. 우리말 대화를 보고 영어로 생각해본 다음에 영어 대화문을 보세요.

음원 23-1

Flight Attendant	We have *bibimbap* and chicken.
	067 Which one **would you like?**
Dave	*Bibimbap for me*, and chicken for her.
Flight Attendant	Okay. Here you are.
	What would you like to drink?
Dave	Two glasses of apple juice, please.
Flight Attendant	I'm sorry, I'm out of apple juice.
	I'll go get some right away. Wait a minute, please.

VOCABULARY

flight attendant 승무원   **glass** 잔   **right away** 바로, 당장

KEY EXPRESSIONS

1 **저는 비빔밥 주세요.**

Bibimbap for me.

기내식이나 음료를 요청할 때, 〈음식 이름 + for me.〉라고 하시면 돼요. 옆에 있는 사람 것도 대신 시켜줄 때는 ~ for her/him 또는 ~ for my '누구'라고 하셔도 돼요.

2 **사과 주스 두 잔**

two glasses of apple juice

어떤 음료 몇 잔이라고 할 때 보통 차가운 음료에는 glass를, 뜨거운 커피나 차에는 cup을 씁니다. 숫자 뒤에 glass/glasses나 cup/cups를 넣어 말하면 되죠.

3 **사과 주스가 다 떨어졌네요.**

I'm out of apple juice.

달라고 하는 음료나 기내식이 다 떨어졌을 때는 〈I'm out of +무엇.〉이라고 할 거예요. '그럼 대신 ~를 주세요'라고 할 때는 〈Then I'll have + 무엇.〉 혹은 〈I'd like + 무엇.〉이라고 하시면 됩니다.

기내에서 뭐가 필요한 게 있을 때 승무원에게 갖다 달라고 하는 상황입니다. 우리말 대화를
보고 영어로 생각해본 다음에 영어 대화문을 보세요.

음원 23-2

놀란   죄송하지만, 저 담요 하나랑 귀마개 좀 주실래요?
승무원   네. 베게도 하나 더 필요하신가요?
놀란   아니, 괜찮아요. 담요랑 귀마개만 주세요.
승무원   알겠습니다. 금방 가져다드릴게요.
           여기 있습니다. 도움이 필요하시면 이 버튼을 눌러주세요.
놀란   감사합니다. 독서등 버튼이 어떤 거죠?
승무원   여기요. 제가 켜드릴게요.

Nolan	Excuse me, can I have an extra blanket and some ear plugs?
Flight Attendant	Sure. Do you need another pillow, too?
Nolan	No, thanks. Just a blanket and ear plugs, please.
Flight Attendant	Okay. I'll bring them soon. Here you go. 068 Please use this button if you need more help.
Nolan	Thanks. Where's the button for a reading light?
Flight Attendant	Here. Let me turn it on for you.

VOCABULARY

extra 하나 더, 여분의 것   ear plugs 귀마개   pillow 베게   reading light 독서등, 개인 조명

KEY EXPRESSIONS

1   담요 하나 더, 그리고 귀마개
    an extra blanket and some ear plugs
    기내에서 요청할 수 있는 것으로는, 담요(a blanket), 귀마개(ear plugs), 눈가리개(eye mask), 베게(a pillow) 등이 있죠. 하나 더 달라고 할 때는 앞에 extra를 붙이시면 됩니다.

2   베게도 하나 더 **another pillow**
    하나 더 달라고 할 때 extra 말고 another를 쓸 수도 있어요. a pillow는 보통 하나씩 제공되지만, 하나 더 달라고 할 때는 another pillow 또는 an extra pillow를 쓰셔도 돼요.

3   독서등 버튼 **the button for a reading light**
    기내의 좌석 위를 보면 버튼이 몇 개 있잖아요. 그 중에서 개인 등을 a reading light(독서등)라고 불러요. 독서등을 켜는 버튼을 a/the button for a reading light라고 하죠.

기내에서 화면이 안 나오거나 헤드폰이 안되거나 하는 경우입니다. 우리말 대화를 보고 영어로 생각해본 다음에 영어 대화문을 보세요.

로즈 　　저기요, 제 화면이 안 나오네요.

승무원 　제가 확인해볼게요. 죄송합니다, 고장이 난 것 같네요.
　　　　다른 좌석으로 옮기시겠어요?

로즈 　　아, 아니요, 괜찮아요. 그냥 음악 들으면 돼요.

승무원 　불편을 끼쳐드려서 죄송합니다.
　　　　이 바우처를 드릴게요.
　　　　공항에서 식사를 하실 때나 인터넷으로 쇼핑하실 때 쓰시면 됩니다.

Rose 　　　　　　Excuse me, my screen doesn't work.

Flight Attendant 　Let me check.
　　　　　　　　I'm sorry, it' seems to be broken.
　　　　　　　　Do you want to move to a different seat?

Rose 　　　　　　Well, no, it's okay. I can listen to music instead.

Flight Attendant 　I'm so sorry for the inconvenience.
　　　　　　　　Here is a voucher for you.
　　　　　　　　069 You can use it **for** eating at an airport
　　　　　　　　or online shopping.

CHAPTER 3

■■■■ **VOCABULARY**

work 작동하다　**instead** 대신, 대신에　**inconvenience** 불편, 불편함
voucher 할인권이나 쿠폰 같은 것

KEY EXPRESSIONS

1　**제 화면이 안 나오네요.** My screen doesn't work.

기내에서 어떤 것이 작동을 안 하면, ~ doesn't work라고 하시면 됩니다. 예를 들어, 헤드폰이 안 들리면 These headphones don't work.라고 말해요.

2　**다른 좌석으로 옮기다** move to a different seat

'다른 좌석으로 옮긴다'는 걸 move to a different seat라고 해요. 배정 받은 좌석에 뭔가 문제가 있거나 불편하면 Can I move to a different seat?라고 하시면 됩니다.

3　**불편을 끼쳐드려서 죄송합니다.**
I'm so sorry for the inconvenience.

어떤 문제가 생겨서 승객이 불편한 상황이 되면 승무원이 보통 I'm (so) sorry for the inconvenience.라고 말해요.

SPEAKING PATTERNS

핵심 패턴
067

~ 드릴까요?
~ would you like?

어떤 거 드시겠어요?
Which one would you like?

뭐 드릴까요?
What would you like?

어떤 크기로 드릴까요?
What size would you like?

상대방이 어떤 것을 먹고 싶
거나 마시고 싶은지, 혹은
필요한지를 물을 때 이 패턴
을 써서 말해보세요.

핵심 패턴
068

…하면 ~해주세요.
Please ~ if you ...

도움이 더 필요하시면 이 버튼을 이용해주세요.
Please use this button if you need more help.

물어볼 게 있으면 나한테 전화해줘.
Please call me if you have any questions.

여기 못 찾으면 문자 보내.
Please text me if you can't find this place.

상대방에게, 어떤 경우에(if
you ~) 이렇게 하면 된다,
이렇게 해달라(Please ~)고
말할 때 이 패턴을 써보세요.
Please 뒤에는 동사원형을
쓰고 if you 뒤에는 의미에
맞는 형태의 동사를 씁니다.

핵심 패턴
069

~를 …할 때 쓰시면 됩니다.
You can use ~ for ...

그것을 인터넷으로 쇼핑하실 때 쓰시면 됩니다.
You can use it for online shopping.

이 냅킨으로 손을 닦으시면 돼요.
You can use this napkin for cleaning your hands.

이 젓가락으로 국수를 드시면 돼요.
You can use these chopsticks for eating noodles.

어떤 것을 무슨 용도로 쓰라
고 알려줄 때 이 패턴을 써
서 말해보세요.

Do you need another pillow, too?

l-과 r-로 시작하는 단어의 발음은 각각 어떻게 하나요?

Q

대화문에 보면 **pillow, reading, light**와 같은 단어들이 나오는데요, 들어보면 이 단어구나 하고 알겠는데, 발음을 하려니까 이상해지는 것 같아요. l-로 시작하는 단어와 r-로 시작하는 단어를 각각 어떻게 발음하면 될까요?

A

l-로 시작하는 단어나 음절, 즉 소리가 나는 하나의 작은 덩어리가 l-로 시작할 때는 혀끝을 입천장, 윗니 뒤에 댄 상태에서 마치 /을/이라는 소리를 나만 알게 하고 있는 것처럼 하고 혀끝을 당겨 내리면서 하면 돼요. 즉, **pillow**는 /필(을)로우/와 같이 하고 **light**는 /(을)라이트/라고 합니다. **let**은 /(을)렡/ **listen**은 /(을)리쓴/과 같이 발음하는 거죠. 반면 r-로 시작하는 단어나 음절은 입모양을 /우/처럼 한 상태에서 소리 내요. **reading**은 /뤼딩/처럼, **rainbow**는 /뤠인보우/처럼 하는 거죠.

LEVEL UP
EXPRESSIONS

사과/감사의 뜻으로 드리는 거니까 이거 받으세요.

Let me give this to you as a token of my apology/appreciation.

기내나 공항에서, 혹은 숙소에서 승객이나 고객에게 뭔가 불편을 줄 수 있는 일이 생겼을 때 사과의 뜻으로 식사 쿠폰이나 쇼핑을 할 수 있는 바우처같은 것을 제공하기도 하는데요. 이렇게 '사과의 뜻으로, 혹은 어떤 때는 감사의 의미로 이걸 드릴 테니 받아주세요'라고 할 때 **Let me give this to you as a token of my apology/appreciation.**라고 할 수 있어요. **token**은 '상징'이라는 뜻이고, **apology**는 '사과', **appreciation**은 '감사'라는 뜻입니다.

사과의 뜻으로 선물을 건네면서

A 사과의 뜻으로 드리는 거니까 이거 받으세요.

B 감사합니다.

A **Let me give this to you as a token of my apology.**

B **Thank you.**

고마운 마음으로 선물을 하면서

A 감사의 뜻으로 드리는 거니까 이거 받으세요.

B 아, 뭐 이런 걸 다 주세요.

A **Let me give this to you as a token of my appreciation.**

B **Oh, you shouldn't have.**

UNIT 24 길 묻기 & 교통수단 이용

공항버스 타기 / 기차 패스 오류 / 택시 안에서 길이 막힐 때

Try it in
ENGLISH

여행이나 출장을 가서 공항버스를 탈 때, 기차 패스가 안 될 때, 그리고 택시를 탔는데 길이 많이 막힐 때 할 수 있는 대화를 익혀봅시다.

강의 **24**

(스톡홀름 공항에서)

바이올렛　실례합니다. 여기 보니까 공항버스가 도심으로
　　　　　간다고 쓰여 있는데요.
　　　　　그럼 중앙역까지 간다는 말인가요?

여행자　　그랬으면 좋겠네요. 저희도 지금 막 온 거거든요.

바이올렛　아, 그러시구나. 저기 버스 오네요.

(버스 기사에게)

바이올렛　이 버스, 중앙역까지 가나요?

기사　　　네, 갑니다. 30분 정도 걸려요.

바이올렛　잘됐네요. 고맙습니다. 여기 버스표요.

공항버스 타기

공항에 내려 버스를 타면서 이 버스가 내가 내려야 할 목적지까지 가는지 묻는 상황입니다.
우리말 대화를 보고 영어로 생각해본 다음에 영어 대화문을 보세요.

음원 24-1

(At the Stockholm airport)

Violet   Excuse me.
070 **It says** the airport bus goes to the city center.
Does it mean that it goes to Central Station?

Traveler   I hope so. We've just arrived here.

Violet   Oh, I see. Here comes the bus.

(To the bus driver)

Violet   Does this bus go to Central Station?

Bus Driver   Yes, it does. It takes about 30 minutes.

Violet   Nice. Thank you. Here are our tickets.

VOCABULARY

arrive 도착하다   **take** 시간이 얼마 걸리다

KEY EXPRESSIONS

1   **그럼 중앙역까지 간다는 말인가요?**

Does it mean that it goes to Central Station?

길을 물었을 때 상대방이 알려준 것을 내가 잘 이해한 게 맞나 싶을 때는 Does it mean
~?, 혹은 Do you mean ~?이라고 하고 내용을 이어 말하면 돼요.

2   **저기 버스 오네요.**

Here comes the bus.

'버스가 온다, 택시가 온다, 셔틀버스가 온다'처럼 말할 때 〈Here comes the + 무엇.〉이라
고 해요. Here comes the taxi. Here comes the shuttle bus.처럼 말해보세요.

3   **30분 정도 걸려요.**

It takes about 30 minutes.

길을 물으면 보통 거기까지 가는 데 얼마나 걸리는지를 같이 알려주죠. take about 뒤에
시간을 넣어 말하는데요, 소요 시간을 물을 때는 How long does it take?라고 하면 됩니
다.

CHAPTER 3

음원 24-2

기차를 타려고 하는데 패스가 안되는 상황입니다. 우리말 대화를 보고 영어로 생각해본 다음에 영어 대화문을 보세요.

(데이브가 패스를 가지고 기차를 타려고 하고 있다.)

데이브　왜 이러는 거야… 이게 왜 안 되지?

직원　실례합니다. 제가 도와드릴까요?

데이브　네. 왜 그러는지 모르겠는데, 이 패스가 안 되네요. 뭐가 문제죠?

직원　아, 여기 보니까 이 카드에 돈이 안 남아 있다고 나오네요.
　　　저 기계로 가서서 패스에 충전을 하세요.

데이브　카드로도 할 수 있나요?

(Dave is trying to take a train using his pass.)

Dave　Come on…
　　　071　**How come** it doesn't work?

Clerk　Excuse me. Can I help you?

Dave　Yes, please. I don't know why, but this pass doesn't work.
　　　What's the problem with it?

Clerk　Oh, it says there's no money left on this card.
　　　Go to that machine and deposit more money onto your pass.

Dave　Does that machine take credit cards?

▬▬▬ VOCABULARY

deposit 충전하다　**onto ~** ~에　**take** 받다

KEY EXPRESSIONS

1　**이 패스가 안 되네요.** This pass doesn't work.

　기계가 작동을 안 할 때 doesn't work라는 표현을 쓰는데요. 패스나 티켓이 안 될 때도 마찬가지로 This pass doesn't work. This ticket doesn't work.라고 하시면 돼요.

2　**이 카드에 돈이 안 남아 있네요.**
There's no money left on this card.

　버스나 기차, 전철 등을 이용하려고 하는데 카드에 돈이 다 떨어졌을 경우, There's no money left on this card.라고 하죠. on this card 대신에 on this pass라고 할 수도 있죠.

3　**카드를 받다** take credit cards

　카드를 받는지 물을 때 Do you take credit cards?라고 해요. 기계에서 되는지 물을 때는 Does it take credit cards?라고 하고, credit cards 말고 체크 카드를 가리키는 debit cards를 넣어 말할 수도 있어요.

음원 **24-3**

택시를 타고 공항으로 가려고 하는데 일방통행인 이 길이 꽉 막혀 있는 상황입니다. 우리말
대화를 보고 영어로 생각해본 다음에 영어 대화문을 보세요.

(베티와 그레그가 택시에 있는데, 차는 막히고, 둘은 걱정이다.)

베티	(기사에게) 공항까지 얼마나 걸릴까요?
기사	잘 모르겠어요. 오늘 엄청 막히네요.
베티	(그레그에게) 우리 여기서 내려서 큰 길에서 다른 택시를 타자.
그레그	응. 그러는 게 좋겠다.
	(택시에서 내려서) 아, 잠깐… 우리 아까 거기까지 다시 걸어가야 하나?
베티	그래야 할 것 같아.

(Betty and Greg are in a taxi, and the traffic is heavy, so they are worried.)

Betty   *(to the driver)*
　　　072   **How long will it take to get to** the airport?

Driver   I'm not sure. The traffic is terrible today.

Betty   *(To Greg)* Let's get out here and take another one on the
main road?

Greg   Yes. We'd better do that.
　　　(after getting out of the taxi) Aww, wait… should we walk
all the way back?

Betty   I'm afraid so.

VOCABULARY

worried 걱정하는   **all the way ~** ~까지 멀리

KEY EXPRESSIONS

1   **엄청 막히네요. The traffic is terrible.**
차가 많이 막힐 때 쓰는 기본적인 표현이죠. The traffic is heavy.라고도 하고, It's
bumper to bumper.라고도 합니다.

2   **여기서 내려서 다른 걸 타다**
get out here and take another one
차에서 내리는 건 get out이라고 하고, 버스나 기차, 전철에서 내리는 건 get off라고 해요.
그리고 이 택시에서 내려 다른 택시를 탄다는 걸 take another one(taxi)라고 하죠.

3   **아까 거기까지 다시 걸어가다**
walk all the way back
왔던 길을 다시 되돌아 걸어간다는 건 walk back이라고 하는데요, all the way를 넣으면
되돌아가는 길이 멀다는 느낌을 줍니다.

CHAPTER 3

SPEAKING PATTERNS

070

~라고 쓰여 있네요.
It says ~.

여기 보니까 공항버스가 도심으로 간다고 쓰여 있는데요.
It says the airport bus goes to the city center.

여기 보니까 버스가 30분에 한 대씩 운행한다네요.
It says the bus runs every thirty minutes.

여기 보니까 도시 전역에서 와이파이를 쓸 수 있대요.
It says the Wi-Fi is available all around the city.

표지판 등에 뭐라고 '쓰여 있다'고 할 때 이 패턴을 써서 말해보세요.

071

왜 ~하지?
How come ~?

이게 왜 안 되지?
How come it doesn't work?

왜 셔틀버스가 여기로 아직 안 오죠?
How come the shuttle hasn't come here yet?

왜 안내소가 하나도 안 보이지?
How come I can't find any information center?

'왜 뭐뭐 하지?'라고 이유를 물을 때 이 패턴을 이용해서 말해보세요.

072

~까지 얼마나 걸릴까요?
How long will it take to get to ~?

공항까지 얼마나 걸릴까요?
How long will it take to get to the airport?

도심까지 가는 데 얼마나 걸릴까요?
How long will it take to get to the city center?

터미널까지 가는 데 얼마나 걸릴까요?
How long will it take to get to the terminal?

어디까지 가는 데 얼마나 걸릴지 물을 때 이 패턴으로 물어보세요. to 뒤에 가야 할 장소 명소를 넣어서 말해요.

Here are our tickets.
어떤 것을 건네면서 하는 말로 어떤 게 있나요?

Q

대화문에 보면, 표를 건넬 때 **Here are our tickets.**라고 했는데요 다른 대화문에 보니까 **Here it is.**라고도 하던데, 이렇게 말해도 되나요?

A

네. 어떤 것을 상대방에게 건네면서 하는 말이 **Here's** ∼ 혹은 **Here are** ∼인데요, 하나를 건네면 〈**Here's a(an)** + 무엇〉이라고 하고, 둘 이상을 건네면 〈**Here are** + 무엇〉이라고 해요. 그리고 어떤 것을 건네든 **Here it is. Here they are. Here you go. Here you are.**라고도 하는데요, 표를 두 장 이상 건넬 때는 **Here they are.**라고 해도 되고, **Here you go. Here you are.**라고 해도 됩니다.

LEVEL UP
EXPRESSIONS

거기까지 어떻게 가는 게 좋을까요?
How would you go there?

여행자가 이 숙소에서 체크아웃을 한 다음에 다른 도시로 이동한다고 하면서 숙소 측에, '어떻게 가는 게 좋을까요?'라고 물을 수 있는데요, 이 말을 How would you go there?라고 할 수 있어요. 이 말은 상대방에게, '당신이라면 어떻게 가시겠어요?'라고 묻는 말로, 가정법에 해당합니다. 그러니까, '당신이라면 어떻게 가시겠어요? 제가 어떻게 가는 게 좋을까요?'라는 의미로 묻는 거죠.

버스와 기차 중에 어떤 걸 탈지 물을 때

A 거기, 어떻게 가는 게 좋을까요? 버스로요? 아님 기차로요?	A How would you go there? By bus or train?
B 저라면 기차를 타겠어요. 기차가 빠르잖아요.	B I'd take a train. Trains are faster.

호텔에 어떻게 갈 건지 물을 때

A 호텔까지 어떻게 돌아가는 게 좋을까요?	A How would you go back to the hotel?
B 어둡잖아요. 저라면 택시를 타겠는데요.	B It's dark outside. I'd take a taxi.

UNIT 25

관광지에서

입장권 사기 / 멀티 패스 사기 / 인터넷으로 입장권 사기

Try it in ENGLISH

관광지에서 입장권을 살 때, 여러 군데에 입장할 수 있는 멀티 패스를 살 때, 그리고 인터넷으로 표를 살 때의 대화문을 익혀봅시다.

You can visit five different museums with this ticket.

강의 **25**

매트	티켓이 얼마죠?
직원	일인당 20유로입니다. 어른 두 분인가요?
매트	네, 여기 있어요.
직원	감사합니다. 표 여기 있습니다.
	이 표를 가지고 박물관 다섯 군데를 가실 수 있어요.
매트	아, 좋네요. 언제까지 유효한가요?
직원	올해 말까지 쓰실 수 있어요.

SITUATION 1 입장권 사기

입장권을 살 때 직원과 대화하는 상황입니다. 우리말 대화를 보고 영어로 생각해본 다음에 영어 대화문을 보세요.

음원 **25-1**

Matt	How much are the tickets?
Staff	Tickets are 20 euros per person. Two adults?
Matt	Yes, here you are.
Staff	Thank you. Here are your tickets. You can visit five different museums with this ticket.
Matt	Oh, that sounds good. How long is it valid for?
Staff	073 You can use it until the end of the year.

VOCABULARY

per ~ ~당, ~마다   **valid** 유효한, 쓸 수 있는

KEY EXPRESSIONS

1 **1인당 20유로**

20 euros per person

'한 사람당'이라고 할 때 per를 쓰는데요, '어른 한 명당'이라고 하면 per adult라고 하고, '아이 한 명당'이라고 하면 per child, per kid라고 하죠.

2 **이 표를 가지고 박물관 다섯 군데를 가다**

visit five different museums with this ticket

다섯 곳의 박물관을 간다는 건 visit five museums라고 해도 되는데요, different를 넣으면, 각기 다른 박물관 다섯 군데를 간다는 게 더 명확하게 들립니다.

3 **언제까지 유효한가요?**

How long is it valid for?

언제까지 '쓸 수 있는, 유효한'이라는 뜻의 단어가 valid예요. good도 같은 의미로 쓰입니다. 그래서 How long is it good for?라고 해도 돼요.

CHAPTER 3

멀티 패스 사기

음원 25-2

유적지를 둘러보는 입장권을 살 때의 상황입니다. 우리말 대화를 보고 영어로 생각해본 다음에 영어 대화문을 보세요.

마이크 아테네는 그 자체가 박물관이네.
트레이시 맞아. 역사로 가득하지. 역사적인 유물들이 온 사방에 있어.
마이크 넌 아크로폴리스만 들어가는 일회권 샀어? 아님 다 볼 수 있는 거 샀어?
트레이시 난 다 볼 수 있는 거 샀어. EU 학생들은 티켓이 무료야.
마이크 와, 완전히 공짜라고? 좋겠다!
그 표는 얼마 동안 쓸 수 있는 건데?
트레이시 5일간 쓸 수 있어.

Mike	Athens itself looks like a museum.
Tracy	Right. It's full of history. Historic remains are everywhere.
Mike	Did you get a single ticket for the Acropolis or a multi-ticket?
Tracy	I got a multi-ticket. For EU students, the tickets are free.
Mike	Wow, totally free? Good for you!
	074 How long is the multi-ticket good for?
Tracy	The ticket is valid for five days.

VOCABULARY

remains 유적지, 유물   free 무료인   totally 완전히   good 유효한   valid 유효한

KEY EXPRESSIONS

1 **역사로 가득한 full of history**

어떤 도시나 나라가 역사로 가득하다, 유수한 역사를 가지고 있다고 할 때 full of history라고 표현해요.

2 **(~용) 일회권이나 다 볼 수 있는 표를 사다**

get a single ticket (for ~) or a multi-ticket

한 번 입장할 수 있는 표는 a single ticket, 한 장의 표로 여러 번 쓸 수 있는 것은 multi-ticket이라고 합니다. get은 '사다, 구입하다'의 뜻으로 쓰였어요.

3 **5일간 쓸 수 있는**

valid for five days

valid는 어떤 것을 '쓸 수 있는, 유효한'이라는 뜻인데, '얼마 동안 유효한'이라고 할 때는 for 뒤에 유효한 기간을 넣어서 말해요. 한 달간 쓸 수 있으면 valid for a month가 되겠죠.

매표소가 아니라 인터넷으로 입장권을 사는 상황입니다. 우리말 대화를 보고 영어로 생각해 본 다음에 영어 대화문을 보세요.

엘렌 우리 오늘 구엘 공원에 가자.
아침 8시에 열고 저녁 9시 반에 닫아.

릭 그래. 인터넷으로 표 살 수 있나?

엘렌 그럼. 항상 표는 미리 사는 게 좋아.
그럼 입구로 바로 가면 되잖아.

릭 좋네! 프린트를 해가야 하나?

엘렌 아니야, 전화기에 있는 QR코드를 보여주면 돼.

Ellen Let's go to Park Guell today.
It opens at 8 a.m. and closes at 9:30 p.m.

Rick Okay. Can we buy the tickets online?

Ellen Sure. **075** It's always better to buy tickets in advance.
Then we can go straight to the entry points.

Rick Sounds nice! Do we need to print them out?

Ellen No, we can show the QR codes to them on our smartphones.

CHAPTER 3

VOCABULARY

in advance 미리, 사전에   **straight** 바로, 직접   **entry point** 입구   **print out** 프린트하다

KEY EXPRESSIONS

1 **인터넷으로 표를 사다**
buy the tickets online
'어떤 것을 (오프라인 말고) 인터넷으로 산다'고 할 때 ⟨buy + 무엇 + online⟩이라고 해요. online 대신에 on the Internet이라고도 하는데요, 쓸 때 인터넷의 첫 자 I는 대문자로 씁니다.

2 **입구로 바로 가다** **go straight to the entry points**
'어디로 간다'고 할 때 ⟨go to + 어디⟩라고 하는데, '바로, 직접 그곳으로 간다'고 할 때는 ⟨go straight to + 어디⟩라고 합니다. '입구, 들어가는 곳'은 entry point라고 해요.

3 **전화기에 있는 QR코드를 그들에게 보여주다**
show the QR codes to them on our smartphones
'누구에게 무엇을 보여준다'는 건 ⟨show + 무엇 + to + 누구⟩라고 하는데요, 보여주는 그것이 우리의 스마트폰에 있으니까 on our smartphones를 이어서 쓴 겁니다.

SPEAKING PATTERNS

핵심 패턴
073

~까지 쓰실 수 있어요.
You can use it until ~.

올해 말까지 쓰실 수 있어요.
You can use it until the end of the year.

이건 10월 10일까지 쓰실 수 있어요.
You can use it until October 10th.

이건 일요일까지 쓸 수 있어.
You can use it until Sunday.

어떤 것을 언제까지 쓸 수
있다고 할 때 이 패턴을 써
보세요.

핵심 패턴
074

~는 얼마 동안 쓸 수 있는 거야?
How long is ~ good for?

그 멀티 티켓은 얼마 동안 쓸 수 있는 건데?
How long is the multi-ticket **good for?**

이 쿠폰은 얼마 동안 쓸 수 있는 거지?
How long is this coupon **good for?**

이 바우처는 얼마 동안 쓸 수 있는 거야?
How long is this voucher **good for?**

표나 할인권 등이 얼마 동안
쓸 수 있는 건지 물어볼 때
이 패턴을 써보세요.

핵심 패턴
075

항상 ~하는 게 더 좋아.
It's always better to ~.

항상 표는 미리 사는 게 좋아.
It's always better to buy tickets in advance.

여기서는 늘 세트로 시키는 게 더 좋아.
It's always better to buy a combo here.

항상 물병을 가지고 다니는 게 더 나아.
It's always better to bring a water bottle.

어떻게 하는 게 더 좋다고 말
할 때 이 패턴을 써보세요.

How long is it valid for?

How long ~ 뒤에 꼭 for를 써야 하나요?

Q

대화문에서 티켓을 사면서, 이 티켓이 얼마 동안 유효한지, 얼마나 쓸 수 있는 건지 물을 때 **How long is it valid for?**라고 했는데요, **for**는 왜 쓴 거죠?

A

for는 **how long** 앞에 있다고 생각하시면 돼요. 그러니까, **For how long**(얼마 동안), **Is it valid**(이 표가 유효하죠)?라는 의미예요. '어떤 것이 유효하다'는 말은 **valid** 말고도 **good**을 쓸 수도 있어요. 그래서 '이 표가 얼마 동안 유효한지' 물을 때는 **How long is it valid for?** 또는 **How long is the multi-ticket good for?**라고도 할 수 있어요.

LEVEL UP
EXPRESSIONS

CHAPTER 3

물은 공짜예요?
Is the water complimentary?

숙소에서 체크인을 하고 객실에 들어가면 탁자 위에 혹은 냉장고 안에 생수 등이 비치되어 있는데요, 어떤 것은 무료이고 또 어떤 것은 돈을 내야 합니다. 식당에서도 물은 그냥 주는 건지, 돈을 주고 시켜 먹어야 하는 건지 궁금할 수도 있는데요, 이럴 때 물이 공짜인지 물을 때 **Is the water complimentary?**라고 할 수 있어요. **complimentary**는 '공짜로, 무료로' 준다는 뜻이에요.

식당에서 주는 물을 가리키며

A 수돗물은 공짜인가요?
B 네, 돈 안 내셔도 됩니다.

A Is the tap water complimentary?
B Yes, you don't have to pay for it.

객실에 있는 생수를 보고

A 생수는 공짜인가요?

B 네, 두 병은 공짜입니다.

A Is the bottled water complimentary?

B The first two bottles are free.

Try it in ENGLISH

호텔의 체크인 시간보다 일찍 체크인하려고 할 때, 숙박을 며칠 연장하려고 할 때, 체크아웃 시간보다 늦게 체크아웃하고 싶을 때의 대화문을 익혀봅시다.

강의 26

(피오나가 전화로 숙소 주인과 통화하고 있다.)

피오나　저 아파트를 이틀 예약했는데요.

주인　몇 시에 아파트로 오실 수 있겠어요?

피오나　체크인이 오후 2시부터로 알고 있는데요, 맞나요?
　　　　근데 그보다 좀 일찍 체크인할 수 있을까요? 1시쯤에요?

주인　네, 그러셔도 돼요.
　　　지금 아파트가 비어 있어서, 그렇게 하실 수 있어요.

피오나　감사합니다. 내일 봬요.

호텔에 전화해서 체크인 시간보다 일찍 입실할 수 있는지를 물어보는 상황입니다. 우리말 대화를 보고 영어로 생각해본 다음에 영어 대화문을 보세요.

음원 26-1

(Fiona is talking with the owner of an apartment on the phone.)

Fiona I reserved your apartment for two nights.

Owner What time do you think you can come to my apartment?

Fiona I understand that the check-in is from 2 p.m., right? But can I check in a little earlier than that? Around 1?

Owner Yes, that won't be a problem.
076 Since the apartment is vacant right now, you can do that.

Fiona Thanks. See you tomorrow.

VOCABULARY

understand ~라고 알고 있다   earlier 더 일찍   vacant 비어 있는

KEY EXPRESSIONS

1 상대방의 아파트를 이틀 예약하다
reserve your apartment for two nights
아파트를 숙소로 예약한다는 걸 reserve your apartment 혹은 reserve your place라고 할 수 있고요, 며칠 묵을 건지는 〈for + 숫자 + nights〉라고 말해요.

2 체크인이 오후 2시부터예요.
The check-in is from 2 p.m.
'체크인이 몇 시부터입니다'라고 할 때 〈The check-in is from + 시간.〉이라고 말합니다. 〈The check-in is available from + 시간〉이라고도 해요.

3 그보다 좀 일찍 체크인하다
check in a little earlier than that
check in은 입실을 하는 건데 원래 체크인 시간보다 좀 더 일찍 한다는 것을 check in a little earlier than that, 또는 check in a little earlier than the check-in time이라고도 해요.

음원 26-2

묵고 있는 호텔 등에서 며칠 더 있고 싶어서 숙박 연장을 하려고 하는 상황입니다. 우리말 대화를 보고 영어로 생각해본 다음에 영어 대화문을 보세요.

(호텔에서)

샐리 저 '샐리 브라운'이라는 이름으로 예약했는데요.

직원 네. 여권 좀 보여주시겠어요?

샐리 네. 여기요.

직원 이틀 묵으시네요, 맞죠?

샐리 네, 근데요 만약 원하면 하루 더 연장할 수 있을까요?

직원 5일 밤이죠? 확인해볼게요.
죄송한데요, 그날은 예약이 꽉 찼어요.

(at a hotel)

Sally I made a reservation under the name "Sally Brown."

Clerk All right. **077** May I have your passport, please?

Sally Sure. Here you are.

Clerk You are staying for two nights, right?

Sally Yes, but can I extend my stay one more night if I want to?

Clerk For the night of the 5th? Let me check.
I'm sorry, but we're fully booked that day.

VOCABULARY

reservation 예약   extend 연장하다   full 완전히   that day 그날

KEY EXPRESSIONS

1 **'샐리 브라운'이라는 이름으로**
under the name "Sally Brown"
'예약을 했다'는 말은 I made a reservation.이라고 하고, '누구의 이름으로' 했다고 할 때는 뒤에 under the name이라고 하고 바로 예약자의 이름을 말하면 됩니다.

2 **숙박을 하루 더 연장하다** **extend my stay one more night**
숙박을 예약한 것보다 더 연장한다고 할 때 extend를 써요. extend my stay 뒤에 one more night, two more nights와 같이 이어서 말하면 됩니다.

3 **그날은 예약이 꽉 찼어요.**
We're fully booked that day.
호텔이나 숙박업소 입장에서, '객실의 예약이 다 찼다'고 할 때 이렇게 말하는데요, We're fully booked. 말고 The rooms are fully booked.라고 하기도 합니다.

호텔에서 체크아웃 시간보다 늦게 퇴실하고 싶어서 전화로 문의하는 상황입니다. 우리말 대화를 보고 영어로 생각해본 다음에 영어 대화문을 보세요.

음원 26-3

돌리　늦게 체크아웃할 수 있나요?

직원　네, 가능합니다.

돌리　무료인가요?

직원　아니요, 추가 요금이 있어요.
　　　한 시간에 10달러예요.

돌리　그렇군요.

직원　그래도 늦은 체크아웃을 하시겠습니까?

돌리　아니요, 괜찮아요. 12시에 체크아웃할게요.

Dolly　Is late check-out available?

Clerk　Yes, it's possible.

Dolly　Is it free?

Clerk　No, there is an additional charge for it.
　　　It's 10 dollars per hour.

Dolly　I see.

Clerk　**078** Would you still like late check-out?

Dolly　No thanks. I'll check out at noon.

VOCABULARY

available 가능한　**free** 무료인　**additional** 추가의　**charge** 비용, 요금

KEY EXPRESSIONS

1　**늦게 체크아웃할 수 있나요?**
Is late check-out available?
체크아웃 시간보다 늦게 체크아웃을 하거나 체크인 시간보다 일찍 체크인을 할 수 있는지 물을 때 available을 넣어서 Is late check-out available? Is early check-in available?이라고 해요.

2　**추가 요금이 있어요.**　**There is an additional charge.**
추가로 돈을 더 내야 하는 것을 additional charge라고 합니다. You have to pay more (for that).이라고 하기도 해요.

3　**12시에 체크아웃하다**　**check out at noon**
'몇 시에 체크아웃을 하다, 몇 시에 체크인하다'라는 말은 check out, check in 뒤에 〈at + 몇 시〉라고 말하죠. check out at 11, check in at 4처럼요. a.m.이나 p.m.은 생략해도 됩니다.

CHAPTER 3

SPEAKING PATTERNS

핵심 패턴 076
~라서, …해요.
Since ~, …

지금 아파트가 비어 있어서, 그렇게 하실 수 있어요.
Since the apartment is vacant right now, you can do that.

제가 아직 버스라서, 6시까지는 못 가요.
Since I'm still on the bus, I can't make it by 6.

제가 지금 집에 없어서, 택배를 못 받아요.
Since I'm not at home, I can't get the package.

'어떠해서(since) 뭐뭐이다' 라고 이유를 설명할 때 이 패턴을 써보세요.

핵심 패턴 077
~좀 보여주시겠어요?
May I have your ~, please?

여권 좀 보여주시겠어요?
May I have your passport, **please?**

신분증 좀 보여주시겠어요?
May I have your ID, **please?**

국제 운전 면허증 좀 보여주시겠어요?
May I have your international driving permit, **please?**

상대방에게 어떤 것을 보여 달라고 할 때 이 패턴을 써 보세요.

핵심 패턴 078
그래도 ~하시겠습니까?
Would you still like ~?

그래도 늦은 체크아웃을 하시겠습니까?
Would you still like late check-out?

그래도 이른 체크인을 하시겠어요?
Would you still like early check-in?

그래도 룸서비스를 원하시나요?
Would you still like room service?

이러저러한데도 여전히(still) 무엇을 원하는지 물을 때 이 패턴을 써보세요.

That won't be a problem.

won't과 want는 각각 어떻게 발음하나요?

Q

대화문에 보면 won't도 나오고 want도 나오는데요, 이 두 개의 발음이 너무 어려워요. 들리는 대로 흉내를 내봐도 좀 이상하고… 방법이 있을까요?

A

그럼요. 간단하게 구별해서 발음을 정확하게 할 수 있습니다. won't를 발음할 때는 '우'의 입모양에서 /오운트/를 한다고 생각하고 소리 내보세요. 그러니까 /(우)오운트/라고 하는 거죠. 처음의 /우/ 소리는 내지 말고, 입모양만 '우'처럼 하는 거예요. 그리고 want를 발음할 때는 그냥 입을 벌리면서 /워언트/와 같이 하면 됩니다. 쉽죠?

LEVEL UP
EXPRESSIONS

우리 뭐 빠뜨린 거 있나?
What are we forgetting?

객실에서 체크아웃을 하려고 나올 때, 기차나 버스에서 내릴 때, 아니면 비행기에서 내릴 때도, 빠진 것 없이 다 챙겼나 싶을 때 이렇게 말할 수 있어요. **What are we forgetting?**이라고요. 아니면 **Are you forgetting something?**이라고 할 수도 있습니다. '다 챙겼나? 살 건 다 샀나?'와 같이 말할 때 **What are we forgetting?**이라고 말해보세요.

뭔가 더 살 게 있는지 확인할 때

A 우리 뭘 빠뜨렸나?
B 음료 사는 걸 깜박했네!

A **What are we forgetting?**
B We forgot to buy drinks!

짐을 다 챙겼는지 확인할 때

A 우리 뭐 빠뜨린 거 있나?
B 아니, 다 챙긴 것 같은데.

A **Are we forgetting something?**
B Nope, I think we have everything.

UNIT 27

투어 & 액티비티

워킹 투어 신청하기 / 자전거 빌리기 / 당일치기 투어 예약하기

여행 중에 투어를 신청할 때, 자전거를 빌릴 때, 그리고 당일치기로 투어를 예약할 때의 대화를 익혀봅시다.

강의 **27**

(리셉션에서)

케이트 저 내일 워킹 투어 가려고 하는데요.
　　　　무료 워킹 투어가 몇 시에 시작하죠?

직원　　아침 10시에요. 동상 앞에서 가이드를 만나시면 돼요.

케이트 알겠어요. 감사합니다. 그리고 그 유명한 렐로 서점은
　　　　어디에 있나요?

직원　　저기 바로 다음 거리에 있어요.

케이트 가볼 만한가요?

직원　　그럼요. 근데 관광객이 엄청 많을 거예요.

묵고 있는 호텔이나 호스텔에서 워킹 투어를 신청하는 상황입니다. 우리말 대화를 보고 영어로 생각해본 다음에 영어 대화문을 보세요.

음원 27-1

(at the reception)

Kate   I'd like to be on a walking tour tomorrow.
What time does the free walking tour start?

Receptionist   At 10 a.m. You can meet the guide in front of the statue.

Kate   I see. Thanks. And where is the famous Lello bookstore?

Receptionist   It's right on the next street over there.

Kate   **079** Is it worth visiting?

Receptionist   Of course. But there'll be a lot of tourists.

VOCABULARY

walking tour 도시를 돌면서 안내해주는 투어   **statue** 동상   **worth** 가치가 있는, 그럴 만한
tourist 관광객

KEY EXPRESSIONS

1   **워킹 투어 가다, 참여하다**

be on a walking tour

어떤 투어에 참가하는 걸 be on a tour, be on a ~ tour라고 해요. 가이드를 따라 걸으면서 도시에 대해 알게 되는 워킹 투어를 한다고 할 때는 be on a walking tour라고 합니다.

2   **동상 앞에서 가이드를 만나다**

meet the guide in front of the statue

투어를 할 때 가이드를 만날 위치를 확인해두어야 할 텐데요, meet the guide 뒤에 만날 장소를 쓰면 됩니다. '동상 앞'이면 in front of the statue, '광장에서'라면 in the square 라고 하죠.

3   **저기 바로 다음 거리에**

right on the next street over there

위치를 알려줄 때, '다음 거리에'는 on the next street라고 하고, '저쪽에'라고 가리킬 때는 over there라고 해요. 그리고 '바로 저기'라고 할 때는 앞에 right을 붙입니다.

음원 27-2

자전거를 빌리면서, 어디에 반납을 해야 하는지, 빌리는 데 얼마인지 등을 묻고 답하는 상황입니다. 우리말 대화를 보고 영어로 생각해본 다음에 영어 대화문을 보세요.

탐	여기서 자전거를 빌리는 게 어떨까?	자넷	아니야. 자전거 대여소 아무데나
자넷	그래. 여기 보니까 이 도시에 자전거		갖다 놔도 돼. 게다가 처음 30분은
	대여소가 50개가 넘는데.		다 공짜야.
탐	이 근처에서 찾아보자.	탐	정말? 하루에 몇 번을 빌려도?
	(한 군데를 찾고 나서) 자전거를 여기에	자넷	맞아.
	다시 반납해야 하나?		

Tom	How about renting some bikes here?
Janet	Okay. It says there are over 50 bike rental stations in the city.
Tom	Let's find one near here. *(After finding one)* Do we have to return the bikes to this station?
Janet	No, we can leave our bikes at any of the rental stations. And the first 30 minutes are always free.
Tom	Really? **080** **No matter how** many times a day **we** rent the bikes?
Janet	That's right.

VOCABULARY

rent 빌리다　**rental station** 자전거를 빌리는 곳　**return** 반납하다

KEY EXPRESSIONS

1 **자전거를 빌리다** **rent some bikes**

자전거나 차, 캠핑카 등을 돈 주고 빌리는 걸 rent 한다고 하죠. '자전거를 빌린다'라는 건 rent some bikes라고 하는데요, some은 우리말로 '좀'과 같이 생각하시면 돼요.

2 **자전거를 여기에 다시 반납하다**

return the bikes to this station

빌렸던 것을 반납하는 걸 return 한다고 하죠. '무엇을 어디에 반납한다'는 건 〈return + 무엇 + to + 어디〉라고 해요. 자전거를 빌리고 반납하는 곳은 station, bike station이라고 해요.

3 **자전거 대여소 아무데나 갖다 놓다**

leave our bikes at any of the rental stations

어딘가에 무엇을 두고 오는 것, 두고 가는 것을 〈leave + 무엇〉이라고 하고, 자전거를 빌렸다가 어디에 반납해도 다 괜찮을 때, 뒤에 '자전거 대여소 아무데나'라는 의미의 at any of the rental stations를 붙여서 말해요.

당일치기 투어 신청하기

근교의 도시로 당일치기 투어를 다녀오는 걸 예약하는 상황입니다. 우리말 대화를 보고 영어로 생각해본 다음에 영어 대화문을 보세요.

음원 **27-3**

직원	메테오라로 당일치기 투어를 예약하시려고요?	폴	맞아요.
폴	네. 당일치기 투어가 끝나면, 테살로니키로 올라가려고 해요.	직원	테살로니키로 가는 직행 기차가 딱 하나 있어요. 저녁 7시 20분에요.
직원	알겠습니다. 다시 돌아오실 게 아닌 거죠, 그죠?	폴	투어가 그 시간을 넘기지 않아야 할 텐데요.

Receptionist	Would you like to reserve a day tour to Meteora?
Paul	Yes, please.
	081 **After** the day trip is over, **I'm planning to go up to Thessaloniki.**
Receptionist	I see. You don't want to come back here, right?
Paul	Correct.
Receptionist	There's only one direct train from there to Thessaloniki. At 7:20 in the evening.
Paul	I hope the tour doesn't go over time.

VOCABULARY

over 끝나는   **direct** 직행인   **over time** 시간이 지나다, 초과하다

KEY EXPRESSIONS

1 **메테오라로 당일치기 투어를 예약하다**
reserve a day tour to Meteora
하루에 다녀오는 '당일치기 투어/여행을 예약하다'는 reserve a day tour 또는 reserve a day trip이라고 하죠. 뒤에 〈to + 어디〉를 써서 '어디로 가는 투어/여행'이라고 표현합니다.

2 **거기에서 테살로니키로 가는 딱 하나의 직행 기차**
only one direct train from there to Thessaloniki
'직행 기차가 딱 한 편'이라고 할 때 only one direct train이라고 해요. 그리고 '어디에서 어디로 가는'이라는 건 〈from + 출발지 + to + 목적지〉라고 쓰죠.

3 **투어가 그 시간을 넘기지 않는다.**
The tour doesn't go over time.
어떤 것이 시간을 넘기는 것, 초과하는 것을 go over time이라고 하는데요. '투어가 어떤 시간을 넘어가지 않는다'라는 건 The tour doesn't go over time.이라고 합니다.

CHAPTER 3

핵심 패턴 079

~할 만한가요?
Is it worth -ing?

가볼 만한가요?
Is it worth visit**ing?**

해볼 만해?
Is it worth try**ing?**

기다릴 만한 거야?
Is it worth wait**ing?**

어떤 것이 그럴 만한지를 물을 때 이 패턴을 써보세요. worth는 '~할 가치가 있는'의 뜻이예요.

핵심 패턴 080

아무리 ~하게 … 해도?
No matter how ~ we ...?

하루에 자전거를 몇 번을 빌려도?
No matter how many times a day **we** rent the bikes**?**

차를 아무리 오래 빌려도?
No matter how long **we** rent the car**?**

거기서 몇 번을 식사하더라도?
No matter how many times **we** eat there**?**

몇 번을 어떻게 하든, 얼마나 오래 어떻게 하든 상관없는지 물을 때 이 패턴을 써보세요.

핵심 패턴 081

~가 끝나면, …하려고요.
After ~, I'm planning to ...

당일치기 투어가 끝나면, 테살로니키로 올라가려고 해요.
After the day trip is over, **I'm planning to** go up to Thessaloniki.

해가 지고 나면, 거기서 저녁을 먹으려고 해요.
After the sun sets, **I'm planning to** have dinner there.

자전거를 반납하고 나서, 버스를 타려고 해요.
After I return the bike, **I'm planning to** take a bus.

뭐가 어떻게 되고 나서, 무엇을 할 계획이라고 말할 때 이 패턴을 써보세요.

How about renting some bikes here?
How about 뒤에는 어떤 형태를 써야 하나요?

Q

대화문에서, 자전거를 빌리자고 하면서 How about renting some bikes here?라고 했는데요, 다른 데서는 How about we ~?라고 쓴 걸 본 것 같아요. 어떤 게 맞는 건가요?

A

둘 다 맞습니다. How about 뒤에는 -ing를 써도 되고 〈주어 + 동사〉의 순서로 써도 돼요. 그래서, '여기서 자전거를 빌릴까?'라고 하는 말은 How about renting some bikes here? 라고 해도 되고, How about we rent some bikes here?라고 해도 되죠. '우리, 새로 생긴 국수집에 가서 먹어볼까?'라고 한다면 How about trying the new noodle restaurant? 혹은 How about we try the new noodle restaurant?이라고 할 수 있어요.

LEVEL UP
EXPRESSIONS

평생 딱 한 번 해볼까 말까 한 기회잖아요.
It's a once in a lifetime chance.

여행을 하다 보면, 겁은 나지만 다시는 이것을 해볼 기회가 없을 것 같은 액티비티 같은 것에 용기를 내고 싶을 때가 있죠? 이렇게 주저하는 사람에게 용기를 주며 해보라고 할 때 쓰는 말이 It's a once in a lifetime chance.입니다. 이것이 평생 한 번 있을 만한(once in a lifetime) 기회(chance)라고 말하는 거죠. 평생 한 번 해볼 수 있을까 말까 한 거라는 거죠.

스카이다이빙을 권하면서

A 스카이다이빙, 해보면 좋을까?

B 당연하죠!
평생 딱 한 번 해볼까 말까 한 거잖아요.

A Would you recommend the skydiving experience?

B Absolutely!
It's a once in a lifetime chance.

일몰을 꼭 보라고 하면서

A 여기 일몰이 세상에서 제일 아름답거든.
꼭 봐야 해.

B 평생 한 번 볼까 말까 한 광경인가 보네.

A The sunset here is the most beautiful one in the world.
We should see it.

B It sounds like a once in a lifetime chance.

쇼핑하기

세금 환급 가능한 구매액 묻기 / 세금 환급 신청서 작성
/ 선물 사기

해외 여행이나 출장 중에 쇼핑을 할 때 세금 환급을 받으려면 얼마 이상을 사야
하는지를 묻고, 세금 환급 신청서를 작성하고, 기념품이나 선물을 사는 대화문을
익혀봅시다.

Eight hundred
euros.

SALE

강의 28

브래드	세금 환급을 받으려면 얼마 이상 사야 하나요?
직원	800유로요.
	800유로 이상 구매하시면 세금 환급을 받으실 수 있어요.
브래드	알겠습니다. 여기 있는 거 전부 다 세일인가요?
직원	아니요, 여기 있는 이 품목들만 세일이에요.
브래드	그렇군요. 좀 둘러볼게요.
직원	네, 그렇게 하세요. 도움이 필요하시면 말씀해주세요.

세금 환급 가능한 구매액 묻기

외국에서 쇼핑할 때 세금 환급을 받으려면 얼마 이상 사야 하는지 묻는 상황입니다. 우리말 대화를 보고 영어로 생각해본 다음에 영어 대화문을 보세요.

음원 **28-1**

Brad	What's the minimum purchase to get a tax refund?
Clerk	Eight hundred euros.
	You can get a tax refund if you spend more than 800 euros.
Brad	Got it. Is everything here on sale?
Clerk	No, **082** only these items in this section are on sale.
Brad	I see. I'm going to look around.
Clerk	Yes, go ahead. Tell me if you need any help.

VOCABULARY

minimum 최소의　**purchase** 구매, 구매액　**on sale** 세일하는, 할인하는

KEY EXPRESSIONS

1 세금 환급을 받을 수 있는 최소 구매액

the minimum purchase to get a tax refund

외국에서 쇼핑을 하면 세금을 환급해주죠. 근데 나라마다 얼마 이상을 사야 환급해주는지 규정이 있어요. 세금 환급을 받기 위한 최소 구매액을 the minimum purchase라고 해요.

2 여기 있는 거 전부 다 세일인가요?

Is everything here on sale?

세일을 하는 매장에서 모든 품목이 다 세일인지 물을 수 있죠? '세일 중'이라는 건 on sale 이라 하고, for sale은 '판매하는, 판매용인'이라는 뜻입니다.

3 좀 둘러볼게요.

I'm going to look around.

특별히 어떤 걸 사러 왔다기보다는 좀 구경하겠다고 할 때 I'm going to look around. 혹은 I'm just browsing.이라고 하면 됩니다.

CHAPTER 3

음원 28-2

세금 환급을 받기 위한 신청서를 작성할 때의 상황입니다. 우리말 대화를 보고 영어로 생각해 본 다음에 영어 대화문을 보세요.

제이크	저 이거 세금 환급 받을 수 있나요?
직원	그럼요. 세금 환급을 위한 이 양식을 작성해주세요. 우편 번호가 어떻게 되나요?
제이크	우편 번호요? 새로운 우편 번호가 다섯 자리 숫자인데.
	아, 여기 있네요. 12234예요.
직원	네. 신용 카드로 환급을 받으시겠어요?
제이크	네. 공항에서 확인 도장을 받아야 하나요?
직원	네, 꼭 기억하시고 받으셔야 해요.

Jake	Can I get a tax refund on this?
Clerk	Sure. Please fill out this form for a tax refund. What's your zip code?
Jake	Zip code? Wait. Our new zip code is a 5-digit number. Oh, here. It's 12234.
Clerk	Okay. Would you like to get the refund on your credit card?
Jake	Yes. **083** Should I get a stamp at the airport?
Clerk	Yes, that's important to remember to do.

VOCABULARY

zip code 우편 번호   **digit** 숫자   **stamp** 도장, 스탬프, 확인 도장

KEY EXPRESSIONS

1 **이 양식을 작성하다**
fill out this form
'어떤 양식을 작성한다'는 걸 fill out a form, fill out the form, fill out this form과 같이 말해요. 반면, '빈칸을 채운다'는 말은 fill in the blank, fill in the blanks라고 해요.

2 **다섯 자리 숫자   a 5-digit number**
숫자가 몇 개로 되어 있는지를 표현할 때 a 숫자-digit number라고 말해요. 우리 휴대 전화 전화번호가 11개로 되어 있죠? 그건 a 11-digit number라고 합니다.

3 **신용 카드로 환급을 받다**
get the refund on your credit card
'세금 환급을 받는다'는 건 get the refund라고 하고, 그 돈을 손님의 신용 카드로 받는지 계좌로 받는지에 따라, on your credit card, in your bank account라고 합니다.

여행이나 출장 중에 선물을 사러 갔을 때의 상황입니다. 우리말 대화를 보고 영어로 생각해본 다음에 영어 대화문을 보세요.

음원 28-3

(가게에서)

닉	실례지만, 이 터키쉬 딜라이트 한 상자 얼마죠?
판매원	몇 상자 사실 건데요?
닉	두 상자요. 그리고 티도 한 상자 살 거예요. 뭘 사면 좋을까요?
판매원	직접 드실 건가요, 아니면 선물하실 건가요?
닉	선물할 거예요. 좋은 걸로 추천해주세요.
판매원	이 티가 저희 가게에서 제일 잘 나가는 거예요.

(at a shop)

Nick　Excuse me, how much is this box of Turkish delight?

Salesman　How many boxes do you need?

Nick　Two boxes. And I want to buy a box of tea, too.
Any recommendations?

Salesman　For yourself or as a present?

Nick　A present.
　084 Please recommend me something good.

Salesman　This tea is the best seller at our shop.

■■■■ **VOCABULARY**

recommendation 추천, 추천할 만한 것　**present** 선물　**recommend** 추천하다
best seller 제일 잘 팔리는 품목

KEY EXPRESSIONS

1 **티 한 상자를 사다　buy a box of tea**

포장 형태에 따라 다른 단어를 쓸 수 있는데요, '한 상자'는 a box, '작은 소포장'이면 a packet, '한 세트'라면 a set를 쓸 수도 있어요.

2 **직접 드실 건가요, 아니면 선물하실 건가요?**

For yourself or as a present?

어떤 것을 사려는 손님에게, 직접 쓰실 건지, 선물용으로 사려는 건지를 묻는 말인데요, for yourself는 손님이 직접 쓰실 거냐는 거고, as a present는 선물로 사려는 거냐는 의미죠.

3 **우리 가게에서 제일 잘 나가는 것　the best seller at our shop**

best seller 하면 자동적으로 책을 떠올리기도 하는데 best seller는 책만이 아니라 어떤 것이든 제일 잘 팔리는 것을 가리켜요. 우리 가게에서 제일 잘 팔리는 물건이 the best seller at our shop이죠.

CHAPTER 3

SPEAKING PATTERNS

핵심 패턴

082
~만 세일이에요.
Only ~ are on sale.

여기 있는 이 품목들만 세일이에요.
Only these items in this section **are on sale.**

이 겨울 옷들만 세일 중이에요.
Only these winter clothes **are on sale.**

이 신발과 가방만 세일합니다.
Only these shoes and bags **are on sale.**

어떤 물건들이 세일을 하는 품목인지 말해줄 때 이 패턴을 써보세요.

핵심 패턴

083
~을 받아야 하나요?
Should I get ~?

공항에서 확인 도장을 받아야 하나요?
Should I get a stamp at the airport?

가게에서 영수증을 받아야 하나요?
Should I get a receipt at the store?

최종 확인을 받아야 하나요?
Should I get a final confirmation?

어떤 것을 받을 필요가 있는지 물을 때 이 패턴을 써보세요.

핵심 패턴

084
~한 걸 추천해주세요.
Please recommend me something ~.

좋은 걸로 추천해주세요.
Please recommend me something good.

값이 저렴한 걸로 추천해주세요.
Please recommend me something inexpensive.

가치가 있는 걸로 추천해주세요.
Please recommend me something valuable.

어떤 것을 추천해달라고 부탁할 때 이 패턴을 써보세요.

What's your zip code?

zip의 z-의 발음과 digit의 g-를 발음하는 법

Q

대화문에서 세금 환급 양식을 작성할 때 우편 번호도 적으라고 했는데요, 이때 우편 번호를 가리키는 **zip**의 **z**-에서 나는 소리와 숫자 하나 씩을 가리키는 **digit**의 **g**-에서 나는 소리가 다르죠?

A

네, 다릅니다. **zip**의 **z**-를 발음하는 요령은 입천장과 혀부분을 최대한 가깝게 한 상태에서 그 사이로 바람을 내보내며 하는 거예요. 우리말의 /ㅈ/의 소리와는 완전히 다른 소리입니다. 우리말에는 없는 자음이라고 생각하시면 돼요. **digit**의 발음은 /디쥗/인데요, **gi**-부분을 발음할 때는 입모양을 '우'처럼 모은 상태에서 입을 옆으로 벌리면서 /쥗/이라고 하는 거예요.

LEVEL UP
EXPRESSIONS

너무 많아. / 너무 과해.
That's more than enough.

외국에 일을 하러 가거나 여행을 하러 갔을 때 쇼핑을 할 경우, 세금 환급을 받을 수 있는데요, 정해진 금액 이상을 샀을 때 세금을 돌려주는 거죠. 같이 쇼핑을 하다가, '이것도 사자, 저것도 사자'고 했을 때, '아니야, 이 금액 정도만 사면 세금 환급을 받을 수 있으니까 더 사지 말자, 이걸로 충분하다, 그건 필요 이상으로 너무 많다'라고 할 때 **That's more than enough.**라고 할 수 있어요.

설탕을 더 넣지 말라고 하면서

A 설탕을 더 넣어야 하나?
B 아니, 충분해. 이미 달아.

A Should we add more sugar?
B No, that's more than enough.
   It's already too sweet.

썬크림을 더 바를 필요 없다고 하면서

A 나, 썬크림 더 바를까?
B 한 통 다 바르게? 이미 충분해.

A Do I need more sunscreen?
B You used the whole bottle?
   That's more than enough.

렌터카 빌리기

기어 종류 고르기 / 렌터카 보험 문의하기
/ 렌터카 비용 지불하기

Try it in
ENGLISH

렌터카를 빌리면서 기어가 스틱인지 오토인지 묻고 선택할 때, 렌터카 보험에 대해 문의할 때, 그리고 렌터카 비용을 지불할 때의 대화문을 익혀봅시다.

강의 **29**

타냐	안녕하세요, 저 차를 렌트하려고 하는데요.
직원	네. 국제 면허증은 가지고 계신가요?
타냐	네. 여기 있어요.
직원	스틱으로 하시겠어요? 아니면 오토로 하시겠어요?
타냐	저는 스틱은 운전하는 게 불편해요. 오토가 더 좋겠어요.
직원	알겠습니다. 이 브로셔를 보세요.

렌터카를 빌리러 가서 원하는 기어의 차종을 고르는 상황입니다. 우리말 대화를 보고 영어로
생각해본 다음에 영어 대화문을 보세요.

음원 29-1

Tanya	Hi, I'd like to rent a car.
Clerk	Okay. Do you have an international driving permit?
Tanya	Sure. Here it is.
Clerk	Would you like a stick shift or an automatic?
Tanya	I'm not comfortable driving a stick shift.
	085 I'd prefer an automatic, please.
Clerk	Okay. Here's our brochure.

VOCABULARY

international 국제적인   permit 운전 허가증   stick shift 스틱 기어   automatic 오토

KEY EXPRESSIONS

1 **국제 면허증**

an international driving permit

외국에 나가서 운전을 하려고 할 때는 꼭 필요한 겁니다. 국제 면허증이라고 부르는 건데요,
영어로는 an international driving permit라고 해요. 운전을 해도 된다는 허가증(permit)
이죠.

2 **스틱 기어 아니면 오토**

a stick shift or an automatic

자동차의 기어를 크게 스틱과 오토로 나누잖아요. 스틱으로 기어를 조작하는 것을 a stick
shift라고 하고, 자동으로 변환되는 오토는 an automatic이라고 해요.

3 **저는 스틱은 운전하는 게 불편해요.**

I'm not comfortable driving a stick shift.

'내가 뭘 하는 게 불편하다'라고 할 때 I'm not comfortable 뒤에 -ing를 이어서 말해요.
이 문장은 스틱 기어가 있는 차를 운전하는(drive a stick shift) 게 불편하다는 의미입니다.

CHAPTER 3

렌터카를 고르고 보험에 대해 문의하는 상황입니다. 우리말 대화를 보고 영어로 생각해본 다음에 영어 대화문을 보세요.

음원 29-2

데이브	이게 마음에 드네요. 이거 렌트하는 데 얼마죠?
직원	자동차 개인 보험이 있으신가요?
데이브	네, 있어요. 그걸로 렌터카도 보험이 되나요?
직원	어떤 보험이냐에 따라 달라요. 보험 증권을 확인해보셔야 할 거예요.
데이브	잠깐만요. 제가 인터넷으로 찾아볼게요.
직원	그러세요. 저기 있는 컴퓨터를 쓰시면 됩니다.
	천천히 하세요.

Dave	I like this one.
	086 How much is it to rent this car?
Clerk	Do you have personal car insurance?
Dave	Yes, I do. Does it cover rental cars, too?
Clerk	It depends. You'll need to check your insurance policy.
Dave	Wait. Let me check it on the Internet.
Clerk	Sure. You can use the computer over there.
	Take your time.

VOCABULARY

personal 개인적인   car insurance 자동차 보험   cover 보장을 하다
insurance policy 보험 증권

KEY EXPRESSIONS

1 **자동차 개인 보험** personal car insurance
렌터카를 빌리려고 할 때 자주 묻는 말인데요. 그 나라에 오기 전에 따로 보험을 들고 왔냐고 물을 때 personal car insurance가 있느냐고 합니다.

2 **보험이 렌터카의 사고를 보장해주다**
cover rental cars
보험이 된다, 즉 들어 놓은 보험으로 어떤 사고가 보장이 된다는 말을 cover라고 표현해요. 내가 들어 놓은 보험으로 렌터카도 되는지를 물을 때 cover rental cars를 넣어 말합니다.

3 **상대방이 들어 놓은 보험 증권을 확인해보다**
check your insurance policy
보험 증권을 영어로 insurance policy라고 해요. 보험으로 되는 항목, 범위가 어떻게 되는지를 확인한다는 걸 check your insurance policy라고 합니다.

렌터카를 고르고 보험도 결정한 다음에 결재를 하는 상황입니다. 우리말 대화를 보고 영어로 생각해본 다음에 영어 대화문을 보세요.

음원 29-3

데이브	열흘 빌리는 데 보험료가 얼마죠?
직원	150유로예요. 그러니까 총액이 400유로입니다.
데이브	알겠습니다. 마스터 카드 되나요?
직원	죄송한데, 저희는 비자만 받아요.
데이브	그럼 이 비자 카드로 해주세요.
	그리고 제가 몇 군데 도시를 여행할 건데요. 차를 로마에서 반납해도 될까요?
직원	그럼요. 테르미니 역에서 반납하시면 돼요.

Dave	What's the premium for ten days?
Clerk	It's 150 euros. So the total is 400 euros.
Dave	Okay. Do you take Mastercard?
Clerk	Sorry, but we only take Visa.
Dave	Then please put it on this Visa card.
	And **087** I'm going to be traveling to several cities.
	So can I return the car in Rome?
Clerk	Sure. You can return it at Termini Train Station.

CHAPTER 3

------ **VOCABULARY**

premium 보험료　total 총액

KEY EXPRESSIONS

1 **보험료가 얼마죠?** What's the premium?

프리미엄 하면 우리한테는 다른 의미가 떠오를 수 있는데요, 보험료는 영어로 premium이라고 해요. 렌터카를 빌리면서 보험료가 얼만지 물을 때 What's the premium?이라고 말해보세요.

2 **이 비자 카드로 계산하다**

put it on this Visa card

어떤 것의 계산을 이 카드로 해달라고 할 때 〈put + 무엇 + on + 무슨 카드〉라고 표현해요. 그것을 내 비자 카드로 계산하겠다는 말이 put it on this Visa card입니다.

3 **차를 로마에서 반납하다**

return the car in Rome

빌렸던 차를 반납한다는 걸 return the car라고 해요. 차를 반납할 장소를 in 뒤에 이어서 말하면 됩니다.

SPEAKING PATTERNS

핵심 패턴
085

~가 더 좋겠어요.
I'd prefer ~, please.

오토가 더 좋겠어요.
I'd prefer an automatic, **please.**

위층 객실을 주셨으면 합니다.
I'd prefer a room on a higher floor, **please.**

위층 침대 주세요.
I'd prefer an upper bunk, **please.**

어떤 것이 더 좋으니 그것을 달라고 할 때 이 패턴을 써 보세요.

핵심 패턴
086

~하는 데 얼마죠?
How much is it to ~?

이 차 렌트하는 데 얼마죠?
How much is it to rent this car?

일주일 묵는 데 얼마죠?
How much is it to stay for a week?

서핑 배우는 데 얼마죠?
How much is it to learn how to surf?

어떤 것을 하는 데 드는 비용을 물을 때 이 패턴을 이용해서 말해보세요. to 뒤에는 동사원형을 쓰면 됩니다.

핵심 패턴
087

제가 ~할 건데요.
I'm going to be -ing ~.

제가 몇 군데 도시를 여행할 건데요.
I'm going to be traveling to several cities.

여기서 한 달 묵을 거예요.
I'm going to be staying here for a month.

여기서 여행하면서 일할 거예요.
I'm going to be working here while traveling.

앞으로 어떻게 할 거라고 할 때 이렇게 I'm going to 뒤에 be -ing를 넣어서 말할 수 있어요.

I'm going to be traveling to several cities.

be going to be -ing, will be -ing는 언제 쓰나요?

Q

대화문에서 몇 개의 도시를 여행할 거라고 할 때 I'm going to be traveling to several cities.라고 했는데요, I'm going to travel이라고 하지 않고, I'm going to be traveling 이라고 한 건 왜 그런 거죠? 어떤 뜻인가요?

A

네, 영어로 말할 때 '~할 거야'라는 의미로 be going to be -ing, will be -ing를 많이 쓰는데요, 〈be going to + 동사원형〉이나 〈will + 동사원형〉은, 주어의 의지를 나타내요. 아직 정해지진 않았지만 '나는 ~를 할 거야. 그러려고 해. 그럴 계획이야.'에 해당해요. 그런데 I'm going to be traveling to several cities. 처럼 be going to be -ing 혹은 will be -ing 를 쓰면 이미 그렇게 하기로 결정된 일에 대해 말하는 것이 됩니다.

LEVEL UP
EXPRESSIONS

안 될 거 없지.
That shouldn't be a problem.

대화문에서 렌터카를 반납할 때 꼭 여기로 다시 올 필요 없이, 다른 도시의 다른 장소에서 반납해도 되냐고 물으니까 그래도 된다고 했는데요, 이럴 때 '그래서도 됩니다'라는 의미로 That shouldn't be a problem.이라고 할 수 있어요. 문제가 될 거 없으니, 그렇게 해도 된다는 말이죠.

이 숙소에 더 묵자고 하면서

A 우리 이 숙소에 더 있을까?
B 그래, 안 될 거 없지 뭐.

A Shall we extend our stay here?
B Sure, that shouldn't be a problem.

체크인을 일찍 해도 된다고 하면서

A 저희 좀 일찍 체크인해도 될까요?
B 네, 그렇게 하세요.

A Can we check in a little earlier?
B Yeah, that shouldn't be a problem.

UNIT 30

사건 & 사고 & 분실

소매치기 주의 당부하기 / 호텔 객실에 물건을 두고 나왔을 때 / 여행 중에 발목을 삐었을 때

Try it in ENGLISH

여행이나 출장 중에 소매치기를 당하지 않도록 조심하라고 말할 때, 호텔에서 체크아웃을 하면서 물건을 두고 나왔을 때, 그리고 외국에서 다쳤을 때의 대화문을 익혀봅시다.

강의 **30**

여행자	여기 아테네 마음에 들어?
폴라	응. 생각했던 것보다 여기 더 오래 있어야겠어.
여행자	한 가지 조심해야 할 건 소매치기야.
폴라	그래. 지하철에서 누가 내 전화기를 훔치려고 했었어. 아슬아슬했지.
여행자	소지품을 꼭 몸에 잘 지니고 있어야 해.
폴라	고마워. 그럴게.

여행지에서 소매치기가 많으니 조심하라고 일러주는 상황입니다. 우리말 대화를 보고 영어로
생각해본 다음에 영어 대화문을 보세요.

음원 30-1

Traveler Do you like it here in Athens?

Paula Yes. I think I should stay here longer than I planned.

Traveler 088 One thing you should watch out for is the pickpockets.

Paula Right. Someone tried to steal my phone on the Metro. It was a close call.

Traveler Be sure to keep your belongings close to you.

Paula Thanks. I will.

VOCABULARY

watch out 조심하다, 경계하다　pickpocket 소매치기　steal 훔치다　belongings 소지품

KEY EXPRESSIONS

1 **여기에, 생각했던 것보다 더 오래 있다**

stay here longer than I planned

'여기서 더 오래 묵는다'는 건 stay here longer라고 하고, '원래 계획했던 것보다'라는 말
은 than I planned라고 해요. than I originally planned라고 할 수도 있어요.

2 **아슬아슬한 것, 순간**

a close call

어떤 상황이 하마터면 큰일 날 뻔했다고 할 때 있죠? 그런 순간을 a close call이라고 해요.
보통 It was a close call. 혹은 What a close call! 아니면 It was close.라고 말해요.

3 **소지품을 꼭 몸에 잘 지니고 있다**

keep your belongings close to you

'무언가를 어디에, 혹은 누구한테 가까이 두다'라는 표현이 〈keep + 무엇 + close to + 어
디/누구〉예요. 그래서 소지품(belongings)을 상대방의 몸에 가까이 잘 가지고 있다는 건
keep your belongings close to you라고 합니다.

CHAPTER 3

호텔에서 체크아웃을 할 때 깜박하고 물건을 두고 나와서 리셉션에서 찾아달라고 하는 상황입니다. 우리말 대화를 보고 영어로 생각해본 다음에 영어 대화문을 보세요.

음원 30-2

(리셉션에서)

트레이시 저기요, 제가 체크아웃을 할 때 방에 전화기 충전기를 두고 나온 것 같은데요.

직원 객실 번호가 뭐였죠?

트레이시 D203이었던 것 같아요.

직원 잠시만 기다려주세요. 청소 직원에게 물어볼게요.

트레이시 감사합니다.

직원 찾으시는 게 이거 맞아요?

트레이시 아, 네. 정말 고맙습니다.

(at the reception)

Tracy
Excuse me, but I think I left my phone charger in my room when I checked out.

Receptionist
089 What was your room number?

Tracy
I think it was D203.

Receptionist
Please wait. I'll ask the maid.

Tracy
Thank you.

Receptionist
Is this what you're looking for?

Tracy
Oh, yes. Thank you very much.

■■■ VOCABULARY

phone charger 전화기 충전기   **maid** 객실 청소하는 사람

KEY EXPRESSIONS

1 **방에 전화기 충전기를 두고 나오다**

leave my phone charger in my room

'무엇을 어디에 두고 오다'라는 말을 〈leave + 무엇 + 어디〉의 순서로 쓰는데요, '내가 내 충전기를 방에 두고 왔다'면 I left my phone charger in my room.이라고 하면 되죠.

2 **D203이었던 것 같아요.**

I think it was D203.

내가 묵었던 객실이 어디였는지 말할 때 I think it was 뒤에 객실 번호를 이어서 말하면 돼요.

3 **당신이 찾는 것**

what you're looking for

'~하는 것'을 한 단어로 what이라고 하고요, you're looking for를 이어 쓰면 '당신이 찾으시는 것'이 되죠. '내가 찾고 있는 것'이라면 what I'm looking for가 되겠죠.

여행 중에 발목을 삐었을 때

여행 중에 어디가 아프거나 다쳤을 때의 상황입니다. 우리말 대화를 보고 영어로 생각해본 다음에 영어 대화문을 보세요.

음원 30-3

의사	어디가 안 좋아서 오셨나요?	의사	뼈가 부러진 건 아닌지 좀 볼게요.
캐롤	계단에서 넘어져서 발목을 삐었어요.		아무래도 한동안은 발목을 안 쓰시는 게 좋겠어요.
의사	어디 볼게요. 많이 아프세요?		나을 때까지 목발을 쓰세요.
캐롤	네. 누가 도와주지 않으면 일어서서 걸을 수도 없어요.		

Doctor What brings you here today?

Carol I fell down the stairs and sprained my ankle.

Doctor Let me see. Does it hurt a lot?

Carol It does. I can't even stand and walk without someone's help.

Doctor Let me check if some bones are broken.

090 I'm afraid you'll need to stay off your ankle for a while.

Use crutches until it gets better.

CHAPTER 3

VOCABULARY

stairs 계단 **sprain** 삐다, 접지르다 **ankle** 발목 **for a while** 한동안, 당분간
crutches 목발

KEY EXPRESSIONS

1 **계단에서 넘어져서 발목을 삐다**
fall down the stairs and sprain my ankle
'계단에서 넘어졌다'는 건 fall down the stairs라고 하고, '발목을 삐다'는 건 sprain my ankle이라고 해요. 넘어져서 삐었다고 할 때는 과거형인 fell과 sprained를 쓰죠. '손목을 삐다'는 건 sprain my wrist라고 해요.

2 **많이 아프세요?** **Does it hurt a lot?**
Does it hurt?는 '아프세요?'라는 뜻이고, Does it hurt a lot?은 '많이 아프세요?'라는 건데요, Are you hurt?라고 하면 '다쳤니?'라는 뜻이예요.

3 **당분간은 발목을 쓰지 않다** **stay off your ankle for a while**
stay off your ankle은 '발목을 쓰지 않고 지내다'라는 뜻이예요. for a while은 '한동안, 당분간은'이라는 뜻입니다.

핵심 패턴 088

한 가지 ~해야 할 건 …야.

One thing you should ~ is ...

한 가지 조심해야 할 건 소매치기야.
One thing you should watch out for **is** the pickpockets.

기억해야 할 건 뭐가 더 중요한지야.
One thing you should remember **is** your priorities.

신경 써야 할 건 네 건강이야.
One thing you should care about **is** your health.

상대방에게 한 가지를 꼭 어떻게 하라고 당부할 때 이 패턴을 써보세요.

핵심 패턴 089

~가 뭐였죠?

What was your ~?

객실 번호가 뭐였죠?
What was your room number?

항공편 명이 뭐였죠?
What was your flight number?

좌석 번호가 몇 번이었나요?
What was your seat number?

상대방에게 알고 싶은 정보를 What was your ~ 뒤에 넣어 '~가 뭐였죠?'라고 물을 때 이 패턴을 써보세요.

핵심 패턴 090

아무래도 ~하시는 게 좋겠어요.

I'm afraid you'll need to ~.

아무래도 한동안은 발목을 안 쓰시는 게 좋겠어요.
I'm afraid you'll need to stay off your ankle.

아무래도 너 좀 쉬어야 할 것 같다.
I'm afraid you'll need to rest for a while.

가이드가 돌아올 때까지 기다려야 할 것 같은데.
I'm afraid you'll need to wait for your guide to come back.

상대방에게 어떻게 하는 게 좋겠다고 조언할 때 이 패턴을 써보세요.

It was a close call.
close는 어떻게 발음하나요?

Q

대화문에서, 하마터면 소매치기를 당할 뻔했다고 하면서 It was a close call.이라고 했는데요, 여기서 close의 발음은 어떻게 되나요?

A

네. It was a close call.에서 close의 발음은 /클로우스/입니다. 즉, -se의 발음이 /즈/가 아니라 /스/라는 거죠. close는 동사로 쓰일 때는 /클로우즈/라고 발음하고, 형용사로 쓰일 때는 /클로우스/라고 발음해요. 참고로 우리가 외래어로 많이 쓰는 단어 중에서 우리가 '베이직' 하다고 할 때 쓰는 basic의 영어 발음은 /베이식/이고, '루즈핏'이라고 할 때 쓰는 loose는 /루스/입니다.

LEVEL UP
EXPRESSIONS

어떻게 해야 할지 모르겠네.
I'm at a loss.

여행을 하다가 사고를 당했거나 예상치 못한 일을 당했을 때, 즉 여권을 잃어버렸거나 소매치기를 당했을 때, 돈을 잃어버렸거나 전화기 등을 어딘가에 두고 왔거나 할 때는 정말 눈앞이 캄캄하겠죠? 이런 상황에서, '어떻게 해야 할지 전혀 모르겠다'라는 말을 I'm at a loss.라고 합니다.

여권을 분실한 여행자에게

A 나 오늘 아침에 여권을 잃어버렸어.

B 어떡해. 무슨 말을 해야 할지 모르겠다.

A I had my passport stolen this morning.

B I'm so sorry. I'm at a loss for words.

연결 편 비행기를 놓쳤을 때

A 나, 연결 편 비행기를 놓쳤어. 어떻게 해야 할지 모르겠네.

B 아이고, 이런…

A I missed my connecting flight. I'm at a loss on what to do.

B Oh, no...

CHAPTER 4

사회적 이슈 & 최신 트렌드

UNIT 31 환경 보호

친환경 제품 사용하기 / 재활용품 사용하기
/ 절수 샤워기 사용하기

Try it in
ENGLISH

환경 오염을 막기 위해 친환경 제품과 재활용품을 사용하고, 절수 샤워기를 사용
할 때의 대화문을 익혀봅시다.

Biodegradable?

강의 **31**

레베카	안녕, 자기야. 내가 산 건데 이 비누 좀 봐.
	이거 자연 분해되는 거야.
밥	자연 분해가 된다고? 그럼 환경을 오염시키지 않겠네?
레베카	맞아. 우리 친환경 제품들을 더 많이 쓰도록 하자.
밥	친환경 제품 얘기가 나왔으니 말인데…
	친환경 전기 차 한 대 사는 게 어때?
레베카	정신 좀 차려! 지금은 우리 그럴 형편이 안돼.

환경을 오염시키지 않는 자연 분해 제품을 사고 얘기를 나누는 상황입니다. 우리말 대화를 보고 영어로 생각해본 다음에 영어 대화문을 보세요.

음원 31-1

Rebecca Hi, honey. Check out this new soap that I bought. This is biodegradable.

Bob Biodegradable? Then it won't contaminate the environment?

Rebecca Right. Let's try to use more environmentally-friendly products.

Bob Speaking of environmentally-friendly products... Shall we get an environmentally-friendly electric car?

Rebecca Get real! **091** We can't afford that right now.

VOCABULARY

check out ~ ~를 보다 speaking of ~ ~얘기가 나온 김에 electric car 전기차
afford 감당할 능력이 되다

KEY EXPRESSIONS

1 **자연 분해되는**

biodegradable

쓰레기로 버려졌을 때 자연적으로 생 분해되는 성분에 biodegradable이라는 표현을 씁니다. '자연 분해되는 플라스틱'은 biodegradable plastic, '자연 분해되는 포장'은 biodegradable packaging이라고 해요.

2 **환경을 오염시키다**

contaminate the environment

contaminate는 '어떤 것을 오염시키다, 더럽히다'라는 뜻이죠. pollute를 쓸 수도 있습니다. '환경을 오염시킨다'는 걸 contaminate the environment, pollute the environment라고 해요.

3 **친환경 제품들**

environmentally-friendly products

'친환경의'라는 말은 environmentally-friendly말고도 eco-friendly하다고도 해요. 그래서 그런 제품들은 environmentally-friendly products, 혹은 eco-friendly product라고 합니다.

CHAPTER 4

일회용품을 가급적 사용하지 않고 재활용품을 적극 사용하자고 말하는 상황입니다. 우리말
대화를 보고 영어로 생각해본 다음에 영어 대화문을 보세요.

음원 31-2

레벨　　에릭, 잠깐만 기다려.
　　　　나 물병에 물 좀 받아 와야겠어.
에릭　　그냥 자판기에서 생수를 사지 그래?
레벨　　안 그럴래. 플라스틱이 환경에 얼마나 나쁜지 알잖아.
　　　　태평양 쓰레기더미 얘기 들어봤지, 그치?
　　　　바다로 흘러들어가는 쓰레기양을 줄여야 해.

Rebel　　Eric, please hold on a second.
　　　　I need to fill up my water bottle.
Eric　　Why don't you buy a bottle from the vending machine?
Rebel　　I'd rather not. You know plastic is really bad for our
　　　　environment. **092** You've heard of
　　　　the Great Pacific Garbage Patch, right?
　　　　We must reduce the amount of trash that enters our
　　　　oceans.

■■■■ VOCABULARY

vending machine 자판기　　**reduce** 줄이다　　**amount** 양　　**trash** 쓰레기

KEY EXPRESSIONS

1　**물병에 물을 받다**
fill up my water bottle
'물병'은 water bottle이라고 하고, '내 물병에 물을 받는다'는 걸 fill up을 써서 fill up my
water bottle이라고 해요. fill은 '채우다'라는 뜻인데, fill up이라고 하면 '가득 채운다'는 말
이 됩니다.

2　**플라스틱은 환경에 아주 나빠.**
Plastic is really bad for our environment.
무언가가 어디에 안 좋으면 is bad for ~, is really bad for ~라고 하죠. '플라스틱이 환경
을 오염시킨다'고 할 때 Plastic is really bad for our environment.하고 해요.

3　**쓰레기양을 줄이다**
reduce the amount of trash
reduce는 '어떤 것의 양을 줄이다'라는 말이에요. '음식물 쓰레기를 줄이다'는 reduce the
amount of food waste라고 하면 됩니다.

음원 31-3

물을 절약하기 위해 절수 샤워기를 사와서 사용법을 알려주는 상황입니다. 우리말 대화를 보고 영어로 생각해본 다음에 영어 대화문을 보세요.

닉 여보, 내가 물을 아껴주는 샤워 헤드 새로 샀어.
샤워기에서 물이 나오게 하려면 이 버튼을 꾹 누르고 있어.

주디 물을 쓸 때 이 버튼을 계속 누르고 있으라고? 귀찮을 것 같은데.

닉 처음에는 그렇겠지.
근데 일단 익숙해지면, 그렇게 불편하지 않을 걸.
몸에 비누칠 할 때 물을 절약할 수 있게 해주는 거야.

Nick Honey, I got a new shower head that saves water.
Hold down this button for the shower to work.

Judy I have to keep pressing this button to use water?
That sounds annoying.

Nick It will be at first.
But **093** once you get used to it, it won't be so bad.
This helps save water when you're scrubbing your body with soap.

VOCABULARY

work 작동하다 **annoying** 짜증나는, 귀찮은 **at first** 처음에는 **scrub** 닦다, 문지르다

KEY EXPRESSIONS

1 **물을 아껴주는 샤워 헤드**
a new shower head that saves water
샤워기에서 물이 나오는 부분을 shower head라고 해요. 그리고 '물을 아껴주다'는 save water라고 하죠. 새로 산 것은 앞에 new만 붙이면 됩니다.

2 **이 버튼을 꾹 누르고 있다**
hold down this button
버튼을 한 번 누르고 마는 것이 아니라 계속 누르고 있어야 할 때 hold down이라고 해요. 이렇게 '이 버튼을 누른 채로 있다'는 것을 hold down this button이라고 해요.

3 **이 버튼을 계속 누르고 있다**
keep pressing this button
'누르다'의 다른 표현이 press인데요, keep 뒤에 -ing를 이어 쓰면 '그 행동을 계속하다'라는 뜻이니까, '이 버튼을 계속 누른 채로 있다'는 걸 keep pressing this button이라고 할 수 있어요.

CHAPTER 4

SPEAKING PATTERNS

핵심 패턴 091

우린 ~를 감당할 능력이 안돼. / 형편이 안돼.

We can't afford ~.

지금은 우리 그럴 형편이 안돼.
We can't afford that right now.

우린 그 큰 집을 살 형편이 안돼.
We can't afford that big house.

우린 지금 차를 살 여유가 없어.
We can't afford a car right now.

어떤 것을 구입하거나 유지할 능력이 안 된다고 말할 때 이 패턴을 써보세요.

핵심 패턴 092

~ 들어봤지, 그치?

You've heard of ~, right?

태평양 쓰레기더미 얘기 들어봤지, 그치?
You've heard of the Great Pacific Garbage Patch, **right?**

너 '소확행'이라는 말 들어봤지, 맞지?
You've heard of "sowhakhang," **right?**

너 '수면의 빚'이라는 표현 들어봤지, 응?
You've heard of "sleep debt," **right?**

상대방에게 어떤 얘기를 들어본 거 맞느냐고 확인할 때 이 패턴을 써보세요.

핵심 패턴 093

일단 익숙해지면, ~하지 않을 거야.

Once you get used to it, it won't ~.

일단 익숙해지면, 그렇게 불편하지 않을 걸.
Once you get used to it, it won't be so bad.

일단 익숙해지면, 그렇게 어렵지 않을 거야.
Once you get used to it, it won't be so difficult.

일단 익숙해지면, 그렇게 귀찮지 않을 거야.
Once you get used to it, it won't be so annoying.

일단 어떤 것에 익숙해지면, 뭐뭐 하지 않을 거라고 말해 줄 때 이 패턴을 써보세요.

Once you get used to it, it won't be so bad.

be used to와 get used to는 어떻게 다르죠?

Q

대화문에서, 절수형 샤워기를 쓰는 게 지금은 좀 귀찮을 수는 있어도 일단 익숙해지면 그렇게 귀찮거나 나쁘지는 않을 거라고 하면서 Once you get used to it, it won't be so bad.라고 했는데요. be used to와 get used to는 어떻게 다른 거죠?

A

기본적으로 be는 '어떠한 상태'를 가리키고, get은 '어떻게 된다는 '변화'를 가리켜요. 그러니까 be used to는 어떤 것에 익숙한 상태를 말하고, get used to는 어떤 것에 익숙해지는 것을 말하는 거죠. Once you get used to it은 '일단 그것에 익숙해지기만 하면'이라는 뜻이예요. 그러면, it won't be so bad, '그렇게, 생각만큼 나쁘지는 않을 거다'라는 뜻이죠.

늦더라도 하는 게 낫지.
Better late than never.

취미 생활을 즐겨보고는 싶은데 나이가 너무 많이 든 것 같기도 하고, 좀 일찍 시작할 걸⋯ 하는 후회와 함께 선뜻 시작하지 못할 때가 있습니다. 이럴 때, '아예 안 하는 것보다는 지금이라도, 늦었다고 생각되더라도 하는 것이 더 낫다, 그러니 해봐라'라는 의미로 Better late than never.라고 할 수 있어요. 너무 늦은 것 아닌가 하는 사람에게 어떤 상황에서나 Better late than never.라고 말해보세요.

드디어 기타를 배우기 시작한 친구에게

A 나 드디어, 기타 배우기로 했어!

B 잘했어! 지금이라도 하는 게 낫지.

A I finally decided to learn how to play the guitar!

B Nice! Better late than never.

늦더라도 사과하는 게 좋겠다고 할 때

A 그 사람한테 미안하다고 하기 너무 늦었나?

B 아니야! 지금이라도 하는 게 나아.

A Is it too late to apologize to him?

B No! It's better late than never.

CHAPTER 4

UNIT 32 반려견

반려견에 대한 대화 / 산책 시 목줄 채우기 / 반려견 입양하기

Try it in **ENGLISH**

반려견을 키우면서의 대화, 산책시킬 때 목줄을 꼭 채워야 한다고 할 때의 대화, 그리고 반려견이나 반려묘를 입양하는 상황의 대화를 익혀봅시다.

강의 **32**

(소냐가 강아지를 산책시키고 있다.)

이웃 정말 귀여운 강아지네요!
     수컷이에요, 암컷이에요?

소냐 감사합니다. 수컷이에요.

이웃 몇 개월 됐어요?

소냐 이제 7개월 됐어요.

이웃 마르티스인가요? 근데 좀 다르게 생겼네요.
     무슨 종이죠?

소냐 믹스견이에요.

반려견을 산책시키면서 소소한 얘기를 나누는 상황입니다. 우리말 대화를 보고 영어로 생각해본 다음에 영어 대화문을 보세요.

음원 32-1

(Sonya is walking her dog.)

Neighbor What a cute dog!
Is it a boy or a girl?

Sonya Thanks. It's a boy.

Neighbor How many months is he?

Sonya About 7 months now.

Neighbor Is he a Maltese?
094 He **looks a little bit** different though.
What's the breed?

Sonya He's a mixed breed.

VOCABULARY

cute 귀여운   **Maltese** 마르티스   **mixed** 섞인, 혼합의   **breed** 종

KEY EXPRESSIONS

1 **수컷 아니면 암컷**
a boy or a girl
강아지나 고양이 등을 보면서 수컷인지 암컷인지 물을 때 Is it a boy or a girl?이라고 해요. 반려동물은 보통 성별을 모를 때 it으로 가리키고, 성별을 알면 he 혹은 she로 가리키죠.

2 **몇 개월**
how many months
반려 동물의 나이를 물을 때는 '몇 개월 되었나요?' 혹은 '몇 년 되었나요?'라고 하죠. How many months is she/he? 혹은 How many years is she/he?라고 물으시면 됩니다.

3 **무슨 종이죠?**
What's the breed?
강아지나 고양이를 가리키며 '무슨 종이예요?'라고 할 때 What's the breed?라고 하면 되고, 대답은 She's/He's a Maltese(마르티스), a Sitzu(시쮸)와 같이 종을 가리키는 영어 단어로 말하면 됩니다.

CHAPTER 4

음원 32-2

반려견을 산책시킬 때 꼭 목줄을 채워야 한다고 말하는 상황입니다. 우리말 대화를 보고 영어로 생각해본 다음에 영어 대화문을 보세요.

케이트	아빠, 우리 산책 갈까요?
닉	그러자. 우리 강아지 산책도 좀 시켜주자. 목줄 풀어주지 말고.

(공원에서 걷다가)

케이트	조심하세요! 저 개가 우리한테 달려들어요!
닉	걱정 마. 목줄에 묶여 있잖니.
케이크	그래요? 아, 그렇네요…
닉	강아지 목줄을 안 하면 벌금을 물어야 해.

Kate	Dad, **095** shall we go out for a walk?
Nick	Sure. Let's walk our dog, too. Don't let him off the leash.

(while walking at a park)

Kate	Watch out! That dog is running right at us!
Nick	Don't worry. That dog is on a leash.
Kate	Is it? Oh, you're right...
Nick	They have to pay a fine if their dog is not on a leash.

▬ VOCABULARY

leash 목줄   **run at ~** ~에게 달려들다   **watch out** 조심하다   **fine** 벌금

KEY EXPRESSIONS

1 **목줄을 풀어주다**
let him off the leash
강아지가 '목줄에 묶여 있는 상태'는 on a/the leash, '풀려 있는 상태'는 off the leash를 써서 표현합니다. '목줄을 풀어 둔다'는 걸 let him/her off the leash라고 해요.

2 **목줄에 묶여 있다**   **be on a leash**
강아지가 목줄에 묶여 있는 상태가 on a leash인데요, 그냥 '목줄 하나'를 가리킬 때는 a를 쓰고, '그 목줄'이라고 말할 때는 the leash라고 하면 됩니다.

3 **벌금을 물다**   **pay a fine**
'벌금'을 명사로 a fine이라고 해요. '벌금을 내다'는 pay a fine이라고 하죠. 벌금 외에도 다른 것을 낼 때는 pay a bill, pay a fee와 같이 말하고 pay 뒤에 금액을 쓸 수도 있습니다.

음원 32-3

적적해하시는 아버지께 반려견 입양을 권하는 상황입니다. 우리말 대화를 보고 영어로 생각해본 다음에 영어 대화문을 보세요.

(벤치에 앉아서)

폴라　강아지 한 마리 입양하시는 게 어때요, 아빠?
　　　그러시면, 덜 외로우실 테고, 산책도 더 많이 하시게 될 거예요.
데이브　흐음… 좀 끌리긴 하는구나.
폴라　우리 강아지 기억나세요?
데이브　그럼 기억나다마다. 너무 보고 싶구나.
폴라　생각 있으시면 제가 한 마리 찾아봐드릴게요.
데이브　알겠다. 결정하면, 너한테 말할게.

(sitting on the bench)

Paula　How about adopting a dog, Dad? If you do, you'll feel less lonely, and you'll get to go on more walks.

Dave　Hmm... That sounds tempting.

Paula　Do you remember our dog?

Dave　Of course, I do. I miss him a lot.

Paula　If you're interested, let me look for a good one for you.

Dave　Alright.
　　　096　If I make up my mind on that, I'll let you know.

VOCABULARY

lonely 외로운, 심심한　**tempting** 끌리는, 혹하는　**miss** 그리워하다
interested 관심이 있는

KEY EXPRESSIONS

1　**강아지를 입양하다　adopt a dog**
강아지를 입양하면 adopt a dog, 고양이를 입양하면 adopt a cat, 아이를 입양하면 adopt a baby라고 하죠. 강아지나 고양이를 키운다는 말은 have a dog, have a cat이라고 해요.

2　**산책을 더 많이 하게 되다　get to go on more walks**
get to ~는 '무엇을 하게 된다'는 뜻이예요. go on a walk, go on walks는 '산책하러 간다'는 말이고, get to go on more walks는 '산책을 더 많이 하러 가게 된다'는 뜻이죠.

3　**상대방에게 하나 찾아봐주다　look for a good one for you**
〈look for + 무엇〉은 무엇이 있는지 찾아보는 겁니다. 그래서 look for a good one for you는 '상대방을 위해, 상대방에게 어떤 좋은 것을 찾아봐 주다'는 것을 의미합니다.

CHAPTER 4

핵심 패턴 094

약간 ~하게 생겼네요.
He looks a little bit ~.

근데 좀 다르게 생겼네요.
He **looks a little bit** different though.

그녀가 좀 피곤해 보이네.
She **looks a little bit** tired.

너 좀 놀란 것 같다.
You **look a little bit** surprised.

누군가가 좀 어떻게 보인다고 할 때 이 패턴을 써보세요.

핵심 패턴 095

우리 ~하러 갈까?
Shall we go out for ~?

우리 산책하러 나갈까?
Shall we go out for a walk?

우리 나가서 좀 달릴까?
Shall we go out for a run?

우리 피크닉하러 나갈까?
Shall we go out for a picnic?

상대방에게 같이 나가서 뭔가를 하자고 할 때 이 패턴을 써보세요.

핵심 패턴 096

마음의 결정을 하면, ~할게.
If I make up my mind on that, I'll ~.

결정하면, 너한테 말할게.
If I make up my mind on that, I'll let you know.

결정하면, 거기 지원할게.
If I make up my mind on that, I'll apply for that.

결정하면, 그 수업 등록할게.
If I make up my mind on that, I'll sign up for the class.

아직 결정을 못 했는데, 결정을 하면 뭐뭐 하겠다고 말할 때 이 패턴을 써보세요.

What a cute dog!
어떤 것을 보고 감탄할 때 언제 what을 쓰고,
또 언제 how를 쓰나요?

Q

대화문에서 강아지를 산책시키다가 다른 강아지를 보고 참 귀여운 강아지라고 하면서 **What a cute dog!**라고 했잖아요. **How**로 시작하는 문장도 있는 것 같은데, 어떤 것을 보고 감탄할 때 언제 **what**을 쓰고, 또 언제 **how**를 쓰나요?

A

어떤 것을 보고 놀라면서 감탄하는 표현 중에 **what**이나 **how**를 쓸 수 있는데요, 중요한 건 문장 안에 명사가 있느냐 없느냐입니다. 예를 들어, '강아지가 참 귀엽다!'라고 감탄할 때처럼 강아지, **a dog**라는 명사가 있으면 **what**을 써서 **What a cute dog!**라고 하고요, **a dog**를 빼고 그냥 '참 귀엽다!'라고 하고 싶으면 **How cute!**라고 하면 돼요. 일몰이 아주 아름다우면 **What a beautiful sunset!**이라고 하거나 **How beautiful!**이라고 할 수 있죠.

관심 있어?
Would that interest you?

공연이나 행사 등이 있다고 말해주면서, 혹시 관심이 있냐고 물을 때 **Would that interest you?** 라고 할 수 있습니다. 여기서 **interest**는 '누구의 관심을 끌다'라는 뜻의 동사예요. 그 공연이나 행사 등 어떤 것이 **interest you**(너의 관심을 끌다)라는 거죠. 어떤 얘기를 하면서 관심있는지 물을 때 **Would that interest you?**라고 해보세요.

재즈 페스티벌 보러 가겠냐고 물을 때

A   다음 주말에 재즈 페스티벌 하던데. 관심 있어?

B   아, 당연하지! 가자!

A There's a jazz festival next weekend. Would that interest you?

B Oh, absolutely! Let's go!

소개팅을 할 건지 물을 때

A   야구를 아주 좋아하는 괜찮은 여자가 있는데. 만나볼래?

B   좋지!

A I know a cool girl who likes baseball a lot. Would that interest you?

B Yep!

CHAPTER 4

UNIT 33

운동 & 스포츠

수영 / 골프 / PT 받기

Try it in **ENGLISH**

운동에 대해 얘기해볼까요? 수영과 골프, 그리고 개인 **PT**를 받을 때의 대화문을
익혀봅시다.

강의 **33**

에릭	너 진짜 일찍 일어나는구나, 트레이시!
트레이시	그럼! 6시에 일어나서 수영 갔었어.
에릭	수영을 해서 그렇게 활력이 있어 보이는구나.
트레이시	응, 기분이 정말 좋아.
에릭	너, 수영할 때 쉬지 않고 몇 바퀴 돌 수 있어?
트레이시	배영하면, 4바퀴 할 수 있지.
에릭	자유형은?
트레이시	아직 자유형은 잘 못해.

아침 일찍 일어나서 수영을 하는 친구와 수영에 대해 얘기하는 상황입니다. 우리말 대화를 보고 영어로 생각해본 다음에 영어 대화문을 보세요.

Eric You're such an early riser, Tracy!

Tracy I am! I got up at six and went swimming.

Eric You look so energetic after you swim.

Tracy Yes, I feel really good.

Eric How many laps can you swim without a break?

Tracy When I'm doing the backstroke, I can swim 4 laps.

Eric What about freestyle?

Tracy **097** I'm not really good at freestyle yet.

VOCABULARY

early riser 일찍 일어나는 사람   lap 운동장이나 수영장 등의 한 바퀴   freestyle 자유형

KEY EXPRESSIONS

1 **아주 활력이 넘쳐 보이다**
look so energetic
'힘이 넘쳐 보인다, 활력이 넘쳐 보인다'라고 할 때 look energetic, look so energetic이라고 해요. look 뒤에 부사가 아니라 형용사를 쓴다는 것에 유의하세요.

2 **쉬지 않고 수영을 하다**
swim without a break
'쉬지 않고'라는 말이 without a break예요. 수영을 하다가 중간에 멈추지 않고 계속 하는 것이 swim without a break입니다. 쉬지 않고 운동을 하면 exercise without a break라고 하죠.

3 **배영을 하다**
do the backstroke
수영 중에서 '배영'을 backstroke라고 해요. 그리고 '배영을 하다'라는 말은 do the backstroke라고 하죠. '자유형'은 freestyle, '평형'은 breaststroke라고 해요.

CHAPTER 4

골프를 즐기는 친구에게 어떤 면에서 도움이 되는지 묻는 상황입니다. 우리말 대화를 보고 영어로 생각해본 다음에 영어 대화문을 보세요.

음원 33-2

웬디	피터, 너 골프 쳐?
피터	아니. 전엔 쳤었는데, 별로 내 취향은 아니야.
웬디	꽤 좋은 스포츠인 것 같은데.
피터	그게 신체적으로 도움이 되는 거야, 아님 정신적으로 도움이 돼?
웬디	둘 다. 여러 가지 면에서 더 강해지는 느낌이야.
피터	너 홀인원은 해봤어?
웬디	왜 이러셔. 나 그렇게 잘 치지 못해.
	그치만 언젠가는 해볼 수 있겠지.

Wendy Peter, do you play golf?

Peter No. I used to, but it's not my cup of tea.

Wendy I think it's a pretty good sport.

Peter Does it help you physically or mentally?

Wendy Both.

> **098** I feel like I'm getting stronger in many ways.

Peter Have you ever gotten a hole-in-one?

Wendy Come on. I'm not that good.

But maybe one day in the future.

VOCABULARY

in many ways 여러 가지 면에서   **one day** 언젠가는   **in the future** 나중에, 앞으로

KEY EXPRESSIONS

1 **내 취향, 내가 좋아하는 스타일**   my cup of tea

'내 취향에 맞는 것'을 영어로 my cup of tea라고 하는데요, 차의 종류도 많고 많이 마시는 영국에서, "이건 내가 좋아하는 차가 아닌데…"라는 데서 유래했다고 합니다.

2 **신체적으로 아님 정신적으로**

physically or mentally

어떤 운동이 신체적으로나 정신적으로 도움이 되는지를 말할 때 '신체적으로'라는 말은 physically, '정신적으로'라는 말은 mentally라고 해요.

3 **홀인원을 하다**   get a hole-in-one

골프를 칠 때 한 번의 스윙으로 공을 넣는 걸 홀인원이라고 하죠? 그 '홀인원을 하다'라는 표현이 get a hole-in-one입니다. I got a hole-in-one. Have you gotten a hole-in-one?과 같이 말하죠.

음원 33-3

여름이 다가오니까 몸과 몸매 관리를 위해 개인 PT를 받기 시작했다고 말하는 상황입니다. 우리말 대화를 보고 영어로 생각해본 다음에 영어 대화문을 보세요.

자넷	여보, 나 왔어. 어디 있어?
래리	나 샤워해. 어디 갔었어?
자넷	개인 PT 받고 왔어.
	여름이 다가오니까, 살을 빼고 싶어서.
	몸매를 만들 때가 됐지.
래리	나가서 걷지 그래?
자넷	미세 먼지를 들이마시고 싶지 않아.
래리	아, 깨끗하고 맑은 공기가 그립다.

Janet	Honey, I'm back. Where are you?
Larry	In the shower. Where have you been?
Janet	I had a personal training session.
	099 Summer is coming up,
	so I want to lose weight.
	Time to get in shape.
Larry	Why don't you go out and walk?
Janet	I don't want to breathe in the fine dust.
Larry	Oh, I miss the clean and fresh air.

VOCABULARY

come up 다가오다　**lose weight** 살을 빼다　**go out** 나가다　**miss** 그리워하다

KEY EXPRESSIONS

1 **개인 PT를 받다**

have a personal training session

단체가 아니라 개인적으로 트레이닝을 받는 것, 즉 우리가 말하는 'PT를 받는다'라는 표현이 have a personal training session입니다. 우리는 personal training의 앞 자를 따서 PT 라고 부르지만 영어에서는 이렇게 말하지 않아요.

2 **멋진 몸매가 되다　get in shape**

몸매가 다듬어진 상태는 in shape이라고 하고, 몸매가 소위 망가졌다는 표현은 out of shape이라고 해요. 몸매를 다시 다듬는다는 건 get in shape라고 하죠.

3 **미세 먼지를 들이마시다　breathe in the fine dust**

breathe는 '숨을 쉬다'라는 뜻의 동사고, breath는 '호흡, 숨'이라는 뜻의 명사예요. breathe in은 뒤에 따라오는 것을 '들이마시다'라는 뜻입니다.

CHAPTER 4

097
핵심 패턴

나 ~는 잘 못해.
I'm not really good at ~.

나 아직 자유형은 잘 못해.
I'm not really good at freestyle yet.

나 아직은 춤을 그렇게 잘 못 춰.
I'm not really good at dancing.

아직 나 그림 잘 못 그려.
I'm not really good at painting.

내가 뭔가를 아주 잘하지는 못한다고 말할 때 이 패턴을 써보세요.

098
핵심 패턴

내가 점점 더 ~해지는 기분이야.
I feel like I'm getting -er.

내가 더 강해지는 느낌이야.
I feel like I'm getting strong**er**.

점점 더 행복해지는 느낌이야.
I feel like I'm getting happi**er**.

내가 점점 더 건강해지고 있는 것 같아.
I feel like I'm getting healthi**er**.

내가 점점 더 어떻게 되는 기분이 든다고 할 때 이 패턴을 써보세요.

099
핵심 패턴

~가 코앞이야.
~ is coming up.

여름이 다가오잖아.
Summer **is coming up**.

네 생일이 코앞이잖니.
Your birthday **is coming up**.

우리 결혼 기념일이 얼마 안 남았어.
Our anniversary **is coming up**.

어떤 날, 어떤 시기가 머지 않았을 때, 곧 다가올 때 이 패턴을 써보세요.

I feel like I'm getting stronger.

get 뒤에 형용사의 비교급을 쓰는 경우와
〈비교급 + and + 비교급〉을 쓰는 경우

Q

대화문에서 골프를 치면 뭐가 좋냐고 하니까 여러 가지 면에서 더 강해지는 것 같다면서 I feel like I'm getting stronger in many ways.라고 했는데요, 다른 데서 get 뒤에 stronger와 같은 형용사의 비교급을 and로 두 개 이어 쓰는 걸 봤는데 어떻게 다르죠?

A

'어떻게 된다, 어떻게 되어 간다'라고 할 때 get 뒤에는 형용사(의 원급) 혹은 형용사의 비교급, 형용사의 〈비교급 + and + 비교급〉이 렇게 쓸 수 있어요. 예를 들어, '내가 몸이 (약했는데) 강해진다'고 하면 I'm getting strong.이라고 하면 되고, '강했지만 더 강해진다'고 할 때는 I'm getting stronger.라고 해요. 그런데 이걸 좀 더 강조해서 '점점 더 강해진다'라고 할 때는 I'm getting stronger and stronger.라고 하죠. 이 앞에 내 느낌을 나타내는 I feel like를 다 쓸 수 있어요.

넌 참 뭘 빨리 배우더라.
You're such a fast learner.

뭐든 한 번 배웠다 하면 참 빨리 배우는 사람들이 있습니다. 그렇게 뭔가를 빨리 익히고 잘 배우는 사람을 a fast learner라고 하는데요, 그야말로 '빨리 배우는 사람'이라는 뜻이죠. 상대방에게 말할 때는 You're such a fast learner.라고 하시면 돼요. 다른 사람에 대해서 말하면서 My father is such a fast learner. My mother is such a fast learner.와 같이 말할 수도 있죠.

그림을 배워서 잘 그리는 친구에게

A 내 그림 실력 어떤 것 같아?

B 최고네! 넌 참 뭘 빨리 배우더라.

A What do you think about my drawing skill?

B Amazing! You're such a fast learner.

뭐든지 빨리 배우는 동료에게

A 넌 참 뭘 빨리 배우더라.
B 비행기 태우네.

A You're such a fast learner.
B I'm flattered.

취미 생활 I

영화 보기 / 요리하기 / 악기 배우기

Try it in
ENGLISH

취미 생활에 대해 말해보죠. 영화에 대한 대화, 요리에 대한 대화, 그리고 악기를
배우는 것에 대한 대화문을 익혀봅시다.

강의 **34**

놀란	저기, 우리 이번 주말에 영화 보러 갈까?
팸	그래. 뭐 보고 싶은데?
놀란	슈렉 시리즈 같은 새로 나온 만화 영화.
	내가 만화 영화 엄청 좋아하는 거 알잖아.
팸	그래, 그거 좋아하지 너.
	우리 지난번에 영화 보다가 나온 거 기억나?
놀란	맞아. 그렇게 무서울 줄 몰랐잖아!
	도저히 끝까지 영화를 볼 수가 없었지.

어떤 영화를 좋아하는지 말하면서 주말에 영화를 보러 가자고 말하는 상황입니다. 우리말 대화를 보고 영어로 생각해본 다음에 영어 대화문을 보세요.

음원 34-1

Nolan Hey, why don't we go to the movies this weekend?

Pam Sure. Which one are you thinking of?

Nolan That new animated movie that's like the Shrek series. You know that I'm a huge fan of animated movies.

Pam Yeah, I know you are. Do you remember how we walked out of the movie last time?

Nolan Right. **100** We had no idea it would be that scary! It was impossible to watch the movie till the end.

VOCABULARY

animated movie 만화 영화　**last time** 마지막으로　**scary** 무서운　**till ~** ~까지

KEY EXPRESSIONS

1 **영화 보러 가다**

go to the movies

'영화를 보러 간다'는 기본적인 표현은 go to the movies예요. '영화 보러 갔었어'는 I went to the movies. '영화 보러 가자'는 Let's go to the movies.와 같이 말할 수 있죠.

2 **만화 영화를 엄청 좋아하는 사람**

a huge fan of animated movies

어떤 것을 아주 많이 좋아하는 사람을 a big fan, a huge fan이라고 해요. 누구의 팬이라는 뜻도 있지만, 더 넓게 쓰이죠. 아주 좋아하는 것을 뒤에 넣어서 a huge fan of ~라고 말해보세요.

3 **영화 보다가 중간에 나오다**

walk out of the movie

영화가 지루하거나 너무 무서워서 끝까지 다 못 보고 중간에 나오는 걸 walk out of the movie라고 해요.

CHAPTER 4

요리를 좋아하는 사람과 요리에는 별로 관심이 없는 사람이 요리에 대해 얘기를 하는 상황입니다. 우리말 대화를 보고 영어로 생각해본 다음에 영어 대화문을 보세요.

음원 34-2

해리슨	여보, 우리 오늘 저녁 메뉴가 뭐야?
	와, 냄새 진짜 좋다. 당신은 요리를 정말 잘해.
리타	고마워. 냉장고에 남은 거 가지고 뭐 좀 만들고 있어.
해리슨	당신이 내 아내라니 내가 복도 많지.
	요리를 내가 제일 싫어하는 거 알잖아.
리타	그래도 지금은 나 좀 도와줄래?
	상추랑 양배추 좀 씻어줘.

Harrison	Honey, **101** what's for dinner tonight?
	Wow, it smells great. You're a great cook.
Rita	Thanks. I'm making something with the leftovers in the fridge.
Harrison	I'm so lucky to have you as my wife.
	You know that cooking is the last thing I want to do.
Rita	But can you help me now?
	Please wash the lettuce and cabbage.

VOCABULARY

fridge 냉장고　**lucky** 운이 좋은　**lettuce** 상추　**cabbage** 양배추

KEY EXPRESSIONS

1 **요리를 아주 잘하는 사람 a great cook**

'요리를 하는 사람'을 a cook이라고 해요. a chef는 보통, '요리를 전문적으로 하는 요리사'를 가리키죠. 직업으로가 아니라 그냥 요리를 아주 잘 하는 사람은 a good cook, a great cook이라고 합니다.

2 **남은 음식으로 뭔가 만들다**
make something with the leftovers

'먹다가 남은 음식'을 leftovers라고 하는데요, 그 음식을 특정 지어서 말할 때는 leftover를 써서 leftover chicken, leftover pizza라고 합니다.

3 **내가 제일 하기 싫어하는 것**
the last thing I want to do

'내가 제일 하기 싫어하는 것'을 the last thing I want to do라고 하는데요, 내가 어떤 것을 하고 싶은 것을 다 적어보았을 때 제일 마지막에 쓴다면 그건 제일 싫다는 거겠죠?

어떤 악기를 연주할 줄 아는지에 대해 묻고 답하는 상황입니다. 우리말 대화를 보고 영어로 생각해본 다음에 영어 대화문을 보세요.

음원 34-3

팀   로렐, 악기 뭐 하는 거 있어?

로렐   응, 기타를 좀 쳐.

팀   기타 레슨 받았어?

로렐   아니, 어렸을 때 아빠가 가르쳐주셨어. 아빠는 그냥 듣고 연주하신 거야.

팀   아, 독학으로 치셨어?

로렐   맞아. 그래서 아빠한테 배우는 게 쉽진 않았어.

팀   그렇구나.

Tim   Lorell, do you play any musical instruments?

Lorell   Yes, **102** I play the guitar a little.

Tim   Did you take guitar lessons?

Lorell   No, my father taught me when I was young.
And he just learned to play music by ear.

Tim   Oh, was he self-taught?

Lorell   That's right. So learning from him was not easy.

Tim   I see.

VOCABULARY

musical instrument 악기   **teach** 가르치다   **lesson** 레슨

KEY EXPRESSIONS

1   **악기 연주를 하다**

play any musical instruments

'악기를 연주한다'는 말은 play any musical instrument라고 하는데요, 어떤 하나의 악기를 연주한다고 할 때는 play (the) guitar, play (the) piano, play (the) drums와 같이 말해요.

2   **들으면서 음악을 연주하다**

play music by ear

악보를 보고 음악을 연주하는 것이 아니라 그냥 들은 대로 하는 것을 play music by ear라고 해요. '그냥 되는 대로 하자'라고 할 때도 Let's play it by ear.라고 합니다.

3   **독학으로**   **self-taught**

누구한테 배운 것이 아니라 독학으로 배웠다고 할 때 I was self-taught. He was self-taught.와 같이 말해요. '독학으로 배우셨어요?'라고 할 때 Self-taught?라고 묻기도 합니다.

CHAPTER 4

SPEAKING PATTERNS

핵심 패턴
100

그렇게 ~할 줄 몰랐어!
We had no idea it would be that ~!

그렇게 무서울 줄 몰랐잖아!
We had no idea it would be that scary!

그렇게 비쌀 줄은 몰랐지!
We had no idea it would be that expensive!

그렇게 어려울 줄은 몰랐어!
We had no idea it would be that challenging!

뭔가가 그렇게까지 어떨 줄은 몰랐다고 말할 때 이 패턴을 써보세요. We had no idea ~는 '~을 몰랐다'는 뜻이예요.

핵심 패턴
101

~의 메뉴는 뭐야? ~로 뭐 먹어?
What's for ~?

오늘 저녁에 뭐 먹어?
What's for dinner tonight?

내일 아침 뭐 먹지?
What's for breakfast tomorrow?

오늘 점심 뭐 먹어?
What's for lunch today?

어떤 때 뭘 먹을지를 물을 때 이 패턴을 써보세요. What's for 뒤에 아침, 점심, 저녁 등을 시점과 함께 넣어 말해보세요.

핵심 패턴
102

난 ~를 좀 쳐.
I play the ~ a little.

나 기타를 좀 쳐.
I play the guitar **a little.**

내가 드럼을 좀 치거든.
I play the drums **a little.**

나 피아노를 좀 쳐.
I play the piano **a little.**

내가 어떤 악기를 좀 연주할 줄 안다고 할 때 이 패턴을 써보세요.

We walked out of the movie last time.
last time에서 last의 -t가 안 들려요.

Q

대화문에서, '지난번에 영화를 보다가 너무 무서워서 나와 버렸다'고 할 때 We walked out of the movie last time.이라고 했는데요, 녹음 파일을 들어보니까, last time이 /라스타임/이라고 들려요. last의 -t는 어디로 간 거죠?

A

미국 영어에서는 last time과 같이 앞 단어의 끝 자음과 뒷단어의 첫 자음이 같을 때는 한 번만 발음해요. 즉, 끝 자음을 소리 내려고 할 때 바로 뒷단어를 발음하는 겁니다. I'm making something with the leftovers in the fridge.에서도, with the처럼 with의 끝소리와 the의 첫소리가 같죠? 그러면 /윋더/와 같이 발음하는 거예요. 똑같은 자음이 아니고 유사한 자음들이 이어지면 역시 다음 단어의 첫소리로 넘어갑니다. 예를 들어, last thing을 발음할 때는 last의 -t를 발음하려고 할 때 바로 thing을 발음하는 거예요.

완전 끝내줬어.
It blew me away.

공연이나 영화 등을 보고 나서, 얼마나 좋았냐면 '정말 날아갈 정도로 좋았다'라고 극찬을 할 때 It blew me away.라고 할 수 있어요. '너무 감동적이었어요, 최고였어요'와 같은 의미로 말할 때 It blew me away.를 떠올려보세요.

콘서트가 아주 좋았을 때

A   콘서트 어땠어?
B   완전 끝내줬어.

A   How did you like the concert?
B   It blew me away.

길거리 공연에 감동했을 때

A   길거리 공연 어떻든?
B   완전 끝내줬어.

A   How was the busking?
B   It blew me away.

취미 생활 II

업사이클링하기 / 화초 가꾸기 / 그림 그리기

정적인 취미 생활도 많죠? 요즘 아주 핫한 업사이클링이나 화초 가꾸기, 그리고
그림을 그리는 것에 대한 대화문을 익혀봅시다.

강의 **35**

조지	여보, 당신 왜 탁자를 분해하는 거야?
엘렌	이걸로 책꽂이를 만들려고. '업사이클링'이라고 해.
조지	업사이클링? 그건 리사이클링의 윗단계인 건가?
엘렌	그런 셈이지.
	업사이클링은 뭔가를 가지고 완전히 새로운 걸 만들어
	내는 거야.
조지	또 뭘로 업사이클링을 할 수 있는데?
엘렌	예를 들면, 낡은 청바지 같은 걸로 할 수 있지.

리사이클링보다 더 업그레이드된 형태인 업사이클링에 대해 얘기를 나누는 상황입니다. 우리 말 대화를 보고 영어로 생각해본 다음에 영어 대화문을 보세요.

음원 35-1

Georgy　Hey, why are you breaking the table into pieces?

Ellen　I'm going to make a bookshelf with this. It's called "upcycling."

Georgy　Upcycling? Is that a higher level of recycling?

Ellen　Sort of.
Upcycling is creating something completely new from something else.

Georgy　**103** What else can you use for upcycling?

Ellen　You could use a pair of old jeans, for example.

VOCABULARY

break 부수다, 분해하다　**bookshelf** 책꽂이　**completely** 완전히
for example 예를 들어

KEY EXPRESSIONS

1　**탁자를 분해하다**
break the table into pieces
'어떤 것을 완전히 분해한다, 부순다'고 할 때 break ~ into pieces라고 해요. 탁자를 분해하면 break the table into pieces, 장난감을 분해하면 break the toy into pieces라고 하죠.

2　**리사이클링의 윗단계**
a higher level of recycling
어떤 것의 상위 단계를 〈a higher level of + 무엇〉이라고 합니다. 반대로 아래 단계에 있는 것은 〈a lower level of + 무엇〉이라고 하죠.

3　**완전히 새로운 뭔가를 만들다**
create something completely new
create는 없는 것에서 뭔가를 새로 만들어내는 것을 뜻해요. '뭔가 완전히 새로운 것을 만든다'고 할 때 create something completely new라고 하죠.

CHAPTER 4

화초를 가꾸면서 얘기를 나누는 상황입니다. 우리말 대화를 보고 영어로 생각해본 다음에 영어 대화문을 보세요.

음원 35-2

바이올렛	여보, 화초에 물 좀 줄래?
프레드	알겠어. 와, 이 화분들 좀 봐. 계속 커지고 있어.
바이올렛	당신은 참 화초를 잘 가꾸는 것 같아.
프레드	흐음… 이 허브 향기가 참 신선하고 좋다.
바이올렛	난 아무 냄새도 안 나는데.
프레드	손가락으로 잎을 문질러서 손가락을 냄새 맡는 거야.
바이올렛	이렇게? (손가락 냄새를 맡으면서) 아, 이제 허브향이 나네.

Violet	Honey, can you water the plants?
Fred	Okay. Wow, look at these potted plants.
	104 These plants **are getting taller** and taller.
Violet	I think you must have a green thumb.
Fred	Mmmm... these herbs smell so fresh and good.
Violet	I don't smell anything.
Fred	Rub the leaves with your fingers, and then smell your fingers.
Violet	Like this? *(smelling her fingers)* Oh, now I can smell the herbs.

VOCABULARY

potted plant 화분에 심은 화초   **herb** 허브   **smell** 냄새가 나다, 냄새를 맡다   **rub** 문지르다

KEY EXPRESSIONS

1 **화초에 물을 주다**
water the plants
'화분, 화초에 물을 준다'는 말을 water the plants라고 합니다. water는 '물을 주다'라는 동사로 쓰인 거죠. water 뒤에 다른 것을 넣어서, '그 대상에 물을 주다'라고 쓸 수 있어요.

2 **화초를 잘 가꾸다**
have a green thumb
화초를 유난히 잘 키우시는 분들 있죠? 영어로 그런 사람들을 '엄지 손가락이 초록색이다'라고 하는데요, 초록하면 떠오르는 '화초를 잘 키운다'라는 것과 바로 연결이 되죠?

3 **손가락으로 잎을 문지르다**
rub the leaves with your fingers
'무언가를 문지른다'는 걸 rub라고 해요. 허브의 냄새를 맡을 때 손가락으로 잎을 문질러서 그 냄새를 맡는데, 이것을 rub the leaves with your fingers라고 합니다.

직접 그림을 그려서 선물하니까 받은 사람이 그림 그린 사람의 재능을 칭찬하는 상황입니다.
우리말 대화를 보고 영어로 생각해본 다음에 영어 대화문을 보세요.

음원 35-3

숀	니키, 이 그림 받아.
	새해 선물이라고 생각해.
니키	고마워. 어머, 이거 네가 직접 그린 거야?
	재주도 많다.
숀	응, 더 잘 그렸어야 했는데 부끄럽다. 고마워. 과찬이야.
니키	겸손 안 해도 돼. 정말 잘 그렸어.
숀	신경 분산되지 않고 그림 그리는 데 집중하는 게 정말 좋아.

Sean	Nicky, this painting is for you.
	Please think of it as a New Year's present.
Nicky	Thank you. Oh, you drew this painting yourself?
	You're so talented.
Sean	Yes, I'm embarrassed that it's not better, but thank you.
	I'm flattered.
Nicky	Don't be humble. It's amazing.
Sean	**105** It's just good to focus on drawing without being distracted.

VOCABULARY

painting 그림　embarrassed 부끄러운　flattered 으쓱해지는　humble 겸손한

KEY EXPRESSIONS

1 **너한테 주는, 네 것**
for you
상대방에게 뭔가를 줄 때 아주 많이 쓰는 표현이 for you입니다. '이 커피 마셔' This coffee is for you. '이 티켓 받아' This ticket is for you.와 같이 다양하게 말할 수 있어요.

2 **상대방이 직접 그리다**
draw this painting yourself
'이 그림을 그린다'는 말이 draw this painting이고 그걸 누군가가 직접 했을 때는 yourself, myself 등을 붙이죠. '내가 이 그림을 직접 그렸다'고 하면 I drew this painting myself.가 되겠죠.

3 **재주가 많은　so talented**
영어로 talent는 '재주, 재능, 솜씨'라는 뜻이예요. 그리고 그런 '재주가 있는'이라는 의미의 형용사가 talented입니다. '아주 재주가 많은'이라고 하면 so talented라고 하죠.

CHAPTER 4

SPEAKING PATTERNS

103

또 다른 무엇을 ~할 수 있는데?
What else can you ~?

또 뭘로 업사이클링을 할 수 있는데?
What else can you use for upcycling?

이번에는 또 뭘 해볼 수 있는데?
What else can you try this time?

나한테 뭘 또 조언해줄래?
What else can you advise me to do?

상대방에게, 또 다른 어떤 것을 뭐뭐 할 수 있는지 물어볼 때 이 패턴을 써보세요.

104

~가 점점 더 …해지고 있어.
~ is/are getting -er.

화분들이 계속 커지고 있어.
These plants **are getting taller**.

날씨가 점점 더 더워지네.
The weather **is getting hotter**.

모든 게 다 비싸지고 있어.
Everything **is getting more expensive**.

뭔가가 계속 어떻게 되어가고 있다고 할 때 〈be getting + 비교급〉의 형태로 말해보세요.

105

~에 집중하는 게 정말 좋아.
It's just good to focus on -ing.

그림 그리는 데 집중하는 게 정말 좋아.
It's just good to focus on draw**ing**.

생각하는 데 집중하는 게 정말 좋아.
It's just good to focus on think**ing**.

일하는 데 집중하는 게 정말 좋아.
It's just good to focus on work**ing**.

뭔가에 몰입하고 집중하는 게 참 좋다고 할 때 이 패턴을 써보세요.

These herbs smell so fresh and good.

smell은 냄새를 맡는 건가요? 냄새가 나는 건가요?

Q

대화문에서 허브 냄새를 맡는 방법을 알려주는 상황에서 These herbs smell so fresh and good.라고 smell 뒤에 목적어가 없이 쓰기도 했고, Smell your fingers.라고 smell 뒤에 목적어로 your fingers를 넣기도 했는데요, smell은 어떻게 쓰이나요?

A

네. smell은 '무언가에서 어떤 냄새가 난다'라고도 쓰고, '어떤 것의 냄새를 맡는다'라고도 써요. 즉, smell 뒤에 형용사를 쓰면 '어떤 냄새가 난다'라는 뜻이고, smell 뒤에 목적어, 대상을 쓰면 '그것의 냄새를 맡다'라는 뜻이 돼요. These herbs smell so fresh and good.은 '이 허브에서 상큼하고 좋은 냄새가 난다'라는 뜻이고, I don't smell anything.이나 Smell your fingers. Oh, now I can smell the herbs.에서 smell은 모두 '어떤 냄새를 맡다', '손가락의 냄새를 맡는다', '허브향을 맡을 수 있다'와 같은 뜻으로 쓰인 겁니다.

재능이 있으시네요.
You have a gift for that.

취미로 그림 그리기나 악기, 공예 등을 시작했는데 남들로부터 재능이 있다는 말을 들으면 기분이 좋겠죠? '재능, 소질'을 영어로 gift라고도 하는데요, 상대방이 뭔가에 재능이 있다고 생각되면 You have a gift for that.이라고 할 수 있어요. a gift는 물론 '선물'이라는 뜻 외에도 문맥에 따라 뜻이 달라지는데, 〈You have a gift for + 무엇.〉이라고 말하면 '그 무엇에 대해 재능이 있다, 소질이 있다'라는 뜻이 됩니다.

상대방의 재능에 감탄하면서

A 넌 참 재능을 타고났어.
B 그렇게 말해줘서 고마워.

A You have a gift for that.
B Thank you for saying that.

친구에게 재능이 있다고 말해주며

A 넌 재능이 있어.
B 정말 그렇게 생각해?

A You have a gift for that.
B Do you really think so?

최신 트렌드

스마트폰 안 쓰면 할인해주는 식당 / 채식 식당
/ 쓰레기 안 만들기 운동

스마트폰을 보거나 사용하지 않고 식사를 하면 식사비를 깎아주는 식당, 채식 전
문 식당, 그리고 쓰레기를 줄이거나 아예 안 나오게 하려는 운동 등 최신 트렌드
에 대한 대화문을 익혀봅시다.

강의 **36**

로즈	마이크, 이 식당에 대해 들어봤어?
	식사할 때 전화기를 안 쓰면 식사비를 깎아준대.
마이크	정말? 와, 좋은 아이디어다!
로즈	이런 식당이 점점 더 많아지고 있어.
마이크	부모들은 이런 아이디어를 마음에 들어 하겠지만,
	아이들은 싫어하겠다.
	그래도 사람들 사이를 더 좋게 만들어줄 획기적인
	아이디어네.
로즈	그래. 그리고 음식을 더 맛있게 먹을 수 있잖아.

식사할 때 스마트폰을 안 쓰면 식사비를 할인해주는 식당에 대해 이야기 나누는 상황입니다.
우리말 대화를 보고 영어로 생각해본 다음에 영어 대화문을 보세요.

음원 36-1

Rose	Mike, have you heard of this restaurant? They give us a discount if we don't use our phones while eating.
Mike	Really? Wow, that's a great idea!
Rose	This kind of restaurant is becoming more common.
Mike	I think parents might like this idea, but kids won't. But it's a brilliant idea for improving our relationships.
Rose	Yes. And **106** we'll be able to enjoy the food more.

VOCABULARY

hear of ~ ～라는 얘기를 들어보다　brilliant 멋진, 획기적인　relationship 관계, 사이

KEY EXPRESSIONS

1　식사하면서 전화기를 보거나 쓰다
use our phones while eating
식사 중에 통화를 하거나 문자 혹은 SNS 등을 확인하는 걸 use our phones while eating
이라고 해요. '식사 중에 전화기 좀 보지 마'는 Don't use your phone while eating.이라
고 하겠죠.

2　점점 더 많아지다
become more common
common은 흔하다는 말인데요. 어떤 것이 많아지고 여기저기 많이 보인다면 '흔해진다'고
말하죠. 그것을 become more common이라고 할 수 있습니다.

3　사람들 사이를 더 좋게 만들어주다
improve our relationships
사람들 사이의 관계를 relationship이라고 하는데요. 이런 관계, 사이를 좋게 만든다는 말
이 improve our relationships입니다.

CHAPTER 4

음원 36-2

고기를 좀 덜 먹기 위해서 채식 전문 식당에 가자고 말하는 상황입니다. 우리말 대화를 보고 영어로 생각해본 다음에 영어 대화문을 보세요.

에이미	이 근처에 맛있는 채식 전문 식당 아는 데 있어?
지미	네가 채식주의자인 줄 몰랐네.
에이미	아니야, 근데 고기 섭취를 좀 줄여보려고.
지미	저기 있는 저 집 어때?
에이미	저 버거집?
지미	응. 맛있을 것 같지 않아?
에이미	좋아. 가서 먹어보자.

Amy   Do you know a good vegetarian restaurant around here?

Jimmy   **107** I didn't know that you were a vegetarian.

Amy   I'm not, but I'm trying to cut back on meat.

Jimmy   How about that one over there?

Amy   That burger place?

Jimmy   Yes. Doesn't it look good?

Amy   Okay.
        Let's try that restaurant.

VOCABULARY

around here 이 근처에   **vegetarian** 채식주의자   **burger place** 버거집

KEY EXPRESSIONS

1 **맛있는 채식 전문 식당**

a good vegetarian restaurant

'채식주의자를 위한 식당'을 vegetarian restaurant라고 해요. vegetable은 veggie라고 줄여 쓰기도 합니다. 그리고 음식이나 식당에 good을 쓰면 '맛있는 것, 맛있는 식당'이라는 뜻이죠.

2 **고기 섭취를 좀 줄이다** cut back on meat

'어떤 것의 섭취를 줄인다'고 할 때 cut back on 뒤에 섭취를 줄일 음식을 넣어서 말해요. '고기를 덜 먹다'는 cut back on meat, '탄수화물 섭취를 줄인다'는 건 cut back on carbs 라고 해요.

3 **저 식당에 가서 먹어보다**

try that restaurant

try 뒤에 무엇을 넣으면 '그것을 해보다'라는 뜻이고, try 뒤에 식당을 넣으면 '그 식당에 가서 먹어보다'라는 뜻이예요. try 뒤에 구체적인 식당 이름을 넣어서 말해도 됩니다.

음원 36-3

장을 보러 갈 때 냉장고 안을 확인하고 목록을 만들어서 가급적 음식물을 낭비하지 않으려고
한다고 말하는 상황입니다. 우리말 대화를 보고 영어로 생각해본 다음에 영어 대화문을 보세요.

샐리　이게 장 볼 목록이야?

데이브　응, 난 늘 냉장고에 뭐가 있는지 확인해.
　　　　그리고 나서 장을 볼 목록을 만들어.
　　　　그러면 필요한 것보다 더 많이 사지 않게 돼.

샐리　그럼 음식도 낭비하지 않게 되겠네.
　　　들어보니 네가 낭비 제로 운동을 따르고 있는 것 같다.

데이브　그렇지. 너도 낭비 제로 운동에 동참해봐.

Sally　Is that your shopping list?

Dave　Yes, I always check my fridge to see what I have.
　　　And then I make a shopping list.
　　　108 **It helps me not to** buy more food than I need.

Sally　Then you don't have to waste food.
　　　You sound like you're following the zero-waste
　　　movement.

Dave　I am. Join me in the zero-waste movement.

■■■ **VOCABULARY**

　waste 낭비하다　**follow** 따르다　**join** 동참하다, 합류하다

KEY EXPRESSIONS

1　**냉장고에 뭐가 있는지 확인하다**
　check my fridge to see what I have
　check는 '확인을 한다'는 말이죠. '냉장고 안을 확인한다'는 건 check my fridge라고 하고,
　'뭐가 있는지를 보려고'라는 말은 to see what I have (in the fridge)라고 합니다.

2　**필요한 것보다 더 많이 사지 않게**
　not to buy more (~) than I need
　'무엇 하지 않게'라는 말을 〈not to + 동사원형〉이라고 표현하니까, '내가 필요로 하는 것 이
　상을 사지 않게'라는 건 not to buy more than I need라고 합니다.

3　**낭비 제로 운동을 따르다**
　follow the zero-waste movement
　어떤 움직임, 분위기, 운동 등을 '따른다'고 할 때 follow를 쓰고, 낭비 없이 다 먹거나 소비
　하자는 운동을 zero-waste movement라고 해요.

CHAPTER 4

SPEAKING PATTERNS

핵심 패턴 **106**	우린 더 ~할 수 있게 될 거야.
	We'll be able to ~ more.

음식을 더 맛있게 먹을 수 있잖아.
We'll be able to enjoy the food **more.**

소소한 걸 더 즐길 수 있게 될 거야.
We'll be able to enjoy the little things **more.**

우리가 서로를 더 도와줄 수 있게 될 거야.
We'll be able to help each other **more.**

> 우리가 더욱 더 무엇을 할 수 있게 될 거라고 말할 때 이 패턴을 써보세요.

핵심 패턴 **107**	네가 ~라는 건 몰랐네.
	I didn't know that you were ~.

네가 채식주의자인 줄 몰랐네.
I didn't know that you were a vegetarian.

네가 그렇게 운동을 잘 하는 줄 몰랐어.
I didn't know that you were such an athlete.

네가 그렇게 노래를 잘 하는지 몰랐어.
I didn't know that you were a good singer.

> 상대방이 어떤 사람이라는 걸 모르고 있었다고 말할 때 이 패턴을 써보세요.

핵심 패턴 **108**	~하지 않을 수 있게 도와줘.
	It helps me not to ~.

그러면 필요한 것보다 더 많이 사지 않게 돼.
It helps me not to buy more food than I need.

내가 걱정을 많이 안 하게 도와주네.
It helps me not to worry too much.

정신 산만하지 않게 도와주네.
It helps me not to be distracted.

> 어떤 것이 나로 하여금 무엇 하지 않게 도와준다고 말할 때 이 패턴을 써보세요.

It helps me not to buy more food than I need.

help는 뒤에 뭘 쓰나요?

Q

대화문에서, '장보러 갈 때 목록을 적어가면, 필요 없는 걸 더 사지 않게 된다'라고 했는데요, 이 말을 영어로 **It helps me not to buy more food than I need.**라고 했죠. 여기서 **helps me not to buy**라고 했으니까, '사지 않게 해준다'는 건가요?

A

네, 맞습니다. **help** 뒤에 누구를 쓰고 이어서 〈to + 동사원형〉의 순서로 쓰면, '누가 무엇을 할 수 있게 도와준다'는 말인데요, 〈**help** + 누구 + **not to**〉 뒤에 동사원형을 쓰면, '누가 무엇 하지 않도록 도와준다'라는 뜻이 돼요. **It helps me not to buy more food than I need.**라고 했으니까, '장볼 목록(**It**)이 나를 도와주는데(**helps me**) 무엇을 사지 않도록(**not to buy** ~) 도와준다'는 말이 됩니다.

나도 같은 생각이야.
Great minds think alike.

식사 중에 전화기를 내려놓고 같이 있는 사람과 대화를 하면서 먹는 음식에 집중하면 참 좋을텐데… 하는 생각을 하는데, 마침 전화기를 안 쓰면 식사비를 할인해주는 식당이 있다니 꼭 한번 가보고 싶다는 마음이 들죠. '나도 같은 생각이야'라고 할 때 Great minds think alike.라는 표현을 쓸 수 있는데, '위대한 사람들은 원래 같은 생각을 하지'라고, 약간 농담처럼 하는 말이기도 합니다.

다이어트 중에도 아이스크림을 먹고 싶을 때

A 다이어트할 때 아이스크림 정도는 괜찮을 거야.

B 그럼. 이심전심이군.

A I think ice cream is fine during a diet.

B Definitely. Great minds think alike!

소설을 좋아하는 친구에게

A 너도 소설 좋아해?

B 그렇다니까?
위대한 사람들이 원래 생각이 같은 법이지.

A You like novels, too?

B What can I say?
Great minds think alike.

CHAPTER 4

UNIT 37

도서관 & 서점

책 빌리기 / 책 반납하기 / 서점에서 책 위치 묻기

Try it in ENGLISH

도서관에서 책을 대출할 때, 빌렸던 책을 반납할 때, 그리고 서점에서 찾는 책이 어디 있는지 묻는 대화문을 익혀봅시다.

강의 **37**

(도서관에서)

매트	한 번에 책을 몇 권씩 빌릴 수 있죠?
직원	4권까지요.
매트	그렇군요. 이 책 빌릴게요.
직원	알겠습니다. 도서관 카드 보여주세요.
매트	여기요. 이 책은 언제 반납해야 하나요?
직원	기한이 2월 2일까지예요.
	그 전에 인터넷으로 연장하실 수 있어요.
매트	그렇군요. 감사합니다.

도서관에서 책을 빌리는 상황입니다. 우리말 대화를 보고 영어로 생각해본 다음에 영어 대화문을 보세요.

음원 37-1

(in the library)

Matt How many books can I check out at one time?

Clerk Up to 4.

Matt Alright. I'd like to check out these books.

Clerk Okay. Please show me your library card.

Matt Here. When should I return these books?

Clerk **109** They are due on the 2nd of February.
You can renew them anytime until then online.

Matt Got it. Thank you.

VOCABULARY

up to ~ 최대 ~까지 **check out** 책을 대출하다 **library card** 도서관 카드
renew 갱신하다, 연장하다

KEY EXPRESSIONS

1 **한 번에 책을 빌리다**
check out at one time
도서관에서 '책을 빌린다'는 걸 check out이라고 해요. 한 번에 몇 권을 빌릴 수 있는지 묻거나 알려줄 때 at one time, 혹은 at a time을 써서 말할 수 있습니다.

2 **이 책을 반납하다**
return these books
빌렸던 책을 '반납하다'라는 걸 return한다고 해요. 그래서 '책을 반납하겠다'고 할 때는 I'd like to return these books. I want to return the books.와 같이 말하죠.

3 **그 전에 언제든 대출 기간을 연장하다**
renew them anytime until then
기간이 만료되는 것을 '갱신하고 연장한다'고 할 때 renew를 써요. 빌린 책의 대출 기간을 연장하는 것이 renew them이고, '기한 전에 아무 때나'라는 건 anytime until then이라고 해요.

CHAPTER 4

빌렸던 책을 반납하러 가면서 얘기를 나누는 상황입니다. 우리말 대화를 보고 영어로 생각해 본 다음에 영어 대화문을 보세요.

음원 37-2

그레그	조앤, 도서관 갈래?
조앤	그래. 나 반납할 책이 4권 있어.
그레그	그거 반납하고 새로 빌리면 되겠네.
	나는 소설책을 좀 빌려야겠어.
조앤	이번에 나 연체료 내야 해.
그레그	아, 일찍 반납하지 그랬어.
조앤	그러게 말이야.

Greg	Joan, do you want to go to the library?
Joan	Yes. I have 4 books to return.
Greg	**110** You can return those and get some new ones.
	I'll check out some novels.
Joan	I've got to pay a late fee this time.
Greg	Oh, you should've returned them earlier.
Joan	I know.

━━━ **VOCABULARY**

return 반납하다 **novel** 소설, 소설책 **late fee** 연체료 **earlier** 더 일찍

KEY EXPRESSIONS

1 **반납할 책이 4권 있다**
have 4 books to return
'반납한다'는 게 return이고 '반납할 책이 몇 권 있다'는 게 have ~books to return입니다.

2 **연체료를 내다**
pay a late fee
〈pay a + 무엇〉은 '무엇에 해당하는 돈을 내다'라는 말이예요. '벌금을 내다'는 pay a fine, '고지서를 납부하다'는 pay a bill과 같이 말하죠. a late fee는 '연체료'를 가리킵니다.

3 **그것들을 더 일찍 반납했어야 했다**
should've returned them earlier
should've(should have) p.p.는, '그렇게 했어야 했는데'라는 뜻이예요. 책을 반납하는 게 return them이니까 '책을 더 일찍 반납할 걸.'은 I should've returned them earlier.입니다.

서점에 가서, 사고 싶은 책의 위치를 묻는 상황입니다. 우리말 대화를 보고 영어로 생각해본 다음에 영어 대화문을 보세요.

음원 37-3

해리   (목록을 보여주면서) 저기요, 이 책들 있나요?

직원   어디 볼게요, 네, 있어요.
         왼쪽 저기에 있습니다.

해리   아, 감사합니다.
         혹시 이 잡지도 있나요? '뜨개질의 모든 것'이라고?

직원   아니요, 죄송합니다. 그 잡지는 없네요.
         그것 말고 뜨개질 관련 서적으로 이건 어떠세요?

Harry   *(showing his list)* Hello. Do you have these books?

Clerk   Let me check. Yes, we do.
         They are over there on your left.

Harry   I see. Thanks.
         111 Do you happen to have this magazine, too?
         "All about Knitting"?

Clerk   No, I'm sorry. We don't carry that magazine.
         How about this knitting-related one instead?

VOCABULARY

check 확인하다   **on your left** 왼쪽에   **knit** 뜨개질을 하다   **instead** 대신, 대신에

KEY EXPRESSIONS

1   **이 책들이 있다, 이 책들을 팔다**
have these books
책을 사러 매장에 갔을 때 '이 책이 이 서점에 있나요? 이거 팔아요?'라고 물을 때 have를 넣어서 말해요. Do you have ~?라고 하면 됩니다.

2   **그 잡지를 취급하다, 팔다**
carry that magazine
'어떤 책이나 잡지 등을 취급하다, 이 서점에 있다'라고 할 때 have 말고 carry도 많이 씁니다. carry that magazine, carry that book과 같이 말하죠.

3   **뜨개질 관련 서적**
knitting-related one
단어 뒤에 related를 쓰면, 그것과 관련된 것을 가리켜요. 그래서 서점에서 '뜨개질 관련 서적'이라고 하면 knitting-related one, '캠핑 관련 책'이라면 camping-related one이라고 하죠.

CHAPTER 4

핵심 패턴 109

~까지입니다. / ~가 마감입니다.
They are due ~.

기한이 2월 2일까지예요.
They are due on the 2nd of February.

다음 주 월요일까지 마감이에요.
They are due next Monday.

이번 주 금요일까지 마감이에요.
They are due this Friday.

어떤 것의 기한이나 마감이 언제까지라는 걸 알려줄 때 이 패턴을 써보세요.

핵심 패턴 110

~는 반납하고 …를 빌리면/사면 되겠네.
You can return ~ and get ...

그거 반납하고 새로 빌리면 되겠네.
You can return those **and get** some new ones.

이 소설책 반납하고 새것 빌리면 되겠다.
You can return this novel **and get** a new one.

이 원피스 환불하고 블라우스랑 스커트를 사면 되겠구나.
You can return this dress **and get** a blouse and a skirt.

어떤 것을 반납하거나 환불하고 다른 것을 빌리거나 사자고 말할 때 이 패턴을 써보세요.

핵심 패턴 111

혹시 ~인가요?
Do you happen to ~?

혹시 이 잡지도 있나요?
Do you happen to have this magazine, too?

혹시 이 동네 사세요?
Do you happen to live in this neighborhood?

혹시 샐리 오빠 아니세요?
Do you happen to be Sally's brother?

상대방에게 혹시 뭐뭐인지 물을 때 이 패턴을 써보세요.

I'd like to check out these books.

check, check out은 정확하게 무슨 뜻이죠?

Q

대화문에 보면, 도서관에서 책을 빌리는 것, 즉 '대출한다'는 걸 check out이라고 해서 I'd like to check out these books.라고 말했는데요, check 혹은 check out은 다른 뜻으로도 많이 쓰이는 것 같아요. 어떤 것들이 있죠?

A

네, 맞습니다. 도서관에서 check out 뒤에 책을 쓰면 '그 책을 빌린다, 대출한다'는 말이죠. 그래서 '책을 빌리겠다'고 할 때 I'd like to check out these books.라고 말합니다. check는 '무엇을 확인하다'라는 뜻이 있고, 공항에서는 '수화물로 짐을 부치다'라는 뜻도 돼요. 이때 check라고도 하고 check in이라고도 합니다. 또 check out 뒤에 영상, 오디오 파일, 기사, 뉴스 등을 써서, '이것 좀 봐'라고 할 때도 많이 쓰입니다.

각자 취향이 있는 거지 뭐.
To each their own.

친구나 동생, 다른 사람이랑 서점에 가거나 도서관에 갔을 때 서로 좋아하는 책이 다르죠? 물론 같은 경우도 있지만요. 이렇게, 어떤 것에 대한 취향이 다를 때, '각자 다 취향이 있는 거지 뭐, 각자 다 좋아하는 게 있는 거지 뭐'라는 말을 To each their own.이라고 해요. 다른 사람의 취향도 존중해줄 수 있어야 성숙한 사람이겠죠? 나와 다른 취향을 가진 사람에게 말해보세요. **To each their own.**이라고요.

숙박 유형에 대한 취향이 다를 때

A   저는 카우치 서핑은 별로인 것 같아요.

A   I don't think I'd like couch surfing.

B   각자 취향이 있는 거죠 뭐.

B   To each their own.

좋아하는 색깔이 다를 때

A   난 저 색은 별로 좋아하지 않아.

B   넌 파란색이 싫어? 각자 취향이 있는 거니까 뭐.

A   I'm just not a fan of the color.

B   You don't like blue? To each their own.

UNIT 38

사회적 문젯거리

노쇼 / 스몸비 / 영화관 좌석 점유 진상

Try it in **ENGLISH**

사회적으로 문제가 되는 노쇼나 스몸비 그리고 영화관에서 좌석을 불필요하게 많이 예약하는 것에 대한 대화문을 익혀봅시다.

강의 **38**

캐시	아, 또 이러네. 이런 사람들은 예약 취소도 안 하고 안 나타나.
빌리	뭐라고? 저녁 식사를 20인분을 예약하고 안 나타난다고? 전화는 해봤어? 전화 안 받아?
캐시	아니. 진짜 이건 너무 피해를 주네. 버려질 저 음식들 좀 봐.
빌리	그런 노쇼들 정말 싫다. 우리 돈을 그냥 갖다 버리는 거잖아.

예약을 하고 취소 없이 그냥 오지 않는 노쇼들에 대해 분노하는 상황입니다. 우리말 대화를 보고 영어로 생각해본 다음에 영어 대화문을 보세요.

음원 38-1

Cathy	Oh, not again.
	These people aren't showing up, and they didn't cancel their reservation.
Billy	What? They reserved 20 seats for dinner, and they're not going to show up?
	Did you call them? Don't they answer the phone?
Cathy	No. It really hurts our business.
	112 Look at all the food that we're going to waste.
Billy	I hate those no-shows. Our money goes down the drain.

VOCABULAR

cancel 취소하다 **reservation** 예약 **answer the phone** 전화를 받다 **hate** 싫어하다

KEY EXPRESSIONS

1 오다, 나타나다

show up

오기로 한 사람이 오는 것을 show up이라고 해요. 누구를 만나기로 했는데 안 왔다면 He/She didn't show up.이라고 하죠.

2 피해를 입히다

hurt our business

hurt는 다치게 하거나 피해를 입힐 때 다 쓸 수 있는 말이예요. 예약을 하고 취소 없이 안 오는 사람들이 '우리 장사에 피해를 입힌다'고 할 때 hurt our business라는 표현을 쓸 수 있죠.

3 어떤 것을 버리다, 낭비하다

go down the drain

어떤 것을 그냥 다 버리게 되었을 때, 낭비하게 되었을 때, 날아가 버렸을 때 go down the drain이라고 해요. 그야말로 '하수구로 흘러 나가버렸다'는 거죠.

CHAPTER 4

어떤 상황에서도 전화기에서 눈을 떼지 못하는 스몸비에 대해 위험하다고 걱정하는 상황입니다. 우리말 대화를 보고 영어로 생각해본 다음에 영어 대화문을 보세요.

음원 38-2

(테디가 운전을 하고 있다.)

테디　앞에 저 사람 좀 봐.
　　　길을 걸으면서도 전화기에서 눈을
　　　못 떼네.

샐리　그러게. 위험한데.

테디　빵빵 눌러볼까?

샐리　못 들을 거야.
　　　이어폰도 끼고 있잖아.
　　　혹시 모르니까 속도를 좀 줄이는 게
　　　좋겠다.

테디　그래. 여기 저런 사람들 진짜 많아.

(Teddy is driving his car.)

Teddy Look at that guy ahead of us.
He doesn't take his eyes off his phone while walking down the street.

Sally Right. That's dangerous.

Teddy Should I honk at him?

Sally He won't hear it.
He is even wearing earphones.
You'd better slow down just in case.

Teddy Yup.
113 There are many people like him out here.

VOCABULARY

ahead of ~ ~의 앞에　**dangerous** 위험한　**out here** 여기에, 이 밖에

KEY EXPRESSIONS

1 **전화기에서 눈을 떼다 take his eyes off his phone**
'어떤 대상에서 눈을 뗀다'는 것이 take one's eyes off ~인데, '내가 어떤 남자에게서 눈을 못 떼겠다'라고 하면 I can't take my eyes off him.이라고 해요.

2 **저 사람에게 경적을 울리다 honk at him**
흔히 우리가 운전하다가 '빵빵거리다'라는 말이 있죠? '경적을 울린다'는 말인데요, 이걸 영어로 honk at ~라고 해요. '그만 좀 빵빵거려.'는 Stop honking.입니다.

3 **혹시 모르니까 속도를 줄이다 slow down just in case**
운전하다가 '차의 속도를 줄인다'는 말은 slow down이고, '혹시 모르니까'라는 건 just in case라고 해요. '혹시 비 올지 모르니까 우산 가져가'라고 할 때는 Take this umbrella just in case.라고 할 수 있어요.

영화관 좌석 점유 진상

극장에 가기 전에 불필요하게 많은 좌석을 예매했다가 영화 상영 직전에 취소하는 얌체족에 대해 분개하는 상황입니다. 우리말 대화를 보고 영어로 생각해본 다음에 영어 대화문을 보세요. 음원 38-3

댄	아, 이런! 이런 사람들 정말 최악이다.
피오나	누구 말하는 거야?
댄	극장 좌석을 필요 없이 많이 잡아둔다니까.
피오나	필요한 좌석보다 더 많이? 그리고 어떻게 하는데?
댄	그리고 영화 시작하기 20분 전에

필요 없는 좌석을 취소시키는 거지.
피오나 뭐라고? 왜?
댄 그럼 자리를 더 차지하고 모르는 사람들 옆에 앉아서 영화를 보지 않아도 되잖아.
피오나 와, 정말 이기적이다.

Dan Oh no! These people are terrible.

Fiona Who are you talking about?

Dan Some people reserve extra seats that they don't need at the movies.

Fiona **114** More than they need? And then?

Dan And they cancel the extra seats 20 minutes before the movie starts.

Fiona What? Why do they do that?

Dan So they have more room to themselves and don't have to sit next to strangers.

Fiona Oh, they're so selfish.

VOCABULARY

terrible 안 좋은 **selfish** 이기적인

KEY EXPRESSIONS

1 **극장 좌석을 필요한 것 이상으로 더 예약하다**
reserve extra seats at the movies
'좌석이나 객실 등을 예약하다'는 reserve인데요, 필요한 것 이상으로 '추가로 더 예약한다'고 하면 reserve extra seats가 됩니다. 그리고 '극장에서는' 보통 at the movies라고 해요.

2 **필요 없는 좌석을 취소하다 cancel the extra seats**
'필요 없는 좌석들'을 the extra seats라고 하는데 그걸 예약하는 건 reserve the extra seats이고, 예약을 했다가 취소한다는 건 cancel the extra seats라고 합니다.

3 **자리를 더 차지하다 have more room to themselves**
'공간, 자리'를 room이라고 하는데요, a나 the없이 enough/more room이라고 씁니다. 어떤 사람들이 '자리를 더 많이 차지한다'는 건 have more room to themselves라고 해요.

SPEAKING PATTERNS

핵심 패턴
112

우리가 …할 ~좀 봐.
Look at all the ~
that we're going to ...

버려질 저 음식들 좀 봐.
Look at all the food **that we're going to** waste.

네가 읽게 될 저 책들 좀 봐.
Look at all the books **that you're going to** read.

우리가 기증할 옷들 좀 봐.
Look at all the clothes **that we're going to** donate.

우리가 무엇 하게 될 것들이 아주 많다고 할 때 이 패턴을 써보세요.

핵심 패턴
113

~같은 사람들이 많아.
There are many people like ~.

여기 저런 사람들 진짜 많아.
There are many people like him out here.

그 여자같은 사람들이 미국에는 많아.
There are many people like her in America.

그런 사람들이 세상에 얼마나 많다고.
There are many people like that person in the world.

어떤 사람들이 아주 많다고 할 때 이 패턴을 써보세요. '사람들이 많다'는 There are many people.이죠. 여기에 like를 넣어 '~같은 사람들이 많다'라고 말할 수 있어요.

핵심 패턴
114

~ 이상으로? / ~보다 많이?
More than ~?

그들이 필요한 것보다 더 많이?
More than they need?

우리가 산 것보다 더 많이?
More than we bought?

내가 달라고 한 것보다 더 많이?
More than I asked for?

어떤 것보다 많이 무엇 한다고 해서 놀라는 상황에서 이 패턴을 써보세요.

More than they need?

상대방의 말에 반응하는 짧게 말하기 요령

Q

대화문에서, 영화관에서 빈자리를 많이 차지하고 편하게 보려는 꼼수를 부리는 진상들에 대한 얘기를 했는데요, 이때 '필요한 것보다 더 많이?'라는 말을 간단하게 **More than they need?**라고 했잖아요. 앞부분을 다 생략하고 이렇게도 말을 하나요?

A

그럼요. 원래는 **More than they need?** (필요한 것보다 더 많이?)의 의미가, **You mean they reserve more seats than they need?** (그 사람들이 자기네가 필요한 것보다 더 많은 좌석을 예매한다는 거야?)잖아요? 그런데 간단하게 나머지를 생략하고, **More than they need?**라고 한 거예요. 상대방의 말에 짧게 반응하는 다른 예로, '너 채소 좋아한다고?' **Like what?** (어떤 거?) **Such as?** (예를 들면?)이라고 할 수 있고, 누군가가 어떤 영상이나 기사를 봤다고 했을 때 **Regarding?** (뭐에 관한 거?)라고 할 수도 있어요.

그건 몰랐네!
I didn't realize that!

이번 유닛에서는, 요즘 사회적으로 문제가 되는 것에 대해 얘기를 나누고 있는데요, 만약에 상대방이 해주는 얘기를 나는 처음 들을 때가 있죠? '난 그건 몰랐네!'라는 생각이 들 때 **I didn't realize that!**이라고 할 수 있어요. 누구의 생일, 어떤 행사가 있는 날짜를 깜박하거나 어떤 사람을 몰라봤을 때도 **I didn't realize that!**이라고 할 수 있죠.

친구의 생일을 깜박했을 때

A 그 친구 생일이 어제라는 거 알았어?

B 아니, 몰랐어.

A Did you know his birthday was yesterday?

B No, I didn't realize that!

유명한 배우를 알아보고

A 저 사람 누구였는지 알아?
아주 유명한 배우잖아!

B 몰랐어! 참 친절하네.

A Do you know who that was?
A really famous actor!

B I didn't realize that! He is so kind.

UNIT 39

좋아하는 것 & 싫어하는 것

캠핑에 대한 선호도 / 등산에 대한 취향
/ 스포츠 댄스에 대한 취향

Try it in ENGLISH

캠핑을 좋아하는지, 등산을 좋아하는지, 그리고 스포츠 댄스에 대해서는 어떻게
생각하는지 얘기하는 대화문을 익혀봅시다.

강의 **39**

지미	이번 주말에 우리 캠핑 갈래?
타냐	난 캠핑엔 안 맞아.
지미	아, 왜?
타냐	난 밖에서 자는 거 제일 싫어하는 사람이라고.
지미	감기 잘 걸리니?
타냐	아니. 벌레들이 완전 나를 잡아먹을 것 같아!
지미	아, 안됐네. 난 캠핑 엄청 좋아하는데.

캠핑을 좋아하는 사람과 별로라는 사람이 캠핑에 대해 얘기하는 상황입니다. 우리말 대화를 보고 영어로 생각해본 다음에 영어 대화문을 보세요.

음원 39-1

Jimmy Do you want to go camping this weekend?

Tanya I'm not cut out for camping.

Jimmy Oh, why's that?

Tanya **115** I'm the last person who should sleep outdoors.

Jimmy Do you catch colds easily?

Tanya No. The bugs eat me alive!

Jimmy Oh, that's too bad.
        I'm a huge fan of camping.

VOCABULARY

outdoors 밖에서, 야외에서   alive 살아 있는, 산 채로

KEY EXPRESSIONS

1 **캠핑에 맞다, 캠핑에 어울리다**
cut out for camping
'무엇에 적합하다, 잘 맞다'라는 말을 〈cut out for + 무엇〉이라고 해요. 내가 어떤 것에 맞으면 I'm cut out for ~라고 하고, 잘 안 맞으면 I'm not cut out for ~라고 하죠.

2 **감기에 잘 걸리다**
catch colds easily
'감기에 걸리다'라는 건 catch a cold라고 해서, '나 감기 걸렸어'는 I caught a cold.라고 하는데요, 한 번의 감기가 아니라 그냥 '감기에 잘 걸리다'와 같이 말할 때는 catch colds라고 해요. '쉽게'라는 말은 easily라고 합니다.

3 **캠핑을 엄청 좋아하는 사람**
a huge fan of camping
뭔가를 아주 좋아하는 사람을 a huge fan 혹은 a big fan이라고 해요. 그 사람이 무엇을 혹은 누구를 좋아하는지는 of 뒤에 씁니다.

CHAPTER 4

주말에 등산을 간다는 친구의 말을 듣고 도대체 힘들게 산에는 왜 가는지 모르겠다고 말하는 상황입니다. 한글 대화문을 읽으면서 영어로 생각해보고 나서 영어 대화문을 보세요.

음원 39-2

리타 너 이번 주말에 뭐해, 프랭크?

프랭크 친구들이랑 산에 가려고.

리타 산에? 뭐하러?
    너무 힘들 것 같은데.

프랭크 '뭐하러?'라니 그게 무슨 말이야?
    산에 오르는 건 좋은 운동인데다가 기분이 아주 좋아진다고.

리타 그래도 난 별로다.

Rita   What are you up to this weekend, Frank?

Frank   **116** **I'm heading to** the mountains with some friends.

Rita   Mountains? What for?
       Sounds like a lot of work to me.

Frank   What do you mean, "What for?"
       Hiking is an amazing exercise and makes us feel great.

Rita   But that's still not my cup of tea.

VOCABULARY

amazing 멋진, 최고의   **exercise** 운동   **still** 그래도

KEY EXPRESSIONS

1 **뭐하러? 왜?** What for?
   등산을 안 좋아하면, '어차피 다시 내려올 걸 뭐 하러 올라가?'라고 할 수도 있겠네요. '빨래할 때 양말의 짝을 맞춰서 건다고?' What for? '왜? 빨래 갤 때 맞추면 되지 않아?'처럼 어떤 상황에서든 '왜? 뭐하러? 왜 그래야 하는데?'의 의미로 써보세요.

2 **나한테는 너무 힘든**
   a lot of work to me
   어떤 일이 나한테는, 내가 볼 때는 너무 힘든 일처럼 보일 때가 있죠? 그런 게 a lot of work to me가 됩니다. a lot of work 대신에 tough thing, challenging thing이라고 할 수도 있죠.

3 **기분이 아주 좋아진다**
   make us feel great
   뭔가가 누군가의 기분을 아주 좋게 해준다면 makes us feel great를 쓸 수 있어요. 수영하면 기분이 좋다고 하면, Swimming makes us feel great. 남을 도울 때 기분이 좋아지면, Helping others makes us feel great.라고 하죠.

건강을 위해 스포츠 댄스를 하자는 제안을 듣고 주저하는 상황입니다. 한글 대화문을 읽으면서 상황을 상상하고 영어로 생각해보고 나서 영어 대화문을 보세요.

음원 39-3

그레그	그러니까 탱고 수업을 받겠다고?
베티	응, 해보자. 재미있을 거야.
그레그	내가 잘 따라갈 수 있을지 잘 모르겠는데.
베티	걱정 마. 금방 감을 잡게 될 거야.
그레그	근데 내가 댄스를 즐겨본 적이 없어서.
베티	겁먹지 말고.
	해보자!

Greg	So you want to sign up for tango class?
Betty	Yes, let's try it. It's going to be fun.
Greg	I'm not sure if I'll be able to keep up.
Betty	Don't worry. You'll soon get the hang of it.
Greg	But **117** I've never enjoyed dancing before.
Betty	Don't be intimidated.
	Let's go for it!

VOCABULARY

try ~를 해보다 **fun** 재미있는 일, 재미있는 것 **get the hang of ~** ~를 할 줄 알게 되다
intimidated 무서워하는, 겁먹는, 벌벌 떠는

KEY EXPRESSIONS

1 **탱고 강좌에 등록하다**

sign up for tango class

어떤 강좌를 들으려고 등록하는 걸 sign up for라고 하고, for 뒤에 강좌를 넣어 말해요. 수강 신청할 때나 회원 카드를 만든다고 할 때도 sign up for를 씁니다.

2 **(수준을) 따라가다 keep up**

'댄스? 내가 그걸 따라갈 수 있을까? 안무를 내가 어떻게 따라가지?'라고 할 때 따라가는 걸 keep up이라고 해요. 다른 상황에서는, 무언가를 멈추지 않고 계속 한다고 할 때도 씁니다. Keep up the good work. (계속 열심히 공부해, 계속 수고해주세요)와 같이요.

3 **해보자! Let's go for it!**

'어떤 것에 도전하다, 해보다'라는 걸 go for it이라고 해요. 그래서 '상대방에게 같이 뭔가를 해보자'고 할 때 Let's go for it!이라고 합니다.

CHAPTER 4

SPEAKING PATTERNS

핵심 패턴
115
나는 ~를 절대 안 할 사람이야.
I'm the last person who ~.

난 밖에서 자는 거 제일 싫어하는 사람이라고.
I'm the last person who should sleep outdoors.

그 사람은 절대 거짓말 안 할 사람이야.
He's the last person who would tell a lie.

난 그런 걸 재미로 할 사람이 아니야.
I'm the last person who does that for fun.

어떤 사람이 무엇을 절대 안할 사람이라고 말할 때 이패턴을 써보세요.

핵심 패턴
116
나 ~에 가려고 해.
I'm heading to ~.

친구들이랑 산에 가려고.
I'm heading to the mountains with some friends.

가족들이랑 바닷가에 가려고 해.
I'm heading to the beach with my family.

친구랑 제주도에 가려고.
I'm heading to Jejudo with my friend.

휴가나 여행 계획을 묻는 말에, 어디로 가려고 한다고답할 때 쓸 수 있는 패턴입니다.

핵심 패턴
117
난 ~를 즐겁게 해본 적이 없어.
I've never enjoyed -ing before.

나는 댄스를 즐겨본 것이 없어.
I've never enjoyed danc**ing before.**

스카이다이빙을 해본 적이 없는데.
I've never enjoyed skydiv**ing before.**

요리를 해본 적이 없는데.
I've never enjoyed cook**ing before.**

전에 어떤 걸 즐겨본 적이없다, 내가 좋아서 해본 적이 없다고 할 때 이 패턴을써보세요.

Do you catch colds easily?

catch a cold와 catch colds,
그리고 have a cold는 각각 어떻게 달라요?

Q

대화문에 보면, 캠핑을 안 좋아한다는 친구에게, '너 감기 쉽게 걸려?'라고 묻는데요, 이 말을 영어로 Do you catch colds easily?라고 했어요. 감기에 걸리는 건 catch a cold 아닌가요? catch a cold, catch colds, 그리고 have a cold는 각각 어떻게 달라요?

A

'감기에 걸리다'라는 건 catch a cold라고 해요. 그리고 이미 감기에 걸려 있으면 '감기를 가지고 있는 상태다'라는 의미로 have a cold 라고 하죠. 예약을 한다고 할 때도 예약을 하는 행위는 make a reservation이라고 하고, 예약을 한 상태면 have a reservation이라고 하잖아요. 그리고 감기에 한 번 걸리는 걸 말하는 게 아니라 '어떤 감기든, 몇 번이든, 감기에 걸린다'는 걸 표현할 때는 catch colds라고 하죠.

난 아무거나 다 좋아.
I don't have a preference.

이번 유닛의 대화문들은 좋아하는 것과 싫어하는 것에 대한 것이었는데요, 어떤 것들 중에 내가 하나를 골라야 하는 상황에서, '난 아무거나 괜찮아'라고 말할 때 있죠? 이럴 때 I don't have a preference.라고 하면 됩니다. preference는 '선호하는 것, 더 좋은 것'이라는 뜻인데요, 나한테 preference가 없다는 말은, '나는 어떤 것이든 다 괜찮다'는 말이 되죠.

점심 메뉴를 고를 때

A 점심으로 닭고기 먹을래, 아니면 스테이크 먹을래?

B 난 다 좋아.

A Do you want chicken or steak for lunch?

B I don't have a preference.

순서를 정할 때

A 먼저 할래, 나중에 할래?

B 아무래도 괜찮아.

A Would you like to go first or second?

B I don't really have a preference.

UNIT 40

삶의 지혜

소확행 / 워라밸과 욜로 / 감사 일기

Try it in ENGLISH

삶을 더 풍요롭게 잘 살 수 있는 비결들에 대해 얘기해봐요. 소확행, 워라밸과 욜로, 그리고 감사 일기 쓰기에 대한 대화문을 익혀봅시다.

강의 **40**

매트	있잖아, '소확행'이 요새 유행이야.
지니	그래. 돈으로 행복을 살 순 없는 거지. 우리만의 '소소하지만 확실한 행복'을 추구해야 해.
매트	그래. 나도 내가 할 수 있는 소소한 것들을 즐기고 감사하려고 해.
지니	말 나온 김에, 우리 그 맛있는 스파게티집에 갈래?
매트	우리의 '소확행'을 하러 가자고? 좋지.

너무 거창한 것을 꿈꿨다가 좌절하기보다는 당장 할 수 있는 소소한 것들을 즐기면서 행복하자고 말하는 상황입니다. 우리말 대화를 보고 영어로 생각해본 다음에 영어 대화문을 보세요. 음원 **40-1**

Matt You know, "sohwakhaeng" is quite the trend these days.
Jinny Yes. Money can't buy happiness.
We have to pursue that "small but certain happiness" on our own.
Matt Right. I also try to enjoy and appreciate the little things around me.
Jinny **118** Speaking of, why don't we go to that great spaghetti place?
Matt For our "small but certain happiness?"
Cool.

VOCABULARY

pursue 추구하다, 쫓다   certain 확실한   on our own 우리만의

KEY **EXPRESSIONS**

1 꽤 유행인
quite the trend
'유행, 트렌드'를 trend라고 하는데요, '어떤 것이 꽤 유행인'이라고 할 때는 quite the trend라고 해요.

2 작지만 소소한 행복
small but certain happiness
'소확행'이라는 말이 한때 엄청 유행을 했죠? '소확행'이라는 말은 '소소하지만 확실한 행복'의 앞 자를 딴 것인데요, 영어로는 small but certain happiness라고 표현할 수 있습니다.

3 소소한 것들을 즐기고 감사해 하다
enjoy and appreciate the little things
어떤 것을 '즐겨 하다'라는 건 enjoy라고 하고, 그것이 있어 '감사하게 느낀다'는 건 appreciate라고 해요. '소소한 것들'을 the little things라고 표현할 수 있죠.

CHAPTER 4

음원 **40-2**

SITUATION 2 워라밸과 욜로

일과 삶의 균형을 잘 잡으면서, 딱 하루밖에 없는 오늘, 지금을 소중하게 생각하며 잘 살자고 말하는 상황입니다. 우리말 대화를 보고 영어로 생각해본 다음에 영어 대화문을 보세요.

피오나	요즘은 누구나 다 '워라밸'을 입에 달고 살아.
잭	그래, '일과 삶의 균형'이 인생에서 참 중요한 거야, 그치?
피오나	그리고 '욜로'도. 우리가 딱 한 번의 인생을 사는 거 맞잖아.
잭	우린 우리 인생을 즐기려고 노력하고 있는 것 같은데.
피오나	맞아, 전에는 쇼핑을 많이 했었는데, 요즘엔 안 해.
	경험을 더 하고 뭐라도 더 해보기로 했어.
잭	생각해보니까, 요새는 택배가 별로 안 온 것 같네.

Fiona	Everyone is talking about "worabal" these days.
Jack	Yeah, "work-life balance" is very important in life, huh?
Fiona	And YOLO, too. It's true that you only live once.
Jack	I think we've been trying to enjoy our lives recently.
Fiona	Yes, I used to do a lot of shopping, but I don't do that these days.
	I decided to try experiencing and doing things more.
Jack	**119** Come to think of it, we haven't had many package deliveries recently.

VOCABULARY

true 사실인, 맞는   **recently** 최근에   **these days** 요새, 요즘
package deliveries 택배 배송

KEY EXPRESSIONS

1 **일과 인생 사이의 균형** work-life balance
우리가 '워라밸'이라고 부르는 건 '워크 라이프 밸런스'의 앞 자를 딴 건데요, 영어로는 work-life balance라고 표현할 수 있어요.

2 **인생을 즐기려고 노력하다** try to enjoy our lives
'뭔가를 하려고 노력한다'는 건 try to ~예요. 사람들이 '인생을 즐긴다'는 건 enjoy your/our lives죠. 그래서 '인생을 즐기려고 애를 쓴다'는 건 try to enjoy your/our lives라고 합니다.

3 **경험을 더 하고 뭔가를 더 해보다**
experience and do things more
'뭔가를 더 경험한다'는 건 experience more이고, '뭔가를 더 해본다'는 건 do things more라고 하죠. 그래서 둘을 합쳐 experience and do things more라고 해요.

음원 40-3

행복해지는 비결로 많은 사람들이 감사 일기 쓰기를 꼽는다며 상대방에게 감사 일기를 권하는 상황입니다. 우리말 대화를 보고 영어로 생각해본 다음에 영어 대화문을 보세요.

릴리	안녕, 폴. 무슨 일이야? 표정이 안 좋아 보여.
폴	음, 요새 좀 기분이 안 좋네.
릴리	감사 일기를 써보지 그래?
폴	감사 일기?
릴리	응, 감사한 일을 매일 세 개씩 적어봐.
폴	이 감사 일기라는 게 도움이 되니?
릴리	그럼. 생각했던 것보다 훨씬 더 도움이 되더라고.

Lily	Hey, Paul. What's wrong? You look pretty unhappy.
Paul	Well, I've been feeling a little bit sad.
Lily	Why don't you start keeping a gratitude journal?
Paul	A gratitude journal?
Lily	Yes, try to write down three little things you are grateful for every day.
Paul	**120** Does this gratitude journal really work for you?
Lily	Sure. It's helped me more than I ever imagined it would.

VOCABULARY

unhappy 기분이 안 좋은　**gratitude** 감사　**journal** 일기　**imagine** 상상하다, 예상하다

KEY EXPRESSIONS

1 **기분이 좀 안 좋다** feel a little bit sad

'기분이 어떻다'는 말은 feel 뒤에 형용사, 즉 happy(행복한, 좋은), sad(슬픈, 가라앉은), down(우울한), good(좋은), bad(나쁜)와 같은 말을 넣어서 말해요. 약간 기분이 안 좋을 때 feel a little bit sad라고 해요.

2 **감사 일기를 쓰다** keep a gratitude journal

일기를 쓴다고 할 때는 keep을 씁니다. 그리고 감정을 좀 더 넣은 일기는 diary라고 하고, 팩트 위주로 쓰는 것을 journal이라고 해요. 감사 일기를 쓴다는 건 keep a gratitude journal이라고 해요.

3 **감사한 일 세 개를 적다**

write down three little things you are grateful for

'뭔가를 적는다'는 게 write down이고요, '감사한 일 소소한 것 세 개'는 three little grateful things라고 할 수 있죠.

CHAPTER 4

핵심 패턴 118

~얘기가 나와서 말인데, / ~얘기가 나온 김에, ~.

Speaking of, ~.

말 나온 김에, 우리 그 맛있는 스파게티집에 갈래?
Speaking of, why don't we go to that great spaghetti place?

말 나온 김에, 우리 나가서 같이 걷자.
Speaking of, let's go out and walk together.

말 나온 김에, 우리 뭐 먹을 것 좀 시킬까?
Speaking of, how about we order some food?

'어떤 얘기가 나온 김에, 뭐 뭐 하자'고 할 때 이 패턴을 써보세요.

핵심 패턴 119

생각해보니까, ~.

Come to think of it, ~.

생각해보니까, 요새는 택배가 별로 안 온 것 같네.
Come to think of it, we haven't had many package deliveries recently.

생각해보니까, 오늘 나 아무것도 안 먹었어.
Come to think of it, I haven't eaten anything today.

생각해보니까, 우리 요새는 별로 얘기를 안 했네.
Come to think of it, we haven't talked a lot these days.

'생각해보니까 어떠하다'라 고 할 때 이 패턴을 써보세 요.

핵심 패턴 120

이 ~가 너한테 도움이 되니?

Does this ~ work for you?

이 감사 일기라는 게 너한테 도움이 되니?
Does this gratitude journal **work for you?**

이 명상이 너한테 도움이 돼?
Does this meditation **work for you?**

낮잠 자는 게 너한테 도움이 되니?
Does this power nap **work for you?**

어떤 것이 상대방에게 도움 이 되는지 물을 때 이 패턴 을 써보세요.

I also try to enjoy and appreciate the little things around me.

appreciate에는 '고마워한다'는 뜻만 있나요?

Q

대화문에 보면, 어마어마한 목표를 정해 두고 그것을 이뤄야만 행복할 거라고 생각하는 게 아니라 내가 당장 즐길 수 있는 소소한 것들에 감사하며 즐기려고 한다는 말을 I also try to enjoy and appreciate the little things around me.라고 했는데요, 여기서 appreciate는 '고마워한다'는 건가요?

A

크게 생각하면 고마워하는 것일 수 있죠. 그런데 정확하게 appreciate는 the little things around me, '내 주위에 있는 소소한 것들의 존재'를 감사한다, 즉 그것들이 있다는 것 자체를 고마워한다는 뜻이예요. 상대방에게 고맙다고 할 때 I appreciate it. I appreciate your help.의 경우와는 다르죠. 그러니까 appreciate이 뜻하는 것은 '어떤 것의 존재 자체를 감사하다'와 '무엇에 대해 고마워하다, 감사하다' 이렇게 두 가지입니다.

이제야 사는 것 같네.

This is the life.

행복하게 잘 살고 싶은데 현실은 그렇지 못한 경우가 많죠. 바쁜 일상에 쫓겨 분주하게 살다가 간만에 휴가를 갔거나 모처럼 맛집에서 여유롭게 친구들과 아니면 좋아하는 사람들과 오붓한 시간을 보낼 때와 같이, '이제야 사는 것 같다…, 아, 좋다…, 이게 사는 거지…'라는 기분이 들 때 할 수 있는 말이 This is the life.예요. 언제든, 무엇을 하면서 행복이 밀려오면 말해보세요. This is the life.라고요.

오래간만에 휴가를 즐기면서

A   이제야 사는 것 같네.
B   그러게 말이야.

A   This is the life.
B   You can say that again.

맛집에서 제대로 된 식사를 하면서

A   이제야 사는 것 같네.
B   좀 더 자주 이렇게 하고 살자.

A   This is the life.
B   Let's do this more often.

CHAPTER 4

CHAPTER

5

건강·미용 편

건강 관리

규칙적인 운동과 절식 / 금주 / 건강의 비결

건강을 위해 규칙적인 운동을 하고 절식을 한다고 할 때, 술을 끊었다고 할 때, 건강의 비결을 알려줄 때의 대화문을 익혀봅시다.

강의 **41**

프레드　나는 규칙적으로 운동은 하는데, 패스트푸드는
　　　　못 줄이겠어.
　　　　늘 그렇게 날씬하게 유지하는 게 힘들지 않아?

엘렌　　솔직히 안 힘들어, 먹는 것만 신경 쓰면.
　　　　어떤 음식이 제일 참기 힘들어?

프레드　감자 칩이지! 너무 맛있잖아, 근데 건강에는 안 좋지.
　　　　식이요법을 안 하고 운동만 하면, 살 빼기는
　　　　힘들 것 같아.
　　　　그래서 식단 조절을 시작했어.

건강을 유지하기 위해 규칙적으로 운동을 하고 소식을 하면서 관리한다고 말하는 상황입니다. 한글 대화문을 읽으면서 상황을 상상하고 영어로 생각해보고 나서 영어 대화문을 보세요. **음원 41-1**

Fred 　I exercise regularly, but I can't cut down on junk food.

121 　Isn't it hard for you to stay slim?

Ellen 　Honestly no, not if I'm careful about what I eat.
　　　　What is the most difficult food for you to cut out?

Fred 　Potato chips! They're so tasty, but they're bad for my health.
　　　　I think if I exercise without dieting, I'll never lose weight.
　　　　So I've started dieting.

■■■■■ **VOCABULARY**

slim 날씬한 　　**careful** 신경 쓰는, 조심하는 　　**lose weight** 살을 빼다

KEY EXPRESSIONS

1 　**패스트푸드 섭취를 줄이다**
cut down on junk food
'어떤 것의 섭취를 줄인다'는 걸 〈cut down on + 음식〉이라고 표현해요. junk food는 영양가가 거의 없는 음식, 보통은 패스트푸드 같은 것을 가리키죠. 그것을 덜 먹는다는 의미예요.

2 　**제일 참기 힘든 음식**
the most difficult food for you to cut out
the most difficult food는 '제일 어려운 음식'이라는 뜻이고 for you to cut out은 '상대방이 참기 힘든, 안 먹으려고 하는'이라는 뜻이죠.

3 　**다이어트를 시작하다**
start dieting
start 뒤에는 -ing 형태나 〈to + 동사원형〉둘 다 쓸 수 있어요. diet는 '다이어트를 하다'는 동사로 쓰인 겁니다. '다이어트를 시작하다'는 start dieting, '지금 다이어트 중'이면, I'm on a diet.라고 하죠.

음원 41 -2

건강을 위해 스스로 술을 끊었다고 말하는 상황입니다. 한글 대화문을 읽으면서 상황을 상상하고 영어로 생각해보고 나서 영어 대화문을 보세요.

비올라   잘 들으세요, 여러분.
오늘 저녁에 우리 회식합니다.

닉   저는 술을 안 마시니까, 제가 운전할게요.

비올라   아, 고마워요, 닉. 술 끊었어요?

닉   네, 지금 세 달 됐어요.

비올라   아내가 그러라고 한 거예요? 아니면 아이들이?

닉   아니에요, 제 건강을 위해서 스스로 끊은 거예요.

Viola   Listen up, everyone. We're going to have a work dinner tonight.

Nick   Since I don't drink, I'll be the designated driver.

Viola   Oh, thank you, Nick. Did you quit drinking?

Nick   Yes, I've been sober for three months now.

Viola   **122** Was it your wife's idea or your kids'?

Nick   No, I'm doing this for myself. I want to be healthier.

VOCABULARY

work dinner 회식   **sober** 멀쩡한, 술을 안 마신   **healthier** 더 건강한

KEY EXPRESSIONS

1   오늘 술을 안 마시고 운전을 하기로 정한 사람
the designated driver
우리가 말하는 대리 운전과는 다른 개념이예요. 누군가는 술을 안 마시고 운전을 해야 하니까 한 사람이 아예 처음부터 '오늘은 내가 운전할게'라고 할 때 그 사람을 the designated driver라고 해요.

2   술을 끊다   **quit drinking**
어떤 것을 하다가 끊는 것을 quit -ing라고 표현해요. '술을 끊는다'는 건 quit drinking, '담배를 피우다가 끊는다'는 건 quit smoking, '커피를 마시다가 끊는다'는 건 quit drinking coffee라고 합니다.

3   나 계속 술 안 마셨어.
I've been sober.
sober는 drunk의 반대 개념이예요. 즉, 술을 안 마셔서 멀쩡한 상태를 가리킵니다. 지금까지 얼마 동안 술을 안 마시고 지냈다면 I've been sober.라고 하고, '나 (지금) 술 안 마셨어'는 I'm sober.라고 하죠.

SITUATION 3　건강의 비결

나이에 비해 엄청 건강해 보이는 분이 건강의 비결을 들려주는 상황입니다. 한글 대화문을 읽으면서 상황을 상상하고 영어로 생각해보고 나서 영어 대화문을 보세요.

음원 41-3

래리	건강을 유지하는 제일 좋은 방법이 뭘까요?
수지	왜 그걸 나한테 묻니?
래리	할머니 연세에 할머니보다 더 건강하신 분은 못 봤거든요.
수지	글쎄, 난 건강의 비결이 걱정을 하지 않는 것에 있는 것 같아.
래리	뭐라고요? 그게 다예요?
수지	말이야 쉽지. 그냥 오면 오는 대로 받아들이는 거야.
	걱정하지 말고 살자. 그게 내 모토야.

Larry	What's the best way to stay healthy?
Susie	Why are you asking me?
Larry	Because I think no one is healthier than you at your age.
Susie	Well, **123** I think the key to good health is not worrying.
Larry	What? That's it?
Susie	It's easier said than done. I just take things as they come.
	Live carefree. That's my motto.

VOCABULARY

carefree 걱정이 없는　**motto** 모토

KEY EXPRESSIONS

1 **건강을 유지하는 제일 좋은 방법**
the best way to stay healthy
'어떻게 하는 최고의 방법'이라고 할 때 the best way 뒤에 to 이하를 씁니다. stay 뒤에 형용사를 쓰면 '그런 상태를 계속 유지한다'는 것을 뜻해요.

2 **상대방의 나이에 상대방보다 더 건강한**
healthier than you at your age
'상대방보다 더 건강한'이라는 말은 healthier than you라고 하고, '상대방의 나이에, 그 연세에'라고 할 때 at your age라고 합니다.

3 **어떤 일이든 그냥 그대로 받아들이다**
take things as they come
무언가를 어떻게 받아들인다고 할 때 take를 써요. '어떤 것을 오는 대로, 일어나는 그대로 받아들이다'라고 할 때 take things as they come이라고 합니다.

CHAPTER 5

SPEAKING PATTERNS

~하는 게 힘들지 않니?
Isn't it hard for you to ~?

늘 그렇게 날씬하게 유지하는 게 힘들지 않아?
Isn't it hard for you to stay slim?

밤 늦게까지 일하는 거 힘들지 않니?
Isn't it hard for you to work until late at night?

아이들 키우는 거 힘들지 않아?
Isn't it hard for you to raise your kids?

어떤 것을 하는 게 힘들지
않은지 물을 때 이 패턴을
써보세요.

그건 ~의 아이디어였나요? 아니면 …의 아이디어였나요?
Was it your ~'s idea or ...'s?

그건 아내의 아이디어였어요? 아니면 아이들의
아이디어였어요?
Was it your wife**'s idea or** your kids**'?**

그건 네 아이디어였니? 아니면 언니의 아이디어였니?
Was it your idea or your sister**'s?**

그건 너희 엄마의 아이디어였어? 아니면 아빠의 아이디어였어?
Was it your mother**'s idea or** your father**'s?**

어떤 것이 누구의 아이디어
였는지 물을 때 이 패턴을
써보세요.

~의 최고 비결은 …인 것 같아.
I think the key to ~ is ...

난 건강의 비결이 걱정을 하지 않는 것에 있는 것 같아.
I think the key to good health **is** not worrying.

난 행복의 비결이 감사하는 것에 있다고 생각해.
I think the key to happiness **is** being grateful.

나는 성공의 비결이 꾸준함에 있다고 생각해.
I think the key to success **is** being consistent.

어떤 것을 가능하게 한 비결
이 뭐라고 생각한다고 말할
때 이 패턴을 써보세요.

What's the best way to stay healthy?

to는 어떤 때 뒤에 동사원형을 쓰고
어떤 때는 뒤에 -ing나 명사를 쓰나요?

Q

대화문에서, '건강을 유지하는 제일 좋은 비결'을 the best way to stay healthy라고 했고, '최고의 건강의 비결은 걱정을 하지 않는 것'이라는 말을 the key to good health is not worrying이라고 했는데요, 여기서 stay 앞의 to와 good health 앞에 있는 to는 같은 건가요?

A

아닙니다. 둘은 달라요. 먼저 What's the best way to stay healthy?에 있는 to는 뒤에 동사원형을 쓰는 to인데요, to stay healthy '건강을 유지할 수 있는', the best way '제일 좋은 방법'이라는 뜻이죠. 그리고 I think the key to good health is not worrying.에 있는 to는 전치사예요. 전치사는 뒤에 명사나 동명사(-ing)를 쓰잖아요. 그리고 the key to good health는 '최고의 건강으로 가는 비결'이라는 의미입니다. 무엇의 비결이라고 할 때 the key to ～, the secret to ～라고 해요.

나 패스트푸드 끊었어.
I'm through with fast food.

이번 유닛의 대화문들은 건강을 위해서 이런저런 노력을 하는 내용이었는데요, 건강을 위해서 하는 노력 중에서 어떤 특정 음식을 끊게 되는 경우가 있죠? 이렇게 '어떤 음식을 끊었다, 이제는 안 먹거나 안 마시려고 한다'라고 할 때 ⟨I'm through with + 무엇.⟩이라고 해요. 예를 들어, 건강을 위해서 칼로리가 높고 영양가가 낮은 '패스트푸드를 끊었다'고 하면 I'm through with fast food.라고 할 수 있습니다.

패스트푸드를 이제 안 먹겠다고 할 때

A 햄버거 안 먹어?
B 응. 나 패스트푸드 끊었어.

A You're not eating a hamburger?
B No. **I'm through with fast food.**

탄산 음료를 끊었다고 할 때

A 너, 탄산음료 안 마실 거야?
B 응. 나 이제 탄산음료 안 마셔.

A You're not going to drink soda?
B No. **I'm through with soft drinks.**

다이어트와 식이요법

체중 감량 / 간헐적 단식 / 저녁에 소식하기

체중 감량을 위해 운동을 하고 간헐적 단식을 하거나 저녁에 소식을 한다고 말할 때의 대화문을 익혀봅시다.

강의 **42**

지니	린다, 요새 운동해?
린다	별로 안 해, 그냥 헬스클럽 등록했어.
지니	아, 곧 살이 빠지겠네.
린다	그랬으면 좋겠다.
	여름이 오기 전에 멋진 몸매를 갖고 싶어.
지니	사실, 금식을 해봤는데, 효과가 없더라고.
린다	중요한 건 운동하고 적게 먹는 것 같아.
지니	맞아. 멋진 몸매 만드는 거 잘 되길 바라!

여름이 다가오니까 멋진 몸매를 갖기 위해 운동을 하려고 한다는 상황입니다. 한글 대화문을 읽으면서 상황을 상상하고 영어로 생각해보고 나서 영어 대화문을 보세요.

음원 **42-1**

Jinny	Linda, do you work out these days?
Linda	Not really, but **124** I just signed up for a gym membership.
Jinny	Oh, you're going to lose some weight soon.
Linda	I hope so. I want to have a well-toned body before summer.
Jinny	Actually, I was into fasting, but it didn't work for me.
Linda	I think it's all just about getting exercise and eating less.
Jinny	Right. Good luck getting in shape!

VOCABULARY

work out 운동을 하다　fast 굶다　get in shape 몸매를 가꾸다

KEY EXPRESSIONS

1 **요새 운동을 하다**
work out these days
'운동하다'라는 건 work out이라고 하거나 exercise, get exercise, do exercises라고 하죠. 그리고 '요새, 요즘'은 these days라고 해요.

2 **멋진 몸매를 갖다**
have a well-toned body
'어떤 몸매를 갖다'라는 말은 have a ~ body라고 하고, '잘 가꾸어진 몸매'는 영어로 well-toned body라고 합니다.

3 **운동하고 적게 먹다**
get exercise and eat less
'운동을 한다'는 건 get exercise라고 하고 '적게 먹는다'는 건 eat less라고 해요. 반대로 '많이 먹는다'고 하면 eat more라고 해요.

CHAPTER 5

음원 42-2

일정 시간 동안 음식물을 섭취하지 않는 간헐적 단식에 대해 얘기하는 상황입니다. 한글 대화 문을 읽으면서 상황을 상상하고 영어로 생각해보고 나서 영어 대화문을 보세요.

마이크	간헐적 단식이라는 말 들어봤어?
톰	간헐적 단식? 처음 들어봤는데? 그게 뭐야?
마이크	14시간이나 16시간 이상을 굶는 거야.
	예를 들어, 저녁을 가능한 한 일찍 먹는 거야.
	그리고 다음 날 아침까지 아무 것도 안 먹는 거지.
톰	아, 그래서 그걸 '간헐적 단식'이라고 하는 거구나, 맞지?
마이크	응, 맞아.

Mike	Have you heard of intermittent fasting?
Tom	Intermittent fasting? That's new to me. What's that?
Mike	It's fasting for more than 14 to 16 hours.
	For example, we have dinner as early as possible in the evening. And then we don't eat anything until breakfast the next day.
Tom	Oh, so 125 that's why it's called "intermittent fasting," right?
Mike	Yes, that's right.

VOCABULARY

intermittent 간헐적인　　**fast** 굶다

KEY EXPRESSIONS

1 **간헐적 단식**
intermittent fasting
일정 시간 동안 굶는 '간헐적 단식'을 intermittent fasting이라고 해요. fast에는 '굶는다, 단식'이라는 뜻이 있는데요, 저녁 먹고 아침까지의 단식 상태(fast)를 깨는 게 breakfast죠.

2 **14시간이나 16시간 이상을 굶다**
fast for more than 14 to 16 hours
fast는 '굶는다'는 뜻이고, 얼마 동안 굶는지를 for 뒤에 쓰는데요, for more than 14 to 16은 '14시간에서 16시간 이상'을 뜻합니다.

3 **저녁을 가능한 한 일찍 먹다**
have dinner as early as possible in the evening
'저녁을 먹는다'는 건 have dinner고, '저녁에 가급적 일찍'이라는 건 as early as possible in the evening이라고 하죠.

살을 빼기 위해, 빨리 걷기를 하고 저녁에 소식을 하고 있다고 말하는 상황입니다. 한글 대화문을 읽으면서 상황을 상상하고 영어로 생각해보고 나서 영어 대화문을 보세요.

음원 42-3

웬디	와, 너 살 많이 빠졌다.
	어떻게 한 거야?
피터	매일 한 시간 넘게 빨리 걸었어.
웬디	빨리 걷기가 달리기보다 더 좋다고 하더라. 또 뭐 했는데?
피터	하루에 먹는 모든 식사 중에서, 저녁을 최소한 적게 먹었어.
웬디	와, 정말 애 많이 썼구나.
피터	일 년 내내 다이어트를 하는 것 같아.

Wendy	Wow, you've lost so much weight.
	What did you do?
Peter	I walked fast for more than an hour every day.
Wendy	**126** I heard that walking fast is better than running.
	And what else?
Peter	And of all the meals in a day, I ate the least amount of food for dinner.
Wendy	Wow, you tried so hard.
Peter	I feel like I'm on a diet all year round.

VOCABULARY

walk fast 빨리 걷다 **meal** 식사 **hard** 열심히

KEY EXPRESSIONS

1 **한 시간 이상 빨리 걷다**
walk fast for more than an hour
'빨리 걷는다'는 건 walk fast라고 하고 for 뒤에 '얼마나'에 해당하는 시간을 쓰죠. '한 시간 이상'이면 for more than an hour, '30분 정도'면 for about thirty minutes를 쓰면 됩니다.

2 **최소한 적게 먹다**
eat the least amount of food
most의 반대가 least예요. 그래서 the least amount라고 하면 '최소한의 양'이라는 뜻이죠. 가능한 한 제일 적은 양의 음식, '최소한의 음식'이 the least amount of food입니다.

3 **난 일 년 내내 다이어트를 해.**
I'm on a diet all year round.
다이어트를 하고 있는 상태를 나타낼 때 be 동사 뒤에 on a diet를 써서 I'm on a diet.라고 해요. 그리고 all year round는 '일 년 내내'라는 뜻입니다.

CHAPTER 5

SPEAKING PATTERNS

핵심 패턴
124

~에 등록했어.
I just signed up for a/an ~.

나 헬스클럽 등록했어.
I just signed up for a gym membership.

나 요리 강좌 등록했어.
I just signed up for a cooking class.

나 PT 받으려고 등록해놨어.
I Just signed up for a personal training session.

어떤 강좌나 수업에 등록했다고 말할 때 for 뒤에 강좌의 종류를 넣어서 활용해보세요.

핵심 패턴
125

그래서 ~구나, 그렇지?
That's why ~, right?

그래서 그걸 '간헐적 단식'이라고 하는 거구나, 맞지?
That's why it's called "intermittent fasting," **right?**

그래서 매일 아침에 그렇게 일찍 일어나는 거구나, 그치?
That's why you wake up so early every morning, **right?**

그래서 그들이 회의를 미룬 거구나, 맞지?
That's why they postponed the meeting, **right?**

어떤 것에 대한 이유를 알게 되었을 때 이 패턴을 써서 말해보세요.

핵심 패턴
126

~가 …보다 더 좋다고 하던데.
I heard that ~ is better than ...

빨리 걷기가 달리기보다 더 좋다고 하더라.
I heard that walking fast **is better than** running.

운동하는 것보다 적게 먹는 게 더 좋다고 하던데.
I heard that eating less **is better than** getting exercise.

건강 보조 식품을 먹는 것보다는 잘 자는 게 좋다고 하더라.
I heard that sleeping well **is better than** taking health supplements.

어떤 것보다는 다른 무언가가 더 좋다고 들었다고 할 때 이 패턴을 써보세요.

I heard that
walking fast is better than running.
문장의 시제가 과거일 때
that 뒤에 있는 동사의 시제는 어떤 걸 쓰나요?

Q

대화문에서, '살을 빼려면 달리기보다 빨리 걷기가 좋다고 들었다.'고 하면서 I heard that walking fast is better than running.이라고 했는데요, 여기서 문장의 동사인 heard의 시제가 과거인데 왜 that 뒤에 있는 동사는 현재 시제 is인가요?

A

네, 이 문장에서는 내가 들었다는 그 얘기의 내용이, 내가 그 말을 들은 그때만 그런 것이 아니라 이 말을 하고 있는 지금도 역시 그렇기 때문이예요. 즉, 빨리 걷기가 달리기보다 체중 감량에 효과적이라는 건 그때나 지금이나 마찬가지잖아요? 이럴 때는 문장의 시제가 과거라도 that 뒤에 오는 동사를 현재 시제로 쓸 수 있어요. 기본적으로는 문장의 동사의 시제에 맞춰서 that 뒤에 오는 동사의 시제도 달라지죠.

왜 그런지 이유를 알았어.
I figured out why.

많은 분들이 일년 내내 다이어트를 하는 것 같다고도 하고, 먹는 것도 없는데 자꾸 살이 찐다는 말도 합니다. '내가 뭘 얼마나 먹었다고 살이 찌지?'라던가, '기껏 뺐는데 왜 다시 찌는 거지?'라고 할 때 그 이유를 알아내는 것을 figure out이라고 해요. '아… 내가 왜 자꾸 살이 찌는지 알았어'라고 할 때도, I figured out why.라고 하면 되고, '어떻게 하면 건강하게 살을 뺄 수 있는지 알아냈어'라고 할 때도 I figured out why.라고 하면 됩니다. why 뒤에 〈주어 + 동사〉를 넣어 '누가 무엇하다'는 말을 추가해도 좋아요. '왜 그런지 알아냈어?'라고 물을 때는 Did you figure out why?라고 합니다.

누군가가 왜 화가 났는지 알았을 때

A 얘기 해봤어?	A Did you talk to him?
B 응, 왜 화가 났는지 알았어.	B Yeah, **I figured out why he was angry.**

누군가가 나와 거리를 둘 때

A 몇 주일 동안 나랑 말을 안 하더라고.	A She didn't talk to me for a few weeks.
B 왜 그런지 알아냈어?	B **Did you figure out why?**

UNIT 43

건강 문제

수면 부족 / 코골이 줄이는 법 / 숙취

잠이 부족해서 힘들어할 때, 코골이로 고민할 때, 그리고 숙취로 고생할 때 나눌 수 있는 대화문을 익혀봅시다.

강의 **43**

로라　　시험 기간에 잠을 잘 못 잤어.

짐　　　나도. 못 잔 잠을 좀 몰아서 자야겠어.

로라　　우리 둘이 똑같네.

짐　　　이번 주말에는 늦게까지 잘래.

　　　　아, 커피 한 잔만 마셨으면 정말 좋겠다.

로라　　나도 그래. 우리 카페 가자.

짐　　　좋지. 커피 두 잔 테이크아웃하자.

로라　　그래.

시험 공부를 하느라고 잠을 잘 못 자서 힘들다고 하면서 주말에 푹 자야겠다고 말하는 상황입니다 한글 대화문을 읽으면서 상황을 상상하고 영어로 생각해보고 나서 영어 대화문을 보세요.

음원 43-1

Lora	I couldn't get enough sleep during test week.
Jim	Me neither. I need to catch up on my sleep.
Lora	That makes two of us.
Jim	I'm going to sleep in this weekend.
	Oh, **127** I could really use a cup of coffee.
Lora	Me too. Let's go to a café.
Jim	Sounds good. Let's get two cups to go.
Lora	All right.

VOCABULARY

during ~ ~동안에   **to go** 테이크아웃으로

KEY EXPRESSIONS

1 **잠을 잘 자다**

get enough sleep

'잠을 잔다'고 할 때는 get sleep, get some sleep이라고 해요. '충분히 푹 잔다'는 말은 get enough sleep이라고 합니다. 잘 못 자면 몸에 문제가 생기는 걸 sleep debt라고 해요.

2 **못 잔 잠을 몰아서 자다**

catch up on my sleep

〈catch up on + 무엇〉은 밀린 어떤 것을 몰아서 하는 것을 말해요. '밀린 공부를 몰아서 하다'는 catch up on my studies라고 하죠. 그냥 Let's catch up. We should catch up.이라고 하면 '밀린 얘기를 하자, 회포를 풀자'는 말입니다.

3 **늦게까지 푹 자다**

sleep in

작정하고 '늦게까지 푹 자다'라는 걸 sleep in이라고 해요. 반면에 sleep late는 일부러가 아니라 '실수로 늦잠을 자다'라는 걸 가리킵니다.

CHAPTER 5

음원 43-2

남편이 코를 심하게 골아 잠을 잘 못 자겠다고 하는 친구에게 코골이를 줄일 수 있는 방법을
알려주는 상황입니다. 상황을 영어로 생각해보고 나서 영어 대화문을 보세요.

팸	나 남편이랑 같은 방에서 안 자려고.
제이크	왜? 싸웠어?
팸	아니. 남편이 코를 너무 심하게 골아.
제이크	코만 골아? 아니면 잠꼬대도 해?
팸	코만 골아. 내가 잘 때 소리에 민감한 거 알잖아.
제이크	그래. 그럼 옆으로 자라고 해봐.
	옆으로 자는 게 도움이 된다고 하더라.

Pam	I'm not going to sleep in the same room with my husband.
Jake	Why? Did you have an argument?
Pam	No. His snoring is too loud.
Jake	Does he just snore? Or does he talk in his sleep, too?
Pam	He just snores.
	128 You know I'm sensitive to noise when I sleep.
Jake	Yeah. Then have him sleep on his side.
	I heard that sleeping on our sides can be helpful.

VOCABULARY

argument 다툼, 싸움   snore 코를 골다   sensitive 예민한, 민감함
on one's sides 옆으로 누워서

KEY EXPRESSIONS

1   코를 너무 심하게 골아.

Snoring is too loud.

'코를 고는 것'을 snoring이라고 하고, '코 고는 소리가 아주 시끄럽다'는 건 Snoring is too
loud.라고 해요.

2   잠꼬대를 하다   talk in his sleep

talk는 '말하다'인데, in his sleep '자면서' 말을 한다면 잠꼬대를 하는 거죠. 그게 talk in
his sleep입니다. 여자면 talk in her sleep이라고 하고, 내가 그러면 I talk in my sleep.
이라고 하죠.

3   옆으로 누워서 자다

sleep on his side

잘 때 '등을 대고 누워서 자다'는 sleep on one's back, '옆으로 누워서 자다'는 sleep on
one's side라고 해요. one's 자리에는 his, her, my, your 등을 넣어서 말해요.

음원 43-3

전날 과음을 하고 와서 아침에 숙취로 고생하며 해장국을 먹는 상황입니다. 한글 대화문을 읽으면서 상황을 상상하고 영어로 생각해보고 나서 영어 대화문을 보세요.

피오나	몸은 좀 괜찮아?
해리	으윽… 아니, 별로야. 내가 다시는 술을 마시나 봐라. 절대 안 마셔!
피오나	(웃으면서) 당신은 숙취로 고생할 때마다 그 소리 하더라.
해리	이번에는 정말이야, 두고 보라고.
피오나	내가 해장국 끓여줄게.
해리	고마워. 해장국이 절실하네.
	아, 속 쓰려.

Fiona	Are you feeling any better?
Harry	Uhh... no, not really.
	129 I'll never drink again. Ever!
Fiona	*(laughing)* You always say that when you have a hangover.
Harry	This time I mean it, just wait and see.
Fiona	Let me make you some hangover soup.
Harry	Thanks. I really need a hangover cure.
	Oh, my stomach hurts.

VOCABULARY

hangover 숙취　　stomach 배, 위　　hurt 아프다, 쓰리다

KEY EXPRESSIONS

1　이번에는 정말이야.　This time I mean it.

'진심이야, 정말이야'를 뜻하는 단어가 mean이예요. '정말이라니깐! (I mean it!) 그래서, 전에도 여러 번 말했지만 이번에는 (this time) 정말 진심이야.'라고 할 때 This time I mean it.이라고 합니다.

2　해장국　hangover soup

과음을 하고 나서 '숙취'가 남아 있는 것을 hangover라고 해요. 그 숙취를 없애려고 먹는 것을 '해장국'이라고 하죠? '국'은 영어로 soup이라고 표현하니까, '해장국'을 hangover soup이라고 해요. 다른 말로 '숙취를 해소하다' 정도의 뜻으로 hangover cure라고도 하죠.

3　속 쓰려.　My stomach hurts.

배탈이 나서 배가 아프거나, 속이 쓰릴 때 My stomach hurts.라고 해요. 반면에, 어디를 베어서 욱신거리거나 목이 아플 때는 sore라는 표현을 써서, '목이 아파'는 My throat sores. '손가락을 베었어'는 I cut my finger. '욱신거리네'는 My finger sores.와 같이 말하죠.

CHAPTER 5

SPEAKING PATTERNS

127
~가 있었으면 정말 좋겠다.
I could really use a/an ~.

커피 한 잔만 마셨으면 정말 좋겠네.
I could really use a cup of coffee.

아이스 레모네이드 한 잔만 마셨으면 정말 좋겠다.
I could really use an iced lemonade.

치즈 케이크 한 조각이 정말 먹고 싶다.
I could really use a piece of cheese cake.

어떤 것이 간절히 그립거나
필요하다고 할 때 이 패턴을
써보세요.

128
내가 ~할 때 …한 거 알잖아.
You know I'm ... when I ~.

내가 잘 때 소리에 민감한 거 알잖아.
You know I'm sensitive to noise **when I** sleep.

내가 길을 걸을 때 조심하는 거 알지.
You know I'm careful **when I** walk along the
street.

모르는 사람들이랑 있을 때 내가 수줍음 타는 거 너 알지.
You know I'm shy **when I**'m with strangers.

어떨 때 내가 이렇다는 걸
상대방이 알고 있을 거라고
생각될 때 이 패턴을 써보세
요.

129
나 다시는 ~하지 않을 거야.
I'll never ~ again.

다시는 술 안 마실 거야.
I'll never drink **again.**

나 다시는 공포 영화 안 볼 거야.
I'll never watch horror movies **again.**

다시는 늦잠 안 자야겠어.
I'll never sleep in **again.**

'다시는 어떻게 하지 않겠다'
라고 할 때 이 패턴을 써보
세요.

Me neither.
neither와 either의 발음은 어떻게 되나요?

Q

대화문에서 한 학생이 시험 준비 때문에 잠을 한 숨도 못 잤다고 하니까 나도 그렇다고 하면서 **Me neither.**라고 했는데요, **neither**의 발음은 /니이더/인가요 /나이더/인가요?

A

둘 다 맞습니다. 먼저, **neither**는 먼저 말한 사람이 말한 문장에 **not**이 있을 때, 그 말에 대해 '나도 그래'라고 맞장구칠 때 쓰는 말인데요, **not**과 **either**를 합한 단어죠. 이 **neither**의 발음을 원어민들은 /니이더/라고 하기도 하고 /나이더/라고 하기도 해요. 각자 좋아하는 식으로, 취향에 따라 발음해요. 그리고 **either** 역시 /이이더/라고 발음하는 사람도 있고 /아이더/라고 발음하는 사람도 있습니다.

너 밤 샜니?
Did you pull an all-nighter?

이번 유닛의 대화문에 나온 것처럼, 너무 피곤해서 되려 잠을 못 자거나, 할 일이 많아서, 아이들 때문에, 아니면 그냥 잠이 안 와서 등 어떤 이유로 '밤을 새우다'라는 것을 **pull an all-nighter**라고 해요. 그래서 상대방이 밤을 샌 것 같을 때 **Did you pull an all-nighter?**라고 물을 수 있어요.

밤을 샌 친구에게

A 너 밤 샜어?
B 응. 아, 너무 피곤하다.

A **Did you pull an all-nighter?**
B Yes. Oh, I'm so tired.

아기 때문에 밤 샌 아내에게

A 당신 밤 샜어?
B 응, 잠을 도통 안 자더라고.

A **Did you pull an all-nighter?**
B Yes, she didn't want to sleep.

CHAPTER 5

UNIT 44

음식에 대한 취향

커피에 대한 취향 / 당기는 음식 말하기 / 글루텐 프리 음식

Try it in ENGLISH

커피를 좋아하는지 차를 좋아하는지, 지금 어떤 게 먹고 싶은지, 그리고 글루텐이 안 들어간 음식을 먹으려고 한다고 말할 때의 대화문을 익혀봅시다.

강의 **44**

숀	커피 좀 마실래?
리타	아니야, 됐어. 난 차가 더 좋아.
	커피는 내 취향이 아니야.
숀	난 커피 중독인 것 같아.
	어떤 때는 하루에 다섯 잔도 넘게 마셔.
리타	카페인을 너무 많이 섭취하면 불면증에 걸릴 수 있어.
	카페인이 밤에도 잠 못 들게 한다는 거 몰라?
숀	글쎄, 나한테는 별로 영향을 안 미치던데.

커피를 좋아하는 사람과 차를 더 좋아하는 사람이 얘기를 나누는 상황입니다. 한글 대화문을 읽으면서 상황을 상상하고 영어로 생각해보고 나서 영어 대화문을 보세요.

Sean	Would you like some coffee?
Rita	No, thanks. I prefer tea.
	Coffee is not my thing.
Sean	I think I'm a coffee addict.
	Sometimes I drink more than five cups a day.
Rita	**130** Too much caffeine **can lead to** insomnia.
	Don't you know that caffeine keeps us awake even at night?
Sean	Well, it doesn't really affect me.

VOCABULARY

addict 중독자, 중독된 것처럼 좋아하는 사람   **insomnia** 불면증   **affect** 영향을 미치다

KEY EXPRESSIONS

1 **내 취향, 내가 좋아하는 것**
   my thing
   '내가 좋아하는 것, 내 취향의 것'을 my thing이라고 해요. 보통 That's not my thing. (그건 내 취향이 아니야), Fishing is not my thing. (나는 낚시는 별로야)와 같이 말해요.

2 **커피 중독자**
   a coffee addict
   어떤 것을 아주 심하게 좋아하는 사람을 〈a + 무슨 + addict〉라고 할 수 있는데요, 커피를 아주 많이 마시면 a coffee addict, 스마트폰을 놓지 못하면 a smart phone addict라고 할 수 있죠.

3 **계속 깨어 있게 하다**
   keep us awake
   〈keep + 누구 + awake〉는 '누구를 계속 깨어 있게 하다'라는 말입니다. 카페인에 각성 효과가 있다고 하죠? 그래서 카페인이나 커피, 차 등이 keep us/you/me awake한다고 하죠.

CHAPTER 5

음원 **44-2**

어떤 음식이 갑자기 너무 먹고 싶다고 말하는 상황입니다. 한글 대화문을 읽으면서 상황을 상상하고 영어로 생각해보고 나서 영어 대화문을 보세요.

프레드	점심 뭐 먹을래, 트레이시?
트레이시	음, 뭔가 매운 거 어때?
프레드	너 스트레스 받았나 보다.
트레이시	응. 지금 스트레스 쌓여서 뭔가 좀 매운 걸 먹고 싶어.
프레드	그럼 수퍼 식당에 갈까?
트레이시	아, 좋지.
프레드	거기 음식이 매우면서도 정말 맛있잖아.

Fred	What do you want to eat for lunch, Tracy?
Tracy	Well, how about something spicy?
Fred	I'm guessing you're stressed out?
Tracy	Yes. **131** I'm really stressed out now, so I'm in the mood for some spicy food.
Fred	Then how about the Super Restaurant?
Tracy	Oh, that's a good choice.
Fred	Their food is spicy and out of this world.

VOCABULARY

spicy 매운   guess 추측하다, 생각하다   choice 선택

KEY EXPRESSIONS

1 **뭔가 매운 것**
something spicy
어떤 맛의 음식이라고 할 때 something 뒤에 맛을 나타내는 형용사를 써요. '매운 음식'이면 something spicy 혹은 something hot이라고 하고, '단 것'은 something sweet이라고 하죠.

2 **스트레스가 쌓이다**   **be stressed out**
사람이 스트레스가 쌓여 있을 때 〈누구 + is stressed out.〉이라고 해요. 반면에 어떤 일이나 상황이 스트레스를 쌓이게 한다고 할 때는 〈무엇 + is stressful.〉이라고 합니다.

3 **정말 맛있는 (음식이 정말 맛있을 때 하는 표현)**
out of this world
뭔가가 너무너무 맛있을 때 yummy, tasty, delicious와 같은 형용사 말고도 This is out of this world.라는 표현이 있는데요, 우리말로 직역하면 '이 세상 맛이 아니다'니까 확 와닿죠?

샌드위치를 먹으러 가자고 하면서, 글루텐이 안 들어간 게 있었으면 좋겠다고 말하는 상황입니다. 한글 대화문을 읽으면서 상황을 상상하고 영어로 생각해보고 나서 영어 대화문을 보세요.

릴리	우리 점심이나 먹으러 갈까?
	우리 집 근처에 맛있는 샌드위치 집 있거든.
댄	좋아, 그래. 맛있겠네.
	글루텐 안 들어간 빵이나 글루텐이 안 들어간 음식 있을까?
릴리	모르겠는데. 왜?
댄	글루텐 섭취를 좀 피해보려고.
	난 보통 안 따지고 먹는데. 글루텐만 좀 피하려고 해.

Lily	Do you want to go grab some lunch?
	132 **There's a good** sandwich place **near** my house.
Dan	Okay, yeah. That could be good.
	Do they have gluten free bread or any other gluten free options?
Lily	I don't know. Why?
Dan	I'm trying to stay away from gluten.
	I'm not picky in general. I only avoid gluten.

VOCABULARY

grab 간단하게 뭔가를 먹다　　option 메뉴　　gluten 글루텐　　avoid 피하다

KEY EXPRESSIONS

1　글루텐 안 들어간 빵
gluten free bread
무엇 뒤에 free를 쓰면 '(무엇이) 안 들어간, 없는 것'이라는 뜻이 돼요. oil free는 '오일 성분이 안 들어간' 거고, sugar free는 '무설탕의'라는 뜻이죠.

2　글루텐 섭취를 멀리 하다
stay away from gluten
stay away from 뒤에 섭취하는 것을 넣으면 '그것을 안 먹는다'는 것인데요, stay away from은 음식만이 아니라 사람한테서 떨어져 있다고 할 때도 씁니다. Stay away from me. (나한테서 떨어져)와 같이요.

3　편식을 하는, 까다로운　**picky**
picky는 음식을 먹을 때 뭔가를 편식한다고 할 때 쓰는데요, pick이 뭔가를 골라내는 거니까, 음식 중에서 '이건 싫어, 이건 안 먹어' 하는 게 연결되죠. 성격이 '까탈스럽다'고 할 때도 씁니다.

CHAPTER 5

SPEAKING PATTERNS

핵심 패턴 130

~로 …가 생길 수 있어.

~ can lead to …

카페인을 너무 많이 섭취하면 불면증에 걸릴 수 있어.
Too much caffeine **can lead to** insomnia.

너무 과로하면 기력이 소진될 수 있어.
Too much work **can lead to** burnout.

설탕을 너무 많이 먹으면 건강에 문제가 생길 수 있어.
Too much sugar **can lead to** health issues.

'어떤 것 때문에 이렇게 될 수 있다'라고 할 때 원인이 되는 어떤 것을 주어로 넣어 이 패턴을 써보세요.

핵심 패턴 131

~가 먹고 싶어. / ~를 하고 싶어.

I'm in the mood for ~.

뭔가 좀 매운 걸 먹고 싶어.
I'm in the mood for some spicy food.

뭔가 단 걸 먹고 싶은데.
I'm in the mood for something sweet.

조깅이 하고 싶네.
I'm in the mood for jogging.

뭔가를 먹고 싶거나 어떤 것을 하고 싶을 때 이 패턴을 써보세요. for 뒤에 '먹고 싶은 것, 하고 싶은 것'을 명사 또는 동명사(-ing) 형태로 넣어 말해보세요.

핵심 패턴 132

… 근처에 맛있는 ~가 있어.

There's a good ~ near …

우리 집 근처에 맛있는 샌드위치 집 있거든.
There's a good sandwich place **near** my house.

우리 회사 근처에 맛있는 피자집이 있어.
There's a good pizza place **near** my office.

우리 아파트 근처에 맛있는 빵집이 있어.
There's a good bakery **near** my apartment.

어디 근처에 맛있는 식당 등이 있다고 할 때 이 패턴을 써보세요.

How about something spicy?
something spicy와 some spicy food는 같은 거죠?

Q

대화문에서, '점심 뭐 먹을까?' 하는 친구의 말에, '뭐 좀 매운 거 어떠냐?'면서 How about something spicy?라고 했는데요. '매운 음식'은 something spicy 말고 spicy food라고 하기도 하죠? 둘이 같은 뜻인가요?

A

네, 맞습니다. '어떤 맛의 무슨 음식'이라고 할 때 some 뒤에 맛을 나타내는 형용사를 쓰고 이어서 음식을 가리키는 단어를 써도 되고, something 뒤에 맛을 나타내는 형용사를 써도 의미는 같아요. 그러니까, '매운 음식 어떠냐?'고 할 때, How about something spicy? 라고 해도 되고, How about some spicy food?라고 해도 되죠. 만약 '단 걸 먹는 게 어떠냐?'고 할 때는 How about something sweet?이라고 하거나 How about some sweet snacks?와 같이 말할 수 있습니다.

딱 내가 좋아하는 맛이었어.
That hit the spot.

이번 유닛의 대화문에서처럼 어떤 음식이 당기거나 단골집에 맛있는 걸 먹으러 갔는데 역시나 너무 맛있을 때 '와, 진짜 맛있었어'라거나 '저게 진짜 김치찌개지'라고 하면서 너무 맛있었다는 말을 That hit the spot.이라고 해요. That 대신에 음식 이름을 넣어도 되고, 지금 먹고 있는 이 음식이 너무 맛있다고 할 때는 This (really) hits the spot.이라고 하면 됩니다.

치즈버거가 너무 맛있었을 때

A 치즈버거, 딱 좋더라.
B 그러게, 여태 먹은 것 중에서 제일 맛있었어.

A That cheese burger hit the spot.
B Yes, it was the best burger ever.

스테이크가 정말 맛있을 때

A 이 스테이크 마음에 들어?
B 응. 정말 내 입맛에 딱이다.

A Do you like this steak?
B Yes, I do. This really hits the spot.

식습관과 몸에 좋은 음식

몸에 좋은 채소 궁합 / 두통에 좋거나 나쁜 음식
/ 미지근한 물 마시기

몸에 좋은 음식과 안 좋은 음식에 대한 얘기를 나누는 대화문을 익혀봅시다.

Cancer-fighting Vegetables

강의 45

엘렌   토마토나 브로콜리는 항암 효과가 있는 채소야.
　　　그리고 그 둘을 같이 먹으면 효과가 더 커진대.

밥   나도 들었어.

엘렌   시금치랑 오렌지도 마찬가지야.
　　　보통, 우리 몸이 채소에 있는 철분의 15퍼센트를
　　　흡수한대.

밥   근데 비타민 C가 풍부한 음식이랑 시금치를
　　　같이 먹으면?

엘렌   그럼 우리 몸이 철분을 더 많이 흡수하는 거지.

음원 **45-1**

어떤 채소들을 같이 먹으면 몸에 좋은지 말하는 상황입니다. 한글 대화문을 읽으면서 상황을
상상하고 영어로 생각해보고 나서 영어 대화문을 보세요.

Ellen   Tomatoes and broccoli are cancer-fighting vegetables.
            And their effectiveness is more powerful when you eat
            them together.
Bob   I heard that.
Ellen   **133**   It's the same for spinach and oranges.
            Usually, our bodies absorb 15 percent of the iron in
            vegetables.
Bob   But what if we eat spinach with foods high in vitamin C?
Ellen   Then our bodies absorb more iron.

VOCABULARY

cancer 암   effectiveness 효과   absorb 흡수하다   iron 철분

KEY EXPRESSIONS

1   **항암 효과가 있는 채소들**
    cancer-fighting vegetables
    '암'이 cancer이고 '암에 맞서 싸우는'이 fighting 이니, 곧 항암 효과가 있다는 거죠. 그게
    cancer-fighting입니다. 항암 음식은 cancer-fighting 뒤에 vegetables, food를 붙여서
    말해요.

2   **효과가 더 커진다.**
    Their effectiveness is more powerful.
    어떤 음식의 효과를 their effectiveness, its effectiveness라고 해요. 음식의 효과가 어떤
    경우에 더 강해지면 Their effectiveness is more powerful.이라고 할 수 있습니다.

3   **비타민 C가 풍부한 음식들**
    foods high in vitamin C
    음식 중에서 어떤 성분이 풍부하게 들어 있다고 할 때 foods high in ~이라고 하는데, in
    뒤에 어떤 성분을 넣어서 말해요. food는 음식을 전반적으로 가리키는 말이고, foods는 구
    체적인 어떤 음식 몇 가지를 가리킵니다.

CHAPTER 5

음원 45-2

머리가 아픈 이유가 혹시 어떤 것을 너무 많이 먹어서 그런가 하고 얘기하는 상황입니다. 한글 대화문을 읽으면서 상황을 상상하고 영어로 생각해보고 나서 영어 대화문을 보세요.

존	아, 요새 머리가 많이 아프네.
	이젠 진통제도 안 들어.
헤더	요새 설탕이나 카페인을 많이 섭취했어?
존	설탕이나 카페인? 응, 그런 것 같아. 왜?
헤더	그 둘이 두통을 악화시킨다고 하더라고.
존	정말? 난 스트레스 때문에 두통이 생기는 줄 알았는데.
헤더	그것 뿐만이 아니야. 어떤 때는 음식 때문에 두통이 생기기도 해.

John	Oh, I get headaches a lot these days.
	134 Pain killers **don't help anymore.**
Heather	Do you have too much sugar or caffeine these days?
John	Sugar or caffeine? Yeah, I think so. Why?
Heather	I heard that they can make headaches worse.
John	Really? I thought headaches came from stress.
Heather	It's not just stress.
	Sometimes food can give us headaches, too.

VOCABULARY

pain killer 진통제　**help** 도움이 되다, 효과가 있다　**these days** 요새, 요즘

KEY EXPRESSIONS

1 **설탕이나 카페인을 너무 많이 섭취하다**
have too much sugar or caffeine
have에는 '먹다, 마시다, 섭취하다'라는 뜻도 있습니다. 그래서 '설탕이나 카페인을 너무 많이 섭취한다'는 걸 have too much sugar or caffeine이라고 해요.

2 **두통을 악화시키다**
make headaches worse
〈make + 무엇 + worse〉는 '무엇을 악화시키다, 더 나쁘게 만들다'라는 뜻이예요. 그래서 뭔가가 '두통을 더 악화시킨다'고 할 때는 make headaches worse라고 해요.

3 **두통을 유발하다, 머리가 아프게 하다**
give us headache
어떤 것이 '우리의 머리를 아프게 한다'고 할 때 give us headache라고 해요. headache만이 아니라 backache, toothache 등도 이렇게 쓸 수 있어요.

음원 **45-3**

몸에 좋은 물의 온도는 미지근하거나 따뜻한 거라고 말해주는 상황입니다. 한글 대화문을 읽으면서 상황을 상상하고 영어로 생각해보고 나서 영어 대화문을 보세요.

케이트	매트, 여기 물.
매트	고마워, 케이트. 아, 이거 따뜻한 물이야?
케이트	응, 미지근한 물을 마시는 게 몸에 더 좋아.
매트	뭐라고? 여름에도? 왜?
케이트	찬 물은 우리 체온을 낮추잖아.
	그럼 우리의 몸은 다시 체온을 높이기 위해서 더 열심히 일을 해야 해.
매트	그렇구나. 그치만 이 더운 날씨에 어떻게 따뜻한 물을 맛있게 마셔.

Kate	Matt, here's your water.
Matt	Thank you, Kate. Oh, is it warm water?
Kate	Yes, it's much healthier to drink lukewarm water.
Matt	What? Even in the summer? Why's that?
Kate	Cold water lowers our body temperature.
	Then our bodies should work harder to bring it back up.
Matt	Got it. But **135** I don't think I can enjoy warm water in this hot weather.

VOCABULARY

lukewarm 미지근한   lower 낮추다   body temperature 체온

KEY EXPRESSIONS

1 **미지근한 물을 마시는 게 몸에 더 좋아.**

It's much healthier to drink lukewarm water.

'건강한' 게 healthy이고, '더 건강한' 건 healthier이죠. 그리고 '훨씬 더 건강한' 게 much healthier입니다. 비교급 앞에 much나 a lot, even 등을 쓰면 강조하는 의미가 돼요.

2 **우리 체온을 낮추다**

lower our body temperature

'낮추다'라는 동사는 lower예요. 차가운 물을 마시면 우리의 체온이 낮아지니까 Cold water lowers our body temperature.라고 합니다.

3 **다시 체온을 높이기 위해서 더 열심히 일을 하다**

work harder to bring it back up

우리의 몸이 더 활발하게 움직이는 것을 work harder라고 하고, 낮아진 체온을 다시 원래의 온도로 높이는 것을 bring it back up이라고 해요.

CHAPTER 5

SPEAKING PATTERNS

~도 마찬가지예요.
It's the same for ~.

시금치랑 오렌지도 마찬가지야.
It's the same for spinach and oranges.

아이들도 마찬가지야.
It's the same for children.

강아지랑 고양이들도 마찬가지라고.
It's the same for dogs and cats.

앞에 무슨 얘기를 한 다음에, '누구도 혹은 무엇도 마찬가지다, 역시 그렇다'라고 할 때 이 패턴을 써보세요.

이젠 ~도 안 들어. / 이젠 ~도 소용이 없어.
~ don't/doesn't help anymore.

이젠 진통제도 안 들어.
Pain killers **don't help anymore.**

따뜻한 우유도 이젠 소용이 없어.
Warm milk **doesn't help anymore.**

건강 보조 식품도 이제 도움이 안되네.
Health supplements **don't help anymore.**

어떤 것이 전과 다르게 '더 이상 도움이 안 된다'고 할 때 이 패턴을 써보세요.

내가 ~할 수 있을 것 같지 않아. / ~ 못하겠는데.
I don't think I can ~.

이 더운 날씨에 어떻게 따뜻한 물을 맛있게 마셔.
I don't think I can enjoy warm water in this hot weather.

오늘은 자전거 못 타겠다.
I don't think I can ride a bike today.

이거 내일까지 못 끝내겠는데.
I don't think I can finish this by tomorrow.

내가 어떤 것을 할 수 없을 것 같을 때 이 패턴을 써보세요.

I heard that they can make headaches worse.

〈make + 무엇〉 뒤에는 뭘 써야 하나요?

Q

대화문에서, 설탕을 많이 섭취하면 머리가 아픈 게 더 심해질 수 있다는 말을 I heard that they can make headaches worse.라고 했는데요. 〈make + 무엇〉 다음에 worse같이 형용사의 비교급을 써야 하나요?

A

꼭 비교급만 써야 하는 건 아니고요, 형용사의 원급을 써도 됩니다. I heard that they can make headaches worse.에서 make headaches worse처럼 headaches '두통을' worse '더 나쁘게, 더 심하게 만든다'와 같이 '무엇을 더 어떻게 만들다'라는 형태로 쓸 때는 〈make + 무엇〉 뒤에 형용사의 비교급, 즉 형용사에 따라 -er을 붙이거나 단어 앞에 more를 붙인 형태를 써요. 그리고 '그냥 무엇을 어떻게 만들다'라고 할 때는 〈make + 무엇 + 형용사(원급)〉의 순서로 씁니다.

그게 무슨 상관인데?
What does it have to do with that?

이번 유닛에서는, 음식의 궁합이 맞는 것들에 대한 얘기와 몸에 이상을 일으킬 수 있는 것, 몸에 좋은 물의 온도 등에 대해서 얘기하는 대화문들이 있었죠. '이 두 가지 음식을 먹는 게 몸에 왜 좋아? 무슨 상관인데?'라고 하거나, '설탕을 많이 먹지 말라고? 왜? 그거랑 두통이랑 무슨 상관이야?'라고 할 때 What does it have to do with that?이라고 해요.

스프레이를 너무 많이 쓰지 말라고 할 때

A 그게 무슨 상관인데?

B 이러면 대기 오염이 심각해질 수 있어.

A **What does it have to do with that?**

B This could make air pollution worse.

팀에서 하는 일에 불만을 표현하면서

A 그게 나랑 무슨 상관인데?

B 왜 이래. 너도 팀원이잖아.

A **What does it have to do with me?**

B Come on. You're one of the team members.

UNIT 46

몸에 나타나는 증상들

감기 기운 / 딸꾹질 멈추기 / 넘어져서 혹이 났을 때

Try it in ENGLISH

감기가 오려고 할 때나. 딸꾹질이 계속 날 때 혹은 넘어져서 혹이 났을 때 나누는 대화문을 익혀봅시다.

강의 **46**

바이올렛	릭, 나 감기가 오려나 봐.
릭	정말? 기침해?
바이올렛	응. 그리고 목도 아파. 뭘 삼킬 때는 더 아프고.
릭	아, 어떡해… 콧물도 나?
바이올렛	응. 병원에 가봐야 하나?
릭	그럼. 내가 병원에 데려다줄게.
바이올렛	고마워, 릭.

SITUATION 1   감기 기운

감기가 제대로 걸린 건 아니지만 감기가 오려고 한다고 얘기하는 상황입니다. 한글 대화문을 읽으면서 상황을 상상하고 영어로 생각해보고 나서 영어 대화문을 보세요.

Violet	Rick, I'm afraid I'm coming down with a cold.
Rick	Really? Are you coughing?
Violet	Yes. And I've got a sore throat. It hurts more when I swallow something.
Rick	Oh, no… Do you have a runny nose, too?
Violet	Yes, I do. Should I go see a doctor?
Rick	Of course. 136 I'll take you to the hospital.
Violet	Thank you, Rick.

VOCABULARY

cough 기침하다   **sore** 쑤시는, (목 등이) 아픈   **swallow** 삼키다

KEY EXPRESSIONS

1   **감기가 오려고 하다, 감기 기운이 있다**
come down with a cold

감기에 완전히 걸렸으면 I have a cold. 혹은 I caught a cold.라고 하는데요, '감기가 오려고 하다, 감기 기운이 있다'고 할 때는 come down with a cold라는 표현을 씁니다.

2   **목이 아프다**
have got a sore throat

목이 아픈 걸 sore throat라고 하는데, sore는 칼로 어딘가를 베어서 욱신거릴 때도 써요. have got은 have와 같습니다. have got a sore throat 혹은 have a sore throat라고도 해요.

3   **콧물이 나다**
have a runny nose

콧물이 나면 줄줄 흐르죠? 그래서 영어로 runny nose라고 해요. 코피가 날 때는 bloody를 넣어서 have a bloody nose라고 합니다.

CHAPTER 5

음원 46-2

계속 딸꾹질을 하는 사람을 도와주려고, 딸꾹질을 멈추게 하는 방법을 써보려는 상황입니다.
한글 대화문을 읽으면서 상황을 상상하고 영어로 생각해보고 나서 영어 대화문을 보세요.

수지   이 딸꾹질 때문에 죽겠네. 멈추질 않아.

해리   숨을 참아봐.

수지   이렇게? 얼마 동안?

해리   할 수 있는 데까지 오래. 그걸 여러 번 해봐.

수지   아, 쉽지 않은데.

해리   수지, 유명한 외국 배우 10명을 대봐.

수지   브루스 윌리스… 잠깐만. 무슨 그런 걸 물어봐?

해리   신경을 다른 데로 돌리려고 한 거야.

Susie   These hiccups are killing me. They won't stop.

Harry   Hold your breath.

Susie   Like this? For how long?

Harry   As long as you can. Repeat it several times.

Susie   Oh, that's not easy.

Harry   Susie, name 10 famous foreign actors.

Susie   Bruce Willis… Wait. What kind of question is that?

Harry   **137** I was trying to distract you.

VOCABULARY

stop 멈추다   repeat 반복하다   foreign actor 외국인 배우   distract 신경을 분산시키다

KEY EXPRESSIONS

1   **~ 때문에 죽겠네. ~ is/are killing me.**

'어떤 통증이나 무언가 때문에 죽겠다'라고 할 때 영어로 ~ is/are killing me.라고 합니다.
주로 두통, 복통, 스트레스, 못 견디겠는 것 등을 주어로 해서 말해요.

2   **숨을 참아봐. Hold your breath.**

'숨'이 영어로 breath죠? '숨을 참는다'는 건 hold one's breath예요. 상대방에게 Hold
your breath.라고 하면 '숨을 참으라'는 거고, Catch your breath.라고 하면 '숨 좀 쉬어라,
숨이 찬 걸 좀 가다듬어라'라는 뜻이예요.

3   **그걸 여러 번 해봐.**

   Repeat it several times.

어떤 걸 반복해서 하라는 게 Repeat it입니다. several times는 '몇 번'이라는 뜻이죠. 보통
a couple of times는 두세 번, several times는 서너 번 정도를 가리키죠.

넘어져서 혹이 났을 때

음원 **46-3**

넘어져서 혹이 났다고 얘기하고, 얼음 찜질을 해주겠다고 하는 상황입니다. 한글 대화문을 읽으면서 상황을 상상하고 영어로 생각해보고 나서 영어 대화문을 보세요.

엄마	마이크, 혹이 크게 났구나. 어떻게 된 거야?
마이크	스케이트보드를 타다가, 넘어져서 머리를 부딪혔어요.
엄마	아, 아팠겠구나.
	엄마가 거기에 댈 얼음을 좀 가져올게.
마이크	네. 별이 보인 것 같아요.
엄마	오늘이 무슨 요일인지 아니?
마이크	오늘이… 수요일이요. 왜요?
엄마	정신은 멀쩡한지 확인해보는 거야.

Mom	Mike, that's a big bump. What happened?
Mike	I was skateboarding, and then I fell over and hit my head.
Mom	Oh, that must've really hurt.
	138 Let me get some ice for that.
Mike	Yes. I think I was seeing stars.
Mom	Do you know what day it is?
Mike	It's… Wednesday. Why do you ask?
Mom	I'm checking your ability to think clearly.

VOCABULARY

bump 혹, 부풀어 오른 것 **fall over** 넘어지다 **hit** 부딪히다 **ability** 능력

KEY EXPRESSIONS

1 **커다란 혹** a big bump
어딘가에 부딪혀서 '크게 혹이 난 것'을 a big bump라고 해요. That's a big bump. (혹이 크게 났구나), You've got a big bump. (너 혹이 크게 났네)와 같이 말해요.

2 **넘어져서 머리를 부딪히다**
fall over and hit my head
'넘어지다'라는 건 fall over라고 하고요, '계단에서 아래로 넘어지다'라는 건 fall down이라고 해요. 그리고 '머리를 어딘가에 부딪히다'라는 건 hit one's head라고 합니다.

3 **정신은 멀쩡한지 확인해보다**
check your ability to think clearly
머리를 부딪혔을 때, 똑바로 생각할 수 있는지, 머리는 괜찮은지를 확인하는 게 check your ability to think clearly예요.

CHAPTER 5

SPEAKING PATTERNS

<table>
<tr><td>핵심 패턴
136</td><td>**내가 너 ~에 데려다줄게.**
I'll take you to ~.</td></tr>
</table>

내가 병원에 데려다줄게.
I'll take you to the hospital.

내가 학교에 데려다줄게.
I'll take you to school.

내가 회사에 데려다줄게.
I'll take you to your office.

상대방을 어디까지 데려다 주겠다고 할 때 이 패턴을 써보세요.

<table>
<tr><td>핵심 패턴
137</td><td>**내가 ~하려고 그런 거야.**
I was trying to ~.</td></tr>
</table>

내가 너 신경을 다른 데로 돌리려고 한 거야.
I was trying to distract you.

내가 너 도와주려고 그랬던 거야.
I was trying to help you.

내가 너 격려해주려고 그랬던 거야.
I was trying to encourage you.

내가 어떻게 하려고 그랬던 거라고 의도를 말할 때 이 패턴을 써보세요.

<table>
<tr><td>핵심 패턴
138</td><td>**내가 가서 ~좀 가져올게.**
Let me get some ~.</td></tr>
</table>

내가 거기에 댈 얼음을 좀 가져올게.
Let me get some ice for that.

내가 먹을 것 좀 갖다줄게.
Let me get some food for you.

읽을 책 좀 가져올게.
Let me get some books to read.

내가 가서 뭘 가지고 오겠다 고 할 때 이 패턴을 써보세요.

They won't stop.
will not을 줄여 쓴 won't는
항상 '~하지 않을 것이다'라는 뜻인가요?

Q

대화문에서 딸국질이 좀처럼 멈추지 않는다는 말을 하면서 **They won't stop.**이라고 했는데요, **won't**는 **will not**을 줄여 쓴 거니까, '딸국질은 멈추지 않을 거야'라는 뜻인가요?

A

아니에요. **They won't stop.**에서 **won't**는 '~하지 않을 것이다'라는 뜻으로 쓰인 게 아닙니다. **won't**는 '좀처럼 뭐가 안 된다, 아무리 해도 어떻게 안 된다'라는 뜻도 가지고 있어요. **They won't stop.**은 딸국질이 계속 나오는데 아무리 멈추려고 해도 안 된다는 거죠. 또 **This door won't open.**이라고 하면, '이 문이 왜 안 열리지? 아무리 해도 안 열리네'라는 뜻이고, 컴퓨터가 안 켜지면 **This computer won't turn on.**이라고 하는데요, 이것도 역시, '컴퓨터가 안 켜지네'라는 뜻입니다.

참을 만해.
It's bearable.

어디가 아프거나 날씨가 너무 더울 때, 반대로 날씨가 너무 추울 때, 우리는 '견딜 만하다'라는 표현을 씁니다. '다쳐서 허리가 아프다며? 견딜 만해?', '아프지만 견딜 만은 해.'처럼 말이죠. 이렇게 '견딜 수 있다'라는 말을 bearable이라고 해요. 그래서, 통증이나 날씨 등을 '견딜 만하다, 참을 만하다'라고 할 때 It's bearable.이라는 표현을 씁니다. 물어볼 때는 Is it bearable?이라고 하죠.

통증을 참을 수 있다고 하면서

A 많이 아프니?
B 참을 만해요.

A Does it hurt a lot?
B **It's bearable.**

덥긴 해도 견딜 수 있다고 하면서

A 거기 날씨는 어때?
B 더워, 근데 견딜 만은 해.

A How's the weather there?
B It's hot, but **it's bearable.**

CHAPTER 5

UNIT 47

미용

파마하기 / 머리 다듬기 / 네일 케어

Try it in ENGLISH

미용실에 가서 파마를 할 때, 머리를 다듬을 때, 그리고 네일 숍에서 손톱 관리를 받을 때의 대화문을 익혀봅시다.

> I think your hair has been thinning.

강의 **47**

트레이시	나 머리 좀 어떻게 해야 할 것 같아.
캐롤	또? 지난달에 너 파마한 것 같은데.
트레이시	맞아. 근데 볼래?
	벌써 엉망이 됐잖아.
캐롤	너 미용실에 너무 자주 가는 것 같지 않아?
트레이시	맞아. 근데 어쩔 수가 없어.
	파마가 오래 가질 않아.
캐롤	요즘 머리카락이 얇아지나 보다.

머리 한 지가 얼마 안 되었는데 벌써 다 풀려서, 다시 파마를 해야겠다고 말하는 상황입니다.
한글 대화문을 읽으면서 상황을 상상하고 영어로 생각해보고 나서 영어 대화문을 보세요.

음원 47-1

Tracy I think I have to do something with my hair.

Carol Again? I remember you got a perm just last month.

Tracy I know. But see?
It looks ugly already.

Carol **139** Don't you think you go to the beauty salon too often?

Tracy Yeah. But I can't help it.
My perm doesn't last long.

Carol I think your hair has been thinning recently.

VOCABULARY

perm 파마   **ugly** 이상한, 엉망인   **beauty salon** 미용실   **last** 마지막으로

KEY EXPRESSIONS

1 머리에 뭔가를 하다
do something with my hair
파마를 하든, 염색을 하든, 커트를 하든 '머리에 뭐라도 한다'는 걸 do something with my hair라고 해요. '내 머리를 한다'는 건 do my hair라고 합니다. Did you do your hair? (머리, 네가 했어?)와 같이 말하죠.

2 머리에 뭔가를 한 게 오래 가다
last long
머리에 뭔가 시술을 한 게 '오래 간다, 지속된다'는 걸 last long이라고 해요. 오래 안 가면 It doesn't last long.이라고 하죠.

3 머리카락이 얇아지다
hair has been thinning
머리카락이 얇아지고 힘이 없어진 걸 thin해졌다고 해요. 그래서 '요즘 내 머리가 얇아졌다'고 할 때 My hair has been thinning recently.라고 하죠.

CHAPTER 5

음원 47-2

머리를 다듬으러 미용실에 가서 대화를 나누는 상황입니다. 한글 대화문을 읽으면서 상황을 상상하고 영어로 생각해보고 나서 영어 대화문을 보세요.

진	안녕하세요. 머리 좀 다듬으러 왔는데요.
헤어 드레서	아, 죄송하지만, 한 시간 정도 기다리셔야 해요.
진	그래요? 그럼 한 시간 후에 올게요.
헤어 드레서	여기 이름을 적어주세요. 감사합니다.
진	그리고 헤어 클리닉도 할 수 있을까요?
헤어 드레서	오늘은 안 돼요. 클리닉 제품이 다 떨어졌어요.
	다음 주에 다시 오셔서 하실 수 있어요.
진	그렇군요. 그럴게요. 그럼.

Jin	Hi, I'm here to get a trim.
Hair dresser	Oh, we're sorry, but you need to wait for about an hour.
Jin	Really? Then I'll be back in an hour.
Hair dresser	Please write down your name here. Thank you.
Jin	**140** And is this hair treatment program available?
Hair dresser	Not today. We ran out of the treatment product.
	You can come back and do that anytime next week.
Jin	I see. Okay, then.

VOCABULARY

trim 머리를 약간 다듬는 것　**treatment product** 헤어 클리닉 제품
anytime 언제든, 아무 때나

KEY EXPRESSIONS

1 **머리를 다듬다　get a trim**

'파마를 하다'는 get a perm이라고 하고, '머리를 다듬다'는 get a trim, 그리고 '머리를 자르다'는 get a haircut이라고 해요. '염색을 하다'는 get my hair dyed라고 합니다.

2 **한 시간 정도 기다리다**
wait for about an hour

'기다리다'는 wait이고, 얼마나 기다리는지 시간은 for 뒤에 써요. '한 시간 정도' 기다리면 for about an hour, '20분 정도' 기다리면 for about twenty minutes라고 해요.

3 **한 시간 후에 다시 오다**
be back in an hour

'어디 갔다가 다시 오다'는 be back 또는 come back입니다. I'll be back이라고 하면 '갔다 올게요'라는 말이고, in an hour는 '한 시간 후에'라는 말이예요.

친구가 손톱을 했는데 너무 예쁘다고 하면서, 아이들을 키우느라 시간이 없어서 못한다고 말하는 상황입니다. 한글 대화문을 읽으면서 영어로 생각해보고 나서 영어 대화문을 보세요.

트레이시　헤더, 네 손톱 예쁘다.
헤더　고마워.
　　　어제 했어.
트레이시　넌 네일 숍에 자주 가니?
헤더　응, 한 달에 한 번 정도는 가.
트레이시　난 언제 갔는지 기억도 안 난다.
헤더　넌 애들 키우느라고 많이 바쁠 것 같다.
트레이시　맞아, 그래도 그 애들이 있어서 행복해.

Tracy　Heather, your nails look nice.
Heather　Thank you.
　　　I had them done yesterday.
Tracy　Do you go to the nail salon often?
Heather　Yes, I go about once a month.
Tracy　I don't remember when I went there last.
Heather　**141** I guess you must be really busy raising your kids.
Tracy　Yes, but I'm so happy with them.

VOCABULARY

nails 손톱 nail salon 네일 숍 last 마지막으로 raise 키우다

KEY EXPRESSIONS

1　네일 케어를 하다 **have them done**
네일 숍에 가서 손톱을 하는 것을 have my nails done, have them done이라고 해요. 내가 직접 하는 게 아니라, my nails, them을 누군가가 해주는 거라서 have ~ done이라고 합니다.

2　네일 숍에 자주 가다
go to the nail salon often
우리가 흔히 '네일 숍'이라고 부르는 건 영어로 nail salon이라고 해요. 그 '네일 숍에 자주 간다'는 말은 go to the nail salon often이라고 하죠.

3　한 달에 한 번 정도 가다
go about once a month
어딘가에 가는데 가는 횟수가 '한 달에 한 번 정도'라고 할 때 about once a month라고 하죠. '일주일에 한 번 정도'라면 about once a week라고 하면 되죠.

CHAPTER 5

핵심 패턴 139
너 너무 자주 ~하는 것 같지 않아?
Don't you think you ~ too often?

너 미용실에 너무 자주 가는 것 같지 않아?
Don't you think you go to the beauty salon **too often?**

너 염색을 너무 자주 하는 것 같지 않니?
Don't you think you have your hair dyed **too often?**

너 차를 너무 자주 바꾸는 것 같지 않아?
Don't you think you change your car **too often?**

상대방이 뭔가를 너무 자주 하는 것같이 느껴질 때 이 패턴을 써보세요.

핵심 패턴 140
~ 되나요?
Is ~ available?

헤어 클리닉도 할 수 있을까요?
Is this hair treatment program **available?**

오디오 가이드 투어 할 수 있나요?
Is an audio guided tour **available?**

이 섬에 다녀오는 당일치기 투어 되나요?
Is a day tour to this island **available?**

뭔가가 되는지, 이용 가능한지 물을 때 이 패턴을 써보세요.

핵심 패턴 141
너 ~인가 보다.
I guess you must be ~.

넌 애들 키우느라고 많이 바쁠 것 같다.
I guess you must be really busy raising your kids.

일 때문에 꼼짝을 못하나 보네.
I guess you must be tied up with work.

요즘은 너 스트레스가 없나 보다.
I guess you must be free from stress these days.

상대방이 어떠한 것 같다는 생각이 강하게 들 때 이 패턴을 써보세요.

Do you go to the nail salon often?
too를 붙이면 항상 부정적인 의미가 되나요?

Q

대화문에서 친구들끼리 얘기하면서 상대방에게 '얼마나 자주 네일 숍에 가느냐?'고 하면서 Do you go to the nail salon often?이라고 했는데요, 다른 대화문에서는 미용실에 너무 자주 가는 거 아니냐고 하면서 too often이라는 표현을 썼어요. too를 붙이면 '너무 자주'라는 부정적인 뜻이 되나요?

A

항상 그런 건 아닙니다. 우리말의 '너무'라는 말도 원래는 '너무 지나쳐서 안 좋은'이라는 부정적인 의미였지만 '너무 좋다, 너무 맛있다'와 같이 긍정적인 의미로 많이 쓰다 보니 두 가지 의미로 다 쓰이죠. Do you go to the nail salon often?에서 often은 그야말로 '자주'라는 뜻이고, Don't you think you go to the beauty salon too often?에서 too often은 '너무 자주'라는 부정적인 의미로 쓰인 게 맞지만, 다른 경우에는 This is too delicious. (이거 너무 맛있다.)와 같이 쓰이기도 해요.

제 머리 어떻게 좀 해주세요.
Please save my hair.

이번 유닛의 대화문에서는 미용실에서 파마, 염색, 커트 등을 하는 내용을 배웠는데요, 파마나 염색 등을 자주 하거나 모발이 원래 얇고 힘이 없는 경우에는 미용실에 가서, '제 머리 어떻게 좀 해주세요'라고 요청할 수 있을 겁니다. 이 말을 영어로 Please save my hair.라고 해요. save my hair 내 머리카락을 구하는 거니까, '건강한 모발로 좀 만들어달라'는 말이 되죠.

머리 결이 가늘고 힘이 없을 때

A 머리 결이 가늘군요.
B 제 머리 어떻게 좀 해주세요.

A Oh, your hair looks thin.
B Please save my hair.

염색을 자주 해서 상했을 때

A 제 머리 어떻게 좀 해주세요.
  제가 염색을 너무 자주 하나 봐요.

B 그러신 것 같네요.

A Please save my hair.
  I think I have my hair dyed too often.
B It seems like it.

개인 위생과 청결 관리

개인 위생 챙기기 / 재료에 따라 도마 따로 쓰기 / 마스크 쓰기

Try it in ENGLISH

개인 위생과 청결을 강조할 때, 재료에 따라 다른 도마를 쓰라고 할 때, 호흡기 건강을 위해 마스크를 쓰라고 할 때의 대화문을 익혀봅시다.

강의 **48**

엄마	마이크, 왜 눈을 비비는 거야?
마이크	눈에 뭐가 들어갔나 봐요.
엄마	손으로 눈 비비지 마! 손에 세균이 있을지도 모른다고. 그리고 이 손 세정제를 써.
마이크	세균이요? 안 보이는데요?
엄마	눈에는 안 보여도 온 사방에 있는 거야. 세균 때문에 여러 병에 걸릴 수 있어.

아이가 손으로 눈을 비비는 걸 보고 세균이 눈에 들어갈 수 있으니 그러지 말라고 하는 상황입니다. 한글 대화문을 읽으면서 영어로 생각해보고 나서 영어 대화문을 보세요.

음원 48-1

Mom	Mike, why are you rubbing your eye?
Mike	I think there's something in my eye.
Mom	Stop rubbing your eyes with your hands!
	There might be germs on your hands.
	And use this hand sanitizer.
Mike	Germs? I can't see any of them.
Mom	They are invisible but everywhere.
	142 Germs **can cause** many diseases.

VOCABULARY

rub 문지르다   **sanitizer** 소독제   **invisible** 눈에 안 보이는   **disease** 병, 질병

KEY EXPRESSIONS

1 **손으로 눈을 비비다**
rub your eyes with your hands
'뭔가를 문지르다'라는 걸 rub이라고 해요. '두 손으로 눈을 비빈다'고 할 때는 rub your eyes with your hands라고 하죠. '한 손으로 비빈다'는 with your hand라고 하면 돼요.

2 **손에 있는 세균**
germs on your hands
germ은 '세균'을 가리킵니다. on your hands는 '손에 있는'이라는 뜻이죠.

3 **눈에는 안 보여도 온 사방에 있는**
invisible but everywhere
'눈에 안 보이는'이라고 할 때 invisible이라고 합니다. 어떤 게 '눈에는 안 보여도 온 사방에 있다'고 하면 invisible but everywhere라고 해요.

CHAPTER 5

음원 48-2

하나의 도마에 고기와 채소 등을 다 쓰려는 걸 보고, 재료에 따라 다른 도마를 쓰라고 하는 상황입니다. 상황을 상상하며 영어로 생각해보고 나서 영어 대화문을 보세요.

리타　닉, 그 도마를 채소 써는 데 쓰지 마!
닉　왜?
리타　그건 소고기나 돼지고기, 닭고기 같은 생고기 용이야.
닉　그럼 도마를 다른 걸 써야 한다는 거야?
리타　그럼, 위생을 위해서 그래야지.
닉　그렇구나. 기억해둘게.
리타　병에 걸리면 안 되잖아, 그치?

Rita　**Nick, don't** use that cutting board for vegetables**!**
Nick　**Why not?**
Rita　**That's** for raw meat**, like beef, pork or chicken.**
Nick　**You mean we should use different cutting boards?**
Rita　**Yes,** for hygienic reasons**.**
Nick　**I see. I'll keep that in mind.**
Rita　**143** **We don't want to get sick, right?**

VOCABULARY

cutting board 도마　**raw** 날것의, 익히지 않은　**hygienic** 위생상의

KEY EXPRESSIONS

1　**그 도마를 채소 써는 데 쓰다**
use that cutting board for vegetables
'무언가를 어떤 대상에 쓴다'고 할 때 〈use + 무엇 + for + 대상〉의 형태로 써요. '(고기 썰 때 썼던) 그 도마를 채소 자르는 데 쓴다'고 할 때 use that cutting board for vegetables 라고 합니다.

2　**생고기 용인, 생고기에 쓰는**
for raw meat
어떤 것의 용도를 표현할 때 for를 써요. 도마를 생고기 자르는 데 쓴다고 할 때 for raw meat라고 하면 되고요, 채소 자르는 데 쓰면 for vegetables라고 하죠.

3　**위생을 위해서**
for hygienic reasons
도마를 따로 쓰는 것이 '위생을 위해서'라고 할 때 for hygienic reasons라고 합니다. 어떤 이유를 표현할 때는 〈for + 무슨 + reason(s)〉라고 해요.

음원 48-3

황사가 심하니까 마스크를 꼭 쓰라면서 하나 건네주는 상황입니다. 한글 대화문을 읽으면서
상황을 상상하고 영어로 생각해보고 나서 영어 대화문을 보세요.

피터	안녕, 비올라. 왜 마스크를 쓰고 있어?
비올라	황사 때문에 쓰고 있지.
피터	아, 그래, 오늘 너무 심하네.
비올라	너도 마스크 써야 해, 피터.
피터	마스크가 그렇게 도움이 되는 건지 잘 모르겠어.
비올라	이건 황사로부터 보호해주는 특별한 마스크야.
피터	그래? 고마워. 먼지를 들이마시긴 싫다.

Peter	Hi, Viola. **144** **Why are you** wearing a mask?
Viola	I'm wearing it because of the yellow dust.
Peter	Oh, yes, it is pretty bad today.
Viola	You should wear a mask too, Peter.
Peter	I don't think a mask helps that much.
Viola	This is a special one that protects you from yellow dust.
Peter	It is? Thanks. I don't want to breathe in any dust.

VOCABULARY

yellow dust 황사   protect 보호하다   breathe in 들이마시다

KEY EXPRESSIONS

1   **황사 때문에**
because of yellow dust
'어떤 것 때문에'라고 이유를 말할 때 〈because of + 무엇〉이라고 쓰는데요, because of
뒤에는 yellow dust와 같은 명사나 -ing 형태를 쓰고, because 뒤에는 〈주어 + 동사〉를 씁
니다.

2   **황사로부터 보호해주는 특별한 마스크**
a special one that protects you from yellow dust
그냥 어떤 것이 아니라 특별한 것이니까 a special one이라고 하고요, '우리를 황사로부터
보호해주는'이라는 것을 뒤에 이어서 that protects you from yellow dust라고 해요.

3   **먼지를 들이마시다**
breathe in any dust
뭔가를 들이마시는 걸 〈breathe in + 무엇〉이라고 해요. 먼지는 any dust, fine dust, dust
라고 부릅니다.

CHAPTER 5

SPEAKING PATTERNS

~는 …을 일으킬 수 있어.
~ can cause ...

세균 때문에 여러 병에 걸릴 수 있어.
Germs **can cause** many diseases.

수면 부족이 심각한 문제를 유발할 수 있어.
Lack of sleep **can cause** a serious problem.

너무 과로하면 건강에 문제가 생길 수 있어.
Too much hard work **can cause** health problems.

어떤 것이 무언가를 생기게 할 수 있다고 얘기할 때 이 패턴을 써보세요.

우린 ~하면 안 되잖아, 그렇지?
We don't want to ~, right?

병에 걸리면 안 되잖아, 그치?
We don't want to get sick**, right?**

기회를 놓치면 안 되잖아, 그치?
We don't want to miss the chance**, right?**

차 막혀서 꼼짝 못하면 안 되잖아, 그치?
We don't want to get stuck in traffic**, right?**

우리가 뭐뭐 하면 안 되지 않느냐고 확인시킬 때 이 패턴을 써보세요.

너 왜 ~하고 있어?
Why are you -ing?

왜 마스크를 쓰고 있어?
Why are you wear**ing** a mask?

왜 발을 저는 거야?
Why are you limp**ing**?

왜 그렇게 나를 쳐다보는 거니?
Why are you star**ing** at me like that?

상대방이 하고 있는 행동이나 상태를 보고 왜 그러는지 물을 때 이 패턴을 써보세요.

I don't think a mask helps that much.
형용사 앞에 쓰는 this와 that의 의미

Q

대화문에서, '마스크를 쓰는 게 그렇게 많이 도움이 되는 건지는 잘 모르겠다'고 하면서 I don't think a mask helps that much.라고 했는데요. 여기서 that much는 '그렇게 많이'라는 뜻인 것 같은데 형용사 앞에 this도 쓸 수 있나요?

A

네, 됩니다. 형용사 앞에 this나 that을 둘 다 쓸 수 있어요. that은 '그렇게'라는 뜻이고, this는 '이렇게'라는 뜻이예요. 그러니까 that much는 '그렇게 많이'라는 뜻이고, this much는 '이렇게 많이'라는 뜻이죠. 회전 초밥집에서, 배가 고파서 엄청 먹다 보니 초밥 접시가 높게 쌓였습니다. 그때, '내가 이렇게 많이 먹었어?'라는 생각이 들 때 Did I eat this much?라고 할 수 있어요.

좋은 지적이다.
That's a good point.

이번 유닛에서는 개인 위생과 청결에 대한 얘기들을 하는 대화문을 배웠죠. 세균이 묻어 있을지도 모르는 손으로 눈을 비비지 말라거나 재료에 따라 다른 도마를 쓰라든가, 미세 먼지나 황사로부터 호흡기를 보호하기 위해 마스크를 써야 한다는 말을 들으면, '아, 좋은 지적이다. 맞아, 그래야지…'라는 생각이 들 텐데요, 이럴 때 하는 말이 That's a good point.입니다. 누군가가 일리가 있는 말을 하면, That's a good point.라고 말해보세요.

둘 데가 없는 짐들은 집에 두고 가자는 말에

A 이것들을 둘 데가 없어.

B 좋은 지적이네. 집에 두고 가자.

A There's no place to put these things.

B **That's a good point.** Let's leave them at home.

인터넷의 악플을 무시하라는 말에

A 반응 보이지 마.

B 좋은 지적이다. 그런 것들은 그냥 무시할래.

A You shouldn't respond.

B **That's a good point.** I'll just ignore the comment.

날씨와 계절

날씨 이야기 / 더운 날의 대화 / 추운 날의 대화

서로 어떤 날씨를 좋아하는지, 날씨가 아주 더울 때, 그리고 반대로 날씨가 아주 추울 때 나눌 수 있는 대화문을 익혀봅시다.

강의 **49**

자넷	올 여름은 무지무지 더울 것 같아.
해리	어떤 여름은 아주 덥고, 또 어떤 때는 안 덥더라.
자넷	근데 생각해봐. 지난 겨울에 무지하게 추웠지, 그치?
	겨울이 아주 추우면, 여름에 아주 덥더라고.
해리	그렇구나. 난 몰랐네.
자넷	난 땀을 많이 흘려서 여름이 싫어.
해리	난 추운 겨울보다는 더운 여름이 나아.

한 사람은 차라리 더운 게 낫다고 하고, 다른 사람은 추운 게 더 낫다고 하는 상황입니다. 한글 대화문을 읽으면서 상황을 상상하고 영어로 생각해보고 나서 영어 대화문을 보세요.

음원 **49-1**

Janet　I'm afraid it's going to be really hot this summer.

Harry　Some summers are very hot, but others are not too bad.

Janet　But remember: last winter was extremely cold, right?
When the winter is very cold, it's very hot in the summer.

Harry　I see. I didn't know that.

Janet　I hate summer because I sweat a lot.

Harry　For me, **145** I prefer a hot summer to a cold winter.

VOCABULARY

last ~ 지난 ~　**extremely** 심하게, 너무너무　**hate** 싫어하다　**sweat** 땀을 흘리다

KEY EXPRESSIONS

1　올 여름에 엄청 더운
really hot this summer
날씨를 가리키는 말로, '더운' hot, '추운' cold, '눈이 내리는' snowy, '비가 내리는' rainy, '끈적거리는' sticky, '습한' humid 등이 있는데요, 이런 말을 강조할 때 앞에 very나 really 를 씁니다.

2　무지하게 추운
extremely cold
'추운'이라는 뜻의 cold와 같은 형용사를 강조할 때 쓰는 말 very, really 말고 extremely를 쓰면 '너무너무 추운, 무지하게 추운'이라는 뜻이 돼요.

3　땀을 많이 흘리다
sweat a lot
'땀을 흘리다'라는 말은 sweat이라고 합니다. '땀을 많이 흘린다'고 할 때 sweat a lot이라 고 하죠. 단어 앞에 쓸 때는 a lot of 혹은 lots of를 쓰는데요, 동사를 강조할 때는 a lot을 써요.

CHAPTER 5

음원 49-2

폭염이 계속되고 날씨가 너무 더워 힘들어 하는 친구들의 대화입니다. 한글 대화문을 읽으면서 상황을 상상하고 영어로 생각해보고 나서 영어 대화문을 보세요.

(제시가 카페에서 캐롤에게 손을 흔든다.)

제시   저기, 캐롤! 여기야!

캐롤   아, 안녕, 제시. 늦어서 미안.
        오늘 밖에 너무너무 덥다.

제시   그러게 말이야. 요새 폭염이 기승이지.

캐롤   오늘 오후에는 최고 30도까지 올라간다던데.

제시   이크, 저녁까지는 실내에 있는 게 좋겠다.

캐롤   그래. 식당이랑 아이스크림 가게에서 보내자.

(Jessy waves to Carl at a café.)

Jessy   Hey, Carol! I'm over here!

Carol   Oh, hi, Jessy. I'm sorry I'm late.
          It's way too hot out today.

Jessy   I'll say. We've been having a bit of a heat wave recently.

Carol   I heard it was going to reach the high 30s this afternoon.

Jessy   Ugh, **146** we'd better stay inside until evening.

Carol   Alright. Let's spend time in a restaurant and an ice cream shop.

VOCABULARY

way 아주 많이, 심하게, 너무   **heat wave** 폭염   **recently** 최근에, 요새   **inside** 안에, 실내에

KEY EXPRESSIONS

1 **너무너무 더운   way too hot**
형용사 앞에 too를 넣으면 '너무, 지나치게'라는 뜻인데요, 이 앞에 way를 쓰면 그 의미가 더 강해집니다. '너무너무 어떠한'이라는 뜻이 되죠. way too hot은 '너무너무 더운'이라는 말이예요.

2 **폭염이 기승이다   have a bit of a heat wave**
여름에 더위가 누그러지지 않고 계속 이어지는 것을 '폭염'이라고 하는데요, 이걸 영어로 heat wave라고 해요. 더위가 파도(wave)처럼 계속 몰려오는 거죠.

3 **최고 30도까지 오르다   reach the high 30s**
일기예보를 보면 '최고 온도, 최저 온도'라고 표현하죠? '온도가 최고 몇 도까지 오른다'라고 할 때 〈reach the high + 몇 도〉라고 말해요. reach the high 30s는 '최고 온도가 30도까지 오른다'는 거죠.

음원 49-3

본격적인 겨울도 아닌데 으슬으슬한 게 잠도 못 잘 정도로 오한이 느껴지는 계절에 나누는 대화입니다. 상황을 상상하며 영어로 생각해보고 나서 영어 대화문을 보세요.

탐	어젯밤에 잘 잤어, 제시카?
제시카	별로. 밤에 점점 더 추워지네.
탐	맞아. 사실, 나도 한밤중에 덜덜 떨다가 잠에서 깼어.
	무슨 열대 섬 같은 데 있었으면 좋겠다.
제시카	응, 나도 그래.
	겨울 동안만이라도.
탐	겨울엔 따뜻한 게 최고야.
	내일은 단단히 껴입고 나오자.

Tom	Did you sleep well last night, Jessica?
Jessica	Not really.
	147 The nights are starting to get colder and colder.
Tom	True. Actually, I woke up shivering in the middle of the night.
	I wish I were on a tropical island.
Jessica	Yeah, me too. Even if only during the winter time.
Tom	In winter, feeling warm is all that matters.
	Let's bundle up tomorrow.

VOCABULARY

not really 별로, 그다지 그렇지 않은　**shiver** 으슬으슬하다, 덜덜 떨다　**tropical island** 열대 섬
matter 중요하다

KEY EXPRESSIONS

1　**덜덜 떨다가 잠에서 깨다**　wake up shivering
추워서 으슬으슬하거나 덜덜 떠는 걸 shiver라고 해요. 그래서 잠을 자다가 오한이 느껴져서 으슬으슬하며 깨는 걸 wake up shivering이라고 합니다.

2　**따뜻한 게 최고야.**
Feeling warm is all that matters.
matter는 '(뭔가가) 중요하다'라는 뜻이에요. Feeling warm is all that matters. '(겨울엔) 따뜻한 게 최고다'라는 말이죠.

3　**단단히 껴입다**　bundle up
겨울에 추우니까 옷을 단단히 껴입는 것을 bundle up이라고 해요. 출근할 때, 학교 갈 때, 밖에 나갈 때, Bundle up.이라고만 해도, '단단히 껴입고 나가라'는 말이 됩니다.

CHAPTER 5

SPEAKING PATTERNS

145

나는 ~보다 …가 더 좋더라.
I prefer ... to ~.

난 추운 겨울보다는 더운 여름이 나아.
I prefer a hot summer **to** a cold winter.

난 눈 오는 날보다는 비 오는 날이 더 좋아.
I prefer rainy days **to** snowy days.

난 실내에서 하는 활동보다는 야외에서 하는 게 더 좋더라.
I prefer outdoor activities **to** indoor ones.

둘 중에서, 다른 어떤 것보다는 이게 더 좋다고 말할 때 이 패턴을 써보세요. 더 좋은 것을 prefer 다음에 넣어 말해요.

핵심 패턴
146

우리 ~하는 게 낫겠다.
We'd better ~.

저녁때까지 실내에 있는 게 좋겠다.
We'd better stay inside until evening.

그보다 좀 더 일찍 집을 나서는 게 좋겠어.
We'd better leave home earlier than that.

뭘 좀 시켜 먹는 게 좋겠는데.
We'd better order in some food.

'우리가 이렇게 하는 게 좋겠다, 왠만하면 이렇게 하자'라고 할 때 이 패턴을 써보세요.

핵심 패턴
147

~가 점점 더 …해지고 있어.
~ is/are starting to get -er and -er.

밤이 점점 더 추워지고 있어.
The nights **are starting to get** cold**er and** cold**er**.

낮이 점점 더 짧아지네.
The days **are starting to get** short**er and** short**er**.

이것 좀 봐. 화초들이 점점 더 키가 커지고 있어.
Look. These plants **are starting to get** tall**er and** tall**er**.

뭔가가 점점 더 어떻게 되어가고 있다고 진행 상태를 묘사할 때 이 패턴을 써보세요.

Some summers are very hot, but others are not too bad.
others와 the others는 어떻게 다른가요?

Q

대화문에서, '어떤 여름은 아주 많이 덥고, 또 어떤 여름은 그리 덥지 않다'고 하면서, Some summers are very hot, but others are not too bad.라고 했는데요. 여기에서는 others 라고 했는데, the others와는 어떻게 다른가요?

A

결론부터 말씀드리면, the를 붙인 것은 '나머지 다, 나머지 전부'라는 뜻이예요. Some summers are very hot, but others are not too bad.라고 했을 때는 너무너무 더운 어떤 여름과 그렇게 덥지는 않은 여름도 있는 반면, 다른 날씨를 보이는 여름도 있다고 생각할 수 있어요. 그러니까 전체 중에서 하나가 one, 나머지 전부는 the others이고, 전체 중에서 일부가 some, 나머지 전부는 the others라고 하고, 몇몇 일부와 다른 것들을 제외하고도 또 어떤 게 남는 경우에는 some, others라고 해요.

여기가 내가 믿고 가는 곳이야.
This is my go-to place.

누구에게나, 날씨가 좋든 흐리든 춥든 덥든, 언제나 어떤 음식을 먹고 싶으면 꼭 찾아가는 나만의 단골집이 다 있죠? 이런 곳을 알려주면서, '여긴 내가 늘 오는 곳이야'라고 할 때 This is my go-to place.라고 해요. 음식점만이 아니라, '난 옷은 꼭 여기서 사, 난 머리는 늘 여기서 해, 난 커피는 이 집에서만 마셔'와 같이 어떤 종류의 단골집을 가리키면서도 This is my go-to place. 라고 할 수 있어요. place 다음에 〈for + 무엇〉을 추가하여 믿고 가는 그곳이 어떤 곳인지 말할 수 있어요.

맛있는 스테이크 집을 가리키며

A 넌 왜 맨날 여기서 먹어?
B 맛있는 스테이크가 먹고 싶을 땐 꼭 여기 오거든.

A Why do you always eat here?
B **This is my go-to place for a good steak.**

겨울옷을 사기 좋은 쇼핑몰을 알려주며

A 겨울옷, 어디서 사면 좋을까?
B 여기요. 제가 늘 옷 사러 가는 곳이예요.

A Do you have a recommendation for winter clothes?
B Here. **This is my go-to place for clothes shopping.**

피부·헤어·눈 관리

주름살 / 모발·탈모 관리 / 눈 관리

Try it in ENGLISH

주름살이 생길까봐 걱정할 때, 모발이나 탈모 때문에 고민할 때, 그리고 눈을 보호하기 위해서 어떻게 해야 하는지 말하는 상황입니다. 한글 대화문을 읽으면서 상황을 상상하고 영어로 생각해보고 나서 영어 대화문을 보세요.

강의 50

바비	엄마, 저 왔어요.
엄마	오늘 어땠니, 바비?
바비	별거 없었어요. 늘 그렇죠 뭐.
	근데, 엄마는 요즘 전처럼 많이 안 웃으시는 것 같아요.
엄마	하하, 눈치챘구나?
	주름살 생길까봐 그래.
바비	아휴, 엄마. 많이 웃으실수록, 더 젊어지시는 거예요.

주름살이 생길까봐 덜 웃으려고 한다는 엄마께, 웃을수록 젊어진다고 말씀드리는 상황입니다. 한글 대화문을 읽으면서 상황을 상상하고 영어로 생각해보고 나서 영어 대화문을 보세요.   음원 **50-1**

Bobby	Mom, I'm home.
Mom	How was your day, Bobby?
Bobby	Nothing special happened. It was the same as usual. By the way, it seems like you don't smile as often as you used to.
Mom	Haha. Did you notice that? It's because I'm afraid of getting wrinkles.
Bobby	Come on, Mom.

148 The more you smile, the younger you become.

VOCABULARY

happen 일어나다   **notice** 눈치 채다   **wrinkles** 주름살

KEY EXPRESSIONS

1 **평소와 똑같은**

the same as usual

'평소와 똑같은'이라고 할 때 the same as usual이라고 해요. 단골 식당이나 카페에 가서 '늘 먹던 거 주세요'라고 할 때도 usual을 써서 I'll have the usual.이라고 할 수 있어요.

2 **전처럼 많이 안 웃다**

don't smile as often as you used to

'웃지 않는다'는 건 don't smile이라고 하고요, 전에 그랬던 것처럼 자주 웃지 않는다면, don't smile as often as you used to라고 할 수 있어요. used to는 전에 어땠던 것을 가리킵니다.

3 **주름살이 생기다**

get wrinkles

'주름살'을 영어로 wrinkles라고 하죠. 얼굴이나 어디에 '주름살이 생긴다'는 건 get wrinkles 라고 해요.

머리카락이 더 상할까봐 타올로만 말린다는 친구에게 모근을 말려야 한다고 말해주는 상황입니다. 한글 대화문을 읽으면서 상황을 상상하고 영어로 생각해보고 나서 영어 대화문을 보세요. 음원 50-2

테리	캐롤, 너 머리가 아직 젖어 있어.
	오늘 머리 안 말렸니?
캐롤	응, 그냥 타올로만 말렸어.
	요새 머리카락이 상한 것 같아서…
테리	이크, 드라이어로 뿌리를 말려야 해.
	그래야 모발이 건강하다고.
캐롤	그래? 나는 드라이어의 열이 머리카락을 상하게 하는 줄 알았는데.

Terry	Carol, your hair looks still wet.
	Didn't you dry your hair today?
Carol	No, I just dried my hair with a towel.
	It looks like my hair is getting brittle these days, so...
Terry	Oh, you need to dry the roots with a blow dryer.
	149 It'll help your hair stay healthy.
Carol	Really? I thought the heat from the dryer ruined my hair.

VOCABULARY

wet 젖은, 젖어 있는   **brittle** 부서지기 쉬운   **roots** 모근   **ruin** 상하게 하다

KEY EXPRESSIONS

1   **머리를 타올로 말리다**
dry my hair with a towel
'머리를 말린다'는 게 dry my hair이고, '타올로 말린다'고 하면 with a towel이라고 해요. 우리가 보통 '타월 드라이를 한다'고 하죠? 그게 영어로 dry my hair with a towel입니다.

2   **머리카락이 상하다**
get brittle
머리카락이 상해서 부서지기 쉬운 상태로 된다는 말을 get brittle이라고 해요. get은 어떻게 되는 변화를 가리키는데, get이라고 하기도 하고 is getting을 쓰기도 합니다.

3   **드라이어로 뿌리를 말리다**
dry the roots with a blow dryer
머리를 말릴 때 모발의 뿌리, 즉 '모근을 말린다'는 말은 dry the roots라고 해요. 그리고 우리가 '드라이어, 헤어 드라이어'라고 부르는 건 영어로는 blow dryer라고 합니다.

음원 50-3

뜨거운 햇살 아래서 눈을 보호하기 위해 꼭 선글라스를 껴야 한다고 말하는 상황입니다. 한글
대화문을 읽으면서 상황을 상상하고 영어로 생각해보고 나서 영어 대화문을 보세요.

닉	여보, 준비됐어? 난 준비 다 했어. 가자.
팸	잠깐만. 선글라스 좀 찾아보고.
닉	필요 없을 것 같은데.
	오늘 구름이 꼈잖아.
팸	구름 낀 날에도, 자외선이 눈을 상하게 할 수 있어.
닉	그래? 그럼 나도 껴야겠네.
팸	여기 당신 선글라스.

Nick	Honey, are you ready? I'm all set. Let's go.
Pam	Wait a minute. I'm looking for my sunglasses.
Nick	**150 I don't think you'll need them.**
	It's cloudy today.
Pam	Even on cloudy days, UV rays can damage your eyes.
Nick	Really? Then I'd better wear mine, too.
Pam	Here's your pair.

VOCABULARY

set 준비가 된　**cloudy** 구름이 낀　**damage** 상하게 하다　**pair** 안경이나 선글라스 하나

KEY EXPRESSIONS

1 **눈을 상하게 하다**
damage your eyes
강한 햇볕이나 자외선 등이 '눈을 상하게 한다'고 할 때 damage your/my/his/her/our
eyes라고 합니다. 보호하려고 선글라스를 쓴다면 to protect your eyes라고 하죠.

2 **내 것을 끼다 / 착용하다**
wear mine
몸에 걸치는 모든 것에는 wear를 쓸 수 있다고 생각하시면 돼요. 옷을 입든 모자를 쓰든 선
글라스를 끼든 전부 동사 wear를 쓸 수 있어요. mine은 my sunglasses를 가리키는 말입
니다.

3 **상대방의 선글라스**
your pair
안경이나 선글라스는 복수형으로 these, them, glasses, sunglasses라고 가리키는데요,
한 단어로 pair라고 하기도 하죠. your pair는 당신의 선글라스를 가리킨 겁니다.

CHAPTER 5

SPEAKING PATTERNS

더 많이 ~할수록, …해지다.
The 비교급 ~, the 비교급 …

많이 웃으실수록, 더 젊어지시는 거예요.
The more you smile, **the younger** you become.

경험을 많이 하면 할수록, 네 세상은 더 넓어지는 거야.
The more you experience, **the broader** your world will become.

운동을 하면 할수록, 더 건강해져.
The more you exercise, **the healthier** you become.

무엇을 더 많이 할수록 더욱 더 어떠해진다고 할 때 이 패턴을 써보세요.

그게 ~가 계속 …하게 도와줄 거야.
It'll help ~ stay …

그래야 모발이 건강하다고.
It'll help your hair **stay** healthy.

그러면 네 강아지가 늘 행복할 거야.
It'll help your dog **stay** happy.

그러면 부모님이 걱정 안하고 사실 수 있을 거야.
It'll help your parents **stay** carefree.

어떤 게 계속 무엇 할 수 있게 도와줄 거라고 말할 때 이 패턴을 써보세요.

너 ~할 것 같지 않은데.
I don't think you'll ~.

필요 없을 것 같은데.
I don't think you'll need them.

너 회사에 지각 안 할 것 같아.
I don't think you'll be late for work.

너 경기에서 지지 않을 것 같아.
I don't think you'll lose the game.

상대방이 어떨 것 같지 않다고 말할 때 이 패턴을 써보세요.

I'd better wear mine, too.
I'd better와 You'd better는 언제 쓰나요?

Q

대화문에서 자외선으로부터 눈을 보호하려면 선글라스를 끼는 게 좋다는 말을 듣고, '나도 내 선글라스를 껴야겠네'라는 말을 I'd better wear mine, too.라고 했는데요, I'd better나 You'd better는 정확히 무슨 뜻인가요? 아무 때나 써도 되나요?

A

I'd better나 You'd better는 뒤에 동사원형을 써서, (다른 것보다는) '~하는 게 좋겠다'라는 뜻이 돼요. 그러니까 I'd better wear mine, too. (나도 내 선글라스를 끼는 게 좋겠네)라는 말에는 '안 끼는 것보다는'이라는 말이 깔려 있어요. 그래서 상대방에게 쓰는 〈You'd better + 동사원형〉은, '왠만하면 ~하시는 게 좋겠는데요'라는 의미가 있어서, 나보다 윗사람이나 높은 사람, 연배가 위인 분께는 쓰지 않는 게 좋습니다. 그때는 should를 쓰시면 돼요.

손해 볼 건 없지 뭐.
It doesn't hurt.

건강과 미용을 위해서 많은 사람들이 다양한 노력을 합니다. 피부 관리를 위해서 매일 팩을 하는데 피부에 괜찮을까 했을 때, '그럼, 해도 되지. 손해 볼 건 없지 뭐'라고 할 때 It doesn't hurt. 라고 할 수 있어요. 뒤에 to ~를 이어서 말하기도 해요. 예를 들어, It doesn't hurt to ask. '혹시 모르니까 물어보면 좋지 않을까? 물어봐서 손해 볼 건 없어'처럼 말할 수도 있습니다.

쿠키를 더 사도 좋겠다고 하면서

A 쿠키가 더 필요 없다고?

B 응, 그래도 뭐 더 준비해둬서 손해 볼 건 없지.

A You mean we don't need extra cookies?

B No, but it doesn't hurt to have more.

냅킨을 더 준비해두자고 하면서

A 이 냅킨이 더 필요할까?

B 있으면 좋지 뭐. 필요할 수도 있으니까.

A Do we need these extra napkins?

B It doesn't hurt. We might need them.

CHAPTER 5

SPEAKING PATTERNS

영어가 툭 튀어나오는 핵심 패턴

150

본문의 핵심 패턴 150개를 모아두었습니다.
한글을 보고 영어로 바로 말하는,
순간 말하기 훈련에 활용해보세요.

UNIT 01 인사하기

001 우리 ~할까? How about we + 동사?

우리 좀 이른 저녁 먹으러 갈까? **How about we** have an early dinner?
우리 새로 생긴 디저트 카페에 가볼까? **How about we** try the new dessert café?
우리 좀 일찍 만나는 게 어때? **How about we** meet up a little earlier?

002 ···가 ~한 지 정말 오래간만이다.
It's been so long since + 누구 + 과거동사.

우리 정말 오랜만이다. **It's been so long since** we last met.
우리 정말 오랜만에 영화 보러 가네. **It's been so long since** we went to the movies.
정말 오랜만에 너랑 얘기하는구나. **It's been so long since** I talked with you.

003 와서 ~랑 인사해. Come and meet ~.

와서 내 친구랑 인사해. **Come and meet** my old friend.
와서 우리 새 매니저랑 인사하세요. **Come and meet** our new manager.
와서 내 남편이랑 인사해. **Come and meet** my husband.

UNIT 02 식당에서

004 ~정도 걸릴 거예요. / ~정도 될 겁니다. That'll be about ~.

음식은 15분 정도 걸려요. **That'll be about** 15 minutes.
50달러 정도 될 거야. **That'll be about** 50 dollars.
100킬로그램 정도 될 걸. **That'll be about** one hundred kilograms.

005 제가 가서 ~할게요. Let me go + 동사원형.

주방에 가서 확인해보겠습니다. **Let me go** check in the kitchen.
가서 마실 것 좀 사 올게. **Let me go** get a drink.
가서 지갑 가지고 올게. **Let me go** get my wallet.

006 내가 너한테 ~빚졌다. I owe you + 무엇.

내가 나중에 맛있는 저녁 살게. **I owe you** a fancy dinner.
내가 너한테 신세를 졌다. **I owe you** one.
너한테 사과할 게 있어. **I owe you** an apology.

카페·패스트푸드점에서

007 뭘 ~하시겠어요? **What would you like to + 동사원형?**

마실 것 뭐 드릴까요?	**What would you like to** drink today?
저녁은 뭐 먹고 싶어?	**What would you like to** eat for dinner?
하루 쉴 때, 뭐하고 싶어?	**What would you like to** do on the day off?

008 ~하실 때마다, …할 겁니다. **Every time you + 동사원형, you'll + 동사원형.**

커피 한 잔 드실 때마다 도장을 하나씩 찍어드려요.	**Every time you** get a coffee, **you'll** get one stamp.
어떤 것을 구매하셔도, 10퍼센트씩 할인을 받으실 거예요.	**Every time you** purchase something, **you'll** get 10 percent off.
이 사이트를 이용할 때마다, 무료 쿠폰을 받게 될 거야.	**Every time you** use this website, **you'll** get a free coupon.

009 ~에 딱이다. **That'd be perfect for ~.**

이런 더운 날엔 딱이죠.	**That'd be perfect for** this hot weather.
이렇게 화창한 날에 딱이네.	**That'd be perfect for** this sunny day.
네 생일에 딱 맞는 거네.	**That'd be perfect for** your birthday.

집에서

010 ~할 준비해. **Get ready to ~.**

학교 갈 준비해.	**Get ready to** go to school.
출근 준비해.	**Get ready to** go to work.
갈 준비해.	**Get ready to** leave.

011 …한 것들은 ~안에 넣어. **Put the ones + 주어 + 동사 + in ~.**

마음에 안 드는 것들은 이 기증 상자에 넣어.	**Put the ones** you don't like **in** this donation box.
우리한테 안 필요한 건 이 통 안에 넣어.	**Put the ones** we don't need **in** this container.
그 아이들한테 주고 싶은 것들은 이 큰 상자에 넣어.	**Put the ones** you want to give them **in** this big box.

012 난 …동안 ~를 안 했어. **I haven't p.p. ~ for …**

그거 거의 일 년 넘게 안 썼어.	**I haven't used** most of them **for** over a year.
난 6개월 넘게 여행 못 갔어.	**I haven't been** on a trip **for** more than six months.
5년도 넘게 그 사람 못 봤는데.	**I haven't seen** him **for** over five years.

UNIT 05 이웃 & 동네에서

013 제가 ~해드릴게요. Let me + 동사원형 + for you.

제가 눌러드릴게요.	**Let me** hit it **for you.**
문 열어드릴게요.	**Let me** open the door **for you.**
커피 타드릴게요.	**Let me** make some coffee **for you.**

014 ~하는 게 당연하네. It's not surprising that + 주어 + 동사.

맨날 저렇게 시끄럽게 하는 게 당연하지 뭐.	**It's not surprising that** they make noise all the time.
우리가 녹초가 된 게 당연하지.	**It's not surprising that** we're exhausted.
네가 실망하는 게 당연해.	**It's not surprising that** you feel disappointed.

015 어쩜 ~할 수가 있지. It's amazing + 주어 + 동사.

어떻게 아직 저를 기억하고 계시네요.	**It's amazing** you still remember me.
어떻게 이번에 만점을 맞았니.	**It's amazing** you got a perfect score this time.
어쩜, 헤어지고 나서도 걔네들은 같이 일을 하네.	**It's amazing** they work together after a breakup.

UNIT 06 운전할 때

016 우편으로 ~가 왔더라. I just received ~ in the mail.

방금 벌금 통지서를 우편으로 받았어.	**I just received** the fine **in the mail.**
방금 결과를 우편으로 받았어.	**I just received** the results **in the mail.**
방금 점수가 우편함에 와 있더라.	**I just received** the score **in the mail.**

017 그건 ~에 따라 달라. It depends on ~.

그건 도로 상태에 따라서 다르긴 해.	**It depends on** the road conditions.
그건 날씨에 따라 달라.	**It depends on** the weather.
그건 근무 환경에 따라 다르지.	**It depends on** the working conditions.

018 ~를 잘 이용하자 / 활용하자 Let's take advantage of ~.

남은 시간을 잘 활용해보자.	**Let's take advantage of** some free time.
우리 이 상황을 잘 이용해보자.	**Let's take advantage of** this situation.
우리 근무 시간이 유동적인 걸 잘 활용해보자고.	**Let's take advantage of** our flexible work schedule.

쇼핑하기 I

019 편하게 ~하세요. Feel free to ~.

편하게 구경하세요.	**Feel free to** look around.
편하게 질문하세요.	**Feel free to** ask me questions.
편하게 이 샘플을 써보세요.	**Feel free to** try the samples.

020 ~를 좀 적어주시겠어요? Could you please write down ~?

여기에 주소를 적어주시겠어요?	**Could you please write down** your address here?
이름 전체를 적어주시겠습니까?	**Could you please write down** your full name?
이메일 주소를 적어주시겠어요?	**Could you please write down** your email address?

021 ~드릴까요? Would you like a ~?

쇼핑백 드릴까요?	**Would you like a** bag?
리필 해드릴까요?	**Would you like a** refill?
앞 접시 드릴까요?	**Would you like a** plate?

쇼핑하기 II

022 ~하려고 하는데요. / ~하고 싶은데요. I'd like to ~.

저 주문한 것 좀 변경하고 싶은데요.	**I'd like to** change my order.
전체 주문을 다 취소하고 싶어서요.	**I'd like to** cancel the whole order.
배송을 가능한 한 빨리 받고 싶은데요.	**I'd like to** get the package ASAP.

023 그것을 ~해드릴게요. We'll have that p.p.

가능한 한 빨리 배송해드리겠습니다.	**We'll have that** shipped to you ASAP.
내일까지 수리해드릴게요.	**We'll have that** fixed by tomorrow.
완벽하게 세탁을 해드리겠습니다.	**We'll have that** cleaned completely.

024 ~를 해드릴까요? 아니면 …를 해드릴까요? Would you like a/an ~ or a/an ...?

환불을 받으시겠어요? 아니면 교환을 하시겠어요?	**Would you like a** refund **or an** exchange?
커피를 드시겠어요? 아니면 차를 드시겠어요?	**Would you like a** coffee **or a** tea?
생수를 드릴까요? 아니면 그냥 물을 드릴까요?	**Would you like a** bottled water **or** tap water?

025 어떤 ~인가요? **What kind of ~ is it?**

어떻게 아프세요?	**What kind of** pain **is it?**
어떤 두통이죠?	**What kind of** headache **is it?**
무슨 문제죠?	**What kind of** problem **is it?**

026 그다지 ~하지 않네요. **It's not too ~.**

그렇게 심하지는 않습니다.	**It's not too** bad.
그렇게 힘들지 않아요.	**It's not too** tough.
그렇게 복잡하지 않아요.	**It's not too** complicated.

027 위를 보시고, ~하세요. **Please look up and ~.**

위를 보시고, 보이는 걸 읽어보세요.	**Please look up and** tell me what you can read.
위를 보고, 뭐라고 쓰여 있는지 읽어봐.	**Please look up and** read what it says.
고개를 들고, 하늘을 봐.	**Please look up and** see the sky.

028 나 ~할 것 같아. **I think I'll ~.**

나 6시 정도에 퇴근할 것 같아.	**I think I'll** finish around six.
나 그때쯤이면 다 끝낼 것 같아.	**I think I'll** get it done by then.
그 시간이면 집에 도착할 것 같아.	**I think I'll** be home around that time.

029 ~가 이제 막 …할 거야. **~ is about to …**

이제 콘서트 시작할 건데.	The concert **is about to** start.
박물관 이제 곧 문 닫는데.	This museum **is about to** close.
쇼핑몰 이제 문 열려고 해.	The shopping mall **is about to** open.

030 내가 ~시에 …로 데리러 갈게. **I'll pick you up at … at ~.**

내가 7시에 너희 집으로 데리러 갈게.	**I'll pick you up at** your place **at** 7.
내가 공항으로 5시에 데리러 갈게.	**I'll pick you up at** the airport **at** 5.
내가 너희 회사로 6시에 데리러 갈게.	**I'll pick you up at** your workplace **at** 6.

UNIT 11 인사하기

031 ~는 ···에 마무리될 겁니다. ~ will be wrapped up ...

우리 새 프로젝트 PPT는 내일 마무리될 겁니다.	The PPT for our new project **will be wrapped up** tomorrow.
나머지는 오늘 오후에 마무리될 겁니다.	The rest **will be wrapped up** this afternoon.
거래는 다음 주 월요일까지는 마무리될 겁니다.	The deal **will be wrapped up** by next Monday.

032 ~하게 돼서 기뻐요. I'm so happy to start -ing.

여기서 일하게 돼서 좋네요.	**I'm so happy to start** work**ing** here.
어디든 다 여행을 할 수 있게 돼서 너무 좋다.	**I'm so happy to start** travel**ing** everywhere.
스포츠 센터에서 다시 운동을 하게 돼서 너무 좋아.	**I'm so happy to start** exercis**ing** at the gym.

033 저는 ~하는 게 잘 안 맞아요. I'm not cut out for ~.

저는 목표를 정하는 게 별로 안 맞아요.	**I'm not cut out for** making goals.
저는 이런 일에 맞지 않아요.	**I'm not cut out for** this job.
저는 즉흥적인 여행에는 안 맞아요.	**I'm not cut out for** spontaneous trips.

UNIT 12 부탁하기 & 도움 요청하기

034 ~가 이해가 안 되네요. I can't understand ~.

이 매뉴얼이 이해가 안 돼서요.	**I can't understand** this manual.
이 문제가 이해가 안 돼요.	**I can't understand** this question.
그 분의 설명을 이해를 못 하겠어요.	**I can't understand** his explanation.

035 내가 ~를 잘 알아. I'm pretty familiar with ~.

내가 그 프로젝트 잘 알아.	**I'm pretty familiar with** your project.
여긴 내가 잘 알아.	**I'm pretty familiar with** this area.
이 주제에 대해서는 내가 잘 알지.	**I'm pretty familiar with** this topic.

036 왜 ~한지 모르겠네. I don't know why ~.

이게 왜 안 들어갔는지 모르겠네.	**I don't know why** this didn't go through.
이게 왜 안 되는지 모르겠어.	**I don't know why** this doesn't work.
그쪽에서 왜 우리 제안을 거절했는지 모르겠단 말이야.	**I don't know why** they rejected our offer.

일이 생겼을 때

037   목소리 들으니 ~한가 보네. You sound like ~.

목소리 들으니 감기 걸렸나 보네.	**You sound like** you caught a cold.
너 이제 막 일어났나 보구나.	**You sound like** you've just gotten up.
너 화난 것 같다.	**You sound like** you're upset.

038   ~가 있었나 봐. I think there must have been a/an ~.

저 앞에 사고가 났었나 봐.	**I think there must have been an** accident up ahead.
뭔가 오류가 있었나 보네.	**I think there must have been a** mistake.
이유가 있었던 것 같아.	**I think there must have been a** reason.

039   내가 뭘 ~하면 되는지 말해봐. Tell me what I can ~.

내가 뭘 해주면 되는지 말해봐.	**Tell me what I can** do for you.
내가 뭘 도와주면 되는지 말해봐.	**Tell me what I can** help you with.
내가 그녀에게 뭐라고 말하면 될지 알려줘.	**Tell me what I can** say to her.

회사 근무 규정

040   우리 ~할까? How about we ~?

당신 회사 근처로 우리 이사 갈까?	**How about we** move near your workplace?
우리 오늘 저녁은 나가서 먹을까?	**How about we** eat out tonight?
우리 친한 친구들을 초대하는 게 어때?	**How about we** invite our close friends?

041   이제 늘 ~가 기다려지겠어. I'll always be looking forward to ~.

이제 늘 캐주얼을 입는 금요일이 기다려지겠어.	**I'll always be looking forward to** casual Fridays.
이제 회사에 출근하는 게 늘 기다려지겠다.	**I'll always be looking forward to** coming in to work.
이젠 그 사람들 만나는 게 언제나 기다려지겠어.	**I'll always be looking forward to** seeing them.

042   얼마나 ~하셨어요? How long have you been -ing?

여기서 얼마나 일하셨어요?	**How long have you been** working here?
여기 사신 지 얼마나 되셨어요?	**How long have you been** living here?
그 사람이랑 얼마나 사귄 거야?	**How long have you been** dating him?

전화 응대하기

043 죄송하지만, 저는 ~에 대해서 잘 모르겠어요.
I'm sorry, but I'm not sure about ~.

죄송하지만, 이 건에 대해서는 잘 모르겠어요.	**I'm sorry, but I'm not sure about** this one.
미안한데, 난 결과에 대해서는 잘 모르겠어.	**I'm sorry, but I'm not sure about** the results.
죄송하지만, 정확한 날짜는 잘 모르겠어요.	**I'm sorry, but I'm not sure about** the exact date.

044 ~를 못 알아들었어요. **I didn't catch ~.**

성을 못 들었어요.	**I didn't catch** your last name.
성함을 못 들었는데요.	**I didn't catch** your name.
마지막 단어가 뭐였는지 못 들었어.	**I didn't catch** the last word.

045 ~를 받았는데, …가 아주 마음에 들어요. **We got ~, and we really like ...**

샘플 받았는데, 품질이 아주 마음에 들어요.	**We got** your sample products, **and we really like** the quality.
네 영상 파일을 받았는데, 내용이 아주 좋더라.	**We got** your video clip, **and we really like** the content.
택배를 받았는데, 제품이 아주 마음에 들어요.	**We got** the package, **and we really like** the products.

업무 진행 상황

046 벌써 ~를 다 했어요? **Did you finish ~ already?**

그 보고서를 벌써 다 한 거예요?	**Did you finish** the report **already?**
너 숙제 벌써 다 했어?	**Did you finish** your homework **already?**
방 청소를 벌써 다 한 거야?	**Did you finish** cleaning your room **already?**

047 ~인지 아닌지 잘 모르겠더라. **It was hard to tell if ~.**

내가 낸 아이디어가 마음에들 드셨는지 알기 힘들더라고.	**It was hard to tell if** they liked my idea.
그 사람이 진심이었는지 난 잘 모르겠더라고.	**It was hard to tell if** he meant it.
그녀가 사실대로 말한 건지 잘 모르겠던데.	**It was hard to tell if** she told me the truth.

048 ~인지 확인해보세요. **Check whether ~.**

재고가 있는지 확인해보세요.	**Check whether** we have any in stock.
우리가 마감일을 맞출 수 있는지 확인해보세요.	**Check whether** we can meet the deadline.
다른 문제가 있는지 좀 확인해보세요.	**Check whether** there's another problem.

049 우리 …할 ~가 있어요. We have ~ to …

두 가지 얘기할 게 있는데요.	**We have** two items **to** talk about.
해결해야 할 컴플레인이 세 개 있어요.	**We have** three complaints **to** deal with.
의논할 주제가 한 가지 있어요.	**We have** one topic **to** discuss.

050 ~할 수 있는 방법에 대해 얘기해보자. Let's talk about a way to ~.

배송을 더 빠르게 할 수 있는 방법을 논의해보자.	**Let's talk about a way to** speed up our deliveries.
일을 더 효율적으로 할 수 있는 방법을 얘기해보자.	**Let's talk about a way to** work more efficiently.
좀 일찍 퇴근할 수 있는 방법을 얘기해보자.	**Let's talk about a way to** finish work early.

051 ~는 어떻게 됐나요? How did ~ go?

그건 어떻게 됐어요?	**How did** it **go?**
출장은 어떻게 되었나요?	**How did** the business trip **go?**
협상은 어떻게 됐어요?	**How did** the negotiations **go?**

052 빨리 ~하고 싶어요! I can't wait to ~!

빨리 최종 결과물을 보고 싶네요!	**I can't wait to** see the final product!
최신 버전을 빨리 보고 싶어요!	**I can't wait to** see the latest version!
결과를 빨리 받았으면 좋겠어요!	**I can't wait to** get the results!

053 ~를 어떻게 올렸어? How did you increase ~?

어떻게 매출액을 올리셨나요?	**How did you increase** your sales volume?
점수를 어떻게 올린 거야?	**How did you increase** your score?
팔로워 수를 어떻게 늘린 거야?	**How did you increase** your followers?

054 ~할 아이디어 있어요? Do you have any ideas to ~?

올해 매출을 끌어올릴 아이디어 있어요?	**Do you have any ideas to** make our sales go up this year?
배송을 더 빠르게 할 수 있는 방안이 있나요?	**Do you have any ideas to** speed up the deliveries?
우리 고객들을 만족시킬 수 있는 아이디어가 있나요?	**Do you have any ideas to** make our customers content?

UNIT 19 신제품 런칭

055 우선, ~한 게 마음에 들어요. First of all, I like that ~.

우선, 투명한 게 마음에 들어요.	**First of all, I like that** it's transparent.
우선, 무겁지 않아서 좋네요.	**First of all, I like that** it's not heavy.
무엇보다도, 튜브에 들어 있어서 좋아요.	**First of all, I like that** they're in a tube.

056 ~를 준비합시다. Let's get ~ ready.

그 브로셔를 준비합시다.	**Let's get** those brochures **ready.**
목록을 만들어보죠.	**Let's get** the list **ready.**
샘플 제품을 준비해봅시다.	**Let's get** the sample products **ready.**

057 …에서 오신 ~이신가요? Are ~ from …?

인도네시아에서 오신 제임스 스캇 씨이신가요?	**Are** you James Scott **from** Indonesia?
이지 전자의 PM이신가요?	**Are** you the product manager **from** Easy Electronics?
말레이지아에서 오신 뱁콕 킴 씨이신가요?	**Are** you Babcock Kim **from** Malaysia?

UNIT 20 축하하기 & 격려하기

058 그게 ~로서의 당신의 장점이예요. That's your strength as a ~.

그게 바로 고객 서비스 매니저로서 당신이 가진 장점이죠.	**That's your strength as a** customer service manager.
그게 영업 사원으로서 당신의 장점입니다.	**That's your strength as a** salesperson.
그게 제품 매니저로서의 네 장점이야.	**That's your strength as a** product marketer.

059 ~할 거라고는 생각 못했어요. I never expected to ~.

제가 뽑힐 거라고는 생각 못했어요.	**I never expected to** be chosen.
제가 상을 탈 거라고는 예상 못했어요.	**I never expected to** win the prize.
내가 여기 다시 올 줄은 몰랐네.	**I never expected to** come here again.

060 …만큼 ~하지 않네. It's not as ~ as …

당신이 생각하는 것만큼 나쁘지 않아요.	**It's not as** bad **as** you think.
전처럼 그렇게 어렵지 않은데.	**It's not as** difficult **as** it used to be.
우리가 생각했던 것처럼 그렇게 간단하지가 않은 걸.	**It's not as** simple **as** we thought.

UNIT 21 공항에서

061 ~를 가지고 계십니까? Are you carrying any ~?

가연성 물질을 가지고 계신가요?	**Are you carrying any** flammable material?
동물을 데리고 계신가요?	**Are you carrying any** animals?
화초를 가지고 계신가요?	**Are you carrying any** plants?

062 ~로 바로 가세요. Go straight to ~.

탑승구로 바로 가세요.	**Go straight to** the boarding gate.
입구로 바로 가세요.	**Go straight to** the entry point.
승강장으로 바로 가세요.	**Go straight to** the platform.

063 얼마 동안 ~하실 거예요? How long do you want to ~?

여기에 얼마 동안 보관하실 건가요?	**How long do you want to** leave it here?
여기에 얼마나 있고 싶은데요?	**How long do you want to** stay here?
이 도시에서 얼마 동안 여행하고 싶은데요?	**How long do you want to** travel in this city?

UNIT 22 입국 심사

064 ~동안/~에서 묵으실 건가요? ~ are you staying?

얼마 동안 계실 건가요?	How long **are you staying?**
어디서 묵으시는데요?	Where **are you staying?**
어느 호텔에서 묵으실 건가요?	Which hotel **are you staying** at?

065 ~도 해야 하나요? Do I need to ~, too?

신발도 벗어야 하나요?	**Do I need to** take off my shoes, **too?**
이 양식도 작성해야 하나요?	**Do I need to** fill out this form, **too?**
이 가방도 부쳐야 하나요?	**Do I need to** check this bag, **too?**

066 ~한 여행하세요. Have a ~ trip.

즐거운 여행하세요.	**Have a** nice **trip.**
재미있는 여행 잘 해.	**Have a** pleasant **trip.**
좋은 여행하고 와.	**Have a** great **trip.**

UNIT 23   기내에서

067   ~ 드릴까요? ~ would you like?

어떤 거 드시겠어요?	Which one **would you like?**
뭐 드릴까요?	What **would you like?**
어떤 크기로 드릴까요?	What size **would you like?**

068   ···하면 ~해주세요. Please ~ if you ...

도움이 더 필요하시면 이 버튼을 이용해주세요.	**Please** use this button **if you** need more help.
물어볼 게 있으면 나한테 전화해줘.	**Please** call me **if you** have any questions.
여기 못 찾으면 문자 보내.	**Please** text me **if you** can't find this place.

069   ~를 ···할 때 쓰시면 됩니다. You can use ~ for ...

그것은 인터넷으로 쇼핑하실 때 쓰시면 됩니다.	**You can use** it **for** online shopping.
이 냅킨으로 손을 닦으시면 돼요.	**You can use** this napkin **for** cleaning your hands.
이 젓가락으로 국수를 드시면 돼요.	**You can use** these chopsticks **for** eating noodles.

UNIT 24   길 묻기 & 교통수단 이용

070   ~라고 쓰여 있네요. It says ~.

여기 보니까 공항버스가 도심으로 간다고 쓰여 있는데요.	**It says** the airport bus goes to the city center.
여기 보니까 버스가 30분에 한 대씩 운행한다네요.	**It says** the bus runs every thirty minutes.
여기 보니까 도시 전역에서 와이파이를 쓸 수 있대요.	**It says** the Wi-Fi is available all around the city.

071   왜 ~하지? How come ~?

이게 왜 안 되지?	**How come** it doesn't work?
왜 셔틀버스가 여기로 아직 안 오죠?	**How come** the shuttle hasn't come here yet?
왜 안내소가 하나도 안 보이지?	**How come** I can't find any information center?

072   ~까지 얼마나 걸릴까요? How long will it take to get to ~?

공항까지 얼마나 걸릴까요?	**How long will it take to get to** the airport?
도심까지 가는 데 얼마나 걸릴까요?	**How long will it take to get to** the city center?
터미널까지 가는 데 얼마나 걸릴까요?	**How long will it take to get to** the terminal?

073 ~까지 쓰실 수 있어요. **You can use it until ~.**

올해 말까지 쓰실 수 있어요.	**You can use it until** the end of the year.
이건 10월 10일까지 쓰실 수 있어요.	**You can use it until** October 10th.
이건 일요일까지 쓸 수 있어.	**You can use it until** Sunday.

074 ~는 얼마 동안 쓸 수 있는 거야? **How long is ~ good for?**

그 멀티 티켓은 얼마 동안 쓸 수 있는 건데?	**How long is** the multi-ticket **good for?**
이 쿠폰은 얼마 동안 쓸 수 있는 거지?	**How long is** this coupon **good for?**
이 바우처는 얼마 동안 쓸 수 있는 거야?	**How long is** this voucher **good for?**

075 항상 ~하는 게 더 좋아. **It's always better to ~.**

항상 표는 미리 사는 게 좋아.	**It's always better to** buy tickets in advance.
여기서는 늘 세트로 시키는 게 더 좋아.	**It's always better to** buy a combo here.
항상 물병을 가지고 다니는 게 더 나아.	**It's always better to** bring a water bottle.

076 ~라서, …해요. **Since ~, …**

지금 아파트가 비어 있어서, 그렇게 하실 수 있어요.	**Since** the apartment is vacant right now, you can do that.
제가 아직 버스라서, 6시까지는 못 가요.	**Since** I'm still on the bus, I can't make it by 6.
제가 지금 집에 없어서, 택배를 못 받아요.	**Since** I'm not at home, I can't get the package.

077 ~좀 보여주시겠어요? **May I have your ~, please?**

여권 좀 보여주시겠어요?	**May I have your** passport**, please?**
신분증 좀 보여주시겠어요?	**May I have your** ID**, please?**
국제 운전 면허증 좀 보여주시겠어요?	**May I have your** international driving permit, **please?**

078 그래도 ~하시겠습니까? **Would you still like ~?**

그래도 늦은 체크아웃을 하시겠습니까?	**Would you still like** late check-out**?**
그래도 이른 체크인을 하시겠어요?	**Would you still like** early check-in**?**
그래도 룸서비스를 원하시나요?	**Would you still like** room service**?**

079 ~할 만한가요? **Is it worth -ing?**

가볼 만한가요?	**Is it worth** visit**ing?**
해볼 만해?	**Is it worth** try**ing?**
기다릴 만한 거야?	**Is it worth** wait**ing?**

080 아무리 ~하게 ···해도? **No matter how ~ we ...?**

하루에 자전거를 몇 번을 빌려도?	**No matter how** many times a day **we** rent the bikes**?**
차를 아무리 오래 빌려도?	**No matter how** long **we** rent the car**?**
거기서 몇 번을 식사하더라도?	**No matter how** many times **we** eat there**?**

081 ~가 끝나면, ···하려고요. **After ~, I'm planning to ...**

당일치기 투어가 끝나면, 테살로니키로 올라가려고 해요.	**After** the day trip is over, **I'm planning to** go up to Thessaloniki.
해가 지고 나면, 거기서 저녁을 먹으려고 해요.	**After** the sun sets, **I'm planning to** have dinner there.
자전거를 반납하고 나서, 버스를 타려고 해요.	**After** I return the bike, **I'm planning to** take a bus.

082 ~만 세일이예요. **Only ~ are on sale.**

여기 있는 이 품목들만 세일이예요.	**Only** these items in this section **are on sale.**
이 겨울 옷들만 세일 중이예요.	**Only** these winter clothes **are on sale.**
이 신발과 가방만 세일합니다.	**Only** these shoes and bags **are on sale.**

083 ~을 받아야 하나요? **Should I get ~?**

공항에서 확인 도장을 받아야 하나요?	**Should I get** a stamp at the airport?
가게에서 영수증을 받아야 하나요?	**Should I get** a receipt at the store?
최종 확인을 받아야 하나요?	**Should I get** a final confirmation?

084 ~한 걸 추천해주세요. **Please recommend me something ~.**

좋은 걸로 추천해주세요.	**Please recommend me something** good.
값이 저렴한 걸로 추천해주세요.	**Please recommend me something** inexpensive.
가치가 있는 걸로 추천해주세요.	**Please recommend me something** valuable.

렌터카 빌리기

085 ~가 더 좋겠어요. I'd prefer ~, please.

오토가 더 좋겠어요.	**I'd prefer** an automatic, **please.**
위층 객실을 주셨으면 합니다.	**I'd prefer** a room on a higher floor, **please.**
위층 침대 주세요.	**I'd prefer** an upper bunk, **please.**

086 ~하는 데 얼마죠? How much is it to ~?

이 차 렌트하는 데 얼마죠?	**How much is it to** rent this car?
일주일 묵는 데 얼마죠?	**How much is it to** stay for a week?
서핑 배우는 데 얼마죠?	**How much is it to** learn how to surf?

087 제가 ~할 건데요. I'm going to be -ing ~.

제가 몇 군데 도시를 여행할 건데요.	**I'm going to be** travel**ing** to several cities.
여기서 한 달 묵을 거예요.	**I'm going to be** stay**ing** here for a month.
여기서 여행하면서 일할 거예요.	**I'm going to be** work**ing** here while traveling.

사건·사고·분실

088 한 가지 ~해야 할 건 …야. One thing you should ~ is ...

한 가지 조심해야 할 건 소매치기야.	**One thing you should** watch out for **is** the pickpockets.
기억해야 할 건 뭐가 더 중요한지야.	**One thing you should** remember **is** your priorities.
신경 써야 할 건 네 건강이야.	**One thing you should** care about **is** your health.

089 ~가 뭐였죠? What was your ~?

객실 번호가 뭐였죠?	**What was your** room number?
항공편 명이 뭐였죠?	**What was your** flight number?
좌석 번호가 몇 번이었나요?	**What was your** seat number?

090 아무래도 ~하시는 게 좋겠어요. I'm afraid you'll need to ~.

아무래도 한동안은 발목을 안 쓰시는 게 좋겠어요.	**I'm afraid you'll need to** stay off your ankle.
아무래도 너 좀 쉬어야 할 것 같다.	**I'm afraid you'll need to** rest for a while.
가이드가 돌아올 때까지 기다려야 할 것 같은데.	**I'm afraid you'll need to** wait for your guide to come back.

091 우린 ~를 감당할 능력이 안돼. / 형편이 안돼. We can't afford ~.

지금은 우리 그럴 형편이 안돼.	**We can't afford** that right now.
우린 그 큰 집을 살 형편이 안돼.	**We can't afford** that big house.
우린 지금 차를 살 여유가 없어.	**We can't afford** a car right now.

092 ~ 들어봤지, 그치? You've heard of ~, right?

태평양 쓰레기더미 얘기 들어봤지, 그치?	**You've heard of** the Great Pacific Garbage Patch**, right?**
너 '소확행'이라는 말 들어봤지, 맞지?	**You've heard of** "sowhakhang," **right?**
너 '수면의 빚'이라는 표현 들어봤지, 응?	**You've heard of** "sleep debt," **right?**

093 일단 익숙해지면, ~하지 않을 거야. Once you get used to it, it won't ~.

일단 익숙해지면, 그렇게 불편하지 않을 걸.	**Once you get used to it, it won't** be so bad.
일단 익숙해지면, 그렇게 어렵지 않을 거야.	**Once you get used to it, it won't** be so difficult.
일단 익숙해지면, 그렇게 귀찮지 않을 거야.	**Once you get used to it, it won't** be so annoying.

094 약간 ~하게 생겼네요. He looks a little bit ~.

근데 좀 다르게 생겼네요.	He **looks a little bit** different though.
그녀가 좀 피곤해 보이네.	She **looks a little bit** tired.
너 좀 놀란 것 같다.	You **look a little bit** surprised.

095 우리 ~하러 갈까? Shall we go out for ~?

우리 산책하러 나갈까?	**Shall we go out for** a walk?
우리 나가서 좀 달릴까?	**Shall we go out for** a run?
우리 피크닉하러 나갈까?	**Shall we go out for** a picnic?

096 마음의 결정을 하면, ~할게. If I make up my mind on that, I'll ~.

결정하면, 너한테 말할게.	**If I make up my mind on that, I'll** let you know.
결정하면, 거기 지원할게.	**If I make up my mind on that, I'll** apply for that.
결정하면, 그 수업 등록할게.	**If I make up my mind on that, I'll** sign up for the class.

UNIT 33   운동 & 스포츠

097   나 ~는 잘 못해. **I'm not really good at ~.**

나 아직 자유형은 잘 못해.	**I'm not really good at** freestyle yet.
나 아직은 춤을 그렇게 잘 못 춰.	**I'm not really good at** dancing.
아직 나 그림 잘 못 그려.	**I'm not really good at** painting.

098   내가 점점 더 ~해지는 기분이야. **I feel like I'm getting -er.**

내가 더 강해지는 느낌이야.	**I feel like I'm getting** strong**er.**
점점 더 행복해지는 느낌이야.	**I feel like I'm getting** happi**er.**
내가 점점 더 건강해지고 있는 것 같아.	**I feel like I'm getting** healthi**er.**

099   ~가 코앞이야. **~ is coming up.**

여름이 다가오잖아.	Summer **is coming up.**
네 생일이 코앞이잖니.	Your birthday **is coming up.**
우리 결혼 기념일이 얼마 안 남았어.	Our anniversary **is coming up.**

UNIT 34   취미 생활 I

100   그렇게 ~할 줄 몰랐어! **We had no idea it would be that ~!**

그렇게 무서울 줄 몰랐잖아!	**We had no idea it would be that** scary!
그렇게 비쌀 줄은 몰랐지!	**We had no idea it would be that** expensive!
그렇게 어려울 줄은 몰랐어!	**We had no idea it would be that** challenging!

101   ~의 메뉴는 뭐야? / ~로 뭐 먹어? **What's for ~?**

오늘 저녁에 뭐 먹어?	**What's for** dinner tonight?
내일 아침 뭐 먹지?	**What's for** breakfast tomorrow?
오늘 점심 뭐 먹어?	**What's for** lunch today?

102   난 ~를 좀 쳐. **I play the ~ a little.**

나 기타를 좀 쳐.	**I play the** guitar **a little.**
내가 드럼을 좀 치거든.	**I play the** drums **a little.**
나 피아노를 좀 쳐.	**I play the** piano **a little.**

취미 생활 II

103 또 다른 무엇을 ~할 수 있는데? What else can you ~?

또 뭘로 업사이클링을 할 수 있는데?	**What else can you** use for upcycling?
이번에는 또 뭘 해볼 수 있는데?	**What else can you** try this time?
나한테 뭘 또 조언해줄래?	**What else can you** advise me to do?

104 ~가 점점 더 …해지고 있어. ~ is/are getting -er.

화분들이 계속 커지고 있어.	These plants **are getting taller.**
날씨가 점점 더 더워지네.	The weather **is getting hotter.**
모든 게 다 비싸지고 있어.	Everything **is getting more expensive.**

105 ~에 집중하는 게 정말 좋아. It's just good to focus on -ing.

그림 그리는 데 집중하는 게 정말 좋아.	**It's just good to focus on** drawing.
생각하는 데 집중하는 게 정말 좋아.	**It's just good to focus on** thinking.
일하는 데 집중하는 게 정말 좋아.	**It's just good to focus on** working.

최신 트렌드

106 우린 더 ~할 수 있게 될 거야. We'll be able to ~ more.

음식을 더 맛있게 먹을 수 있잖아.	**We'll be able to** enjoy the food **more.**
소소한 걸 더 즐길 수 있게 될 거야.	**We'll be able to** enjoy the little things **more.**
우리가 서로를 더 도와줄 수 있게 될 거야.	**We'll be able to** help each other **more.**

107 네가 ~라는 건 몰랐네. I didn't know that you were ~.

네가 채식주의자인 줄 몰랐네.	**I didn't know that you were** a vegetarian.
네가 그렇게 운동을 잘 하는 줄 몰랐어.	**I didn't know that you were** such an athlete.
네가 그렇게 노래를 잘 하는지 몰랐어.	**I didn't know that you were** a good singer.

108 ~하지 않을 수 있게 도와줘. It helps me not to ~.

그러면 필요한 것보다 더 많이 사지 않게 돼.	**It helps me not to** buy more food than I need.
내가 걱정을 많이 안 하게 도와주네.	**It helps me not to** worry too much.
정신 산만하지 않게 도와주네.	**It helps me not to** be distracted.

도서관 & 서점

109 ~까지입니다. / ~가 마감입니다. **They are due ~.**

마감이 2월 2일까지예요.	**They are due** on the 2nd of February.
다음 주 월요일까지 마감이에요.	**They are due** next Monday.
이번 주 금요일까지 마감이에요.	**They are due** this Friday.

110 ~는 반납하고 …를 빌리면/사면 되겠네. **You can return ~ and get ...**

그거 반납하고 새로 빌리면 되겠네.	**You can return** those **and get** some new ones.
이 소설책 반납하고 새것 빌리면 되겠다.	**You can return** this novel **and get** a new one.
이 원피스 환불하고 블라우스랑 스커트를 사면 되겠구나.	**You can return** this dress **and get** a blouse and a skirt.

111 혹시 ~인가요? **Do you happen to ~?**

혹시 이 잡지도 있나요?	**Do you happen to** have this magazine, too?
혹시 이 동네 사세요?	**Do you happen to** live in this neighborhood?
혹시 샐리 오빠 아니세요?	**Do you happen to** be Sally's brother?

UNIT 38 **사회적 문젯거리**

112 우리가 …할 ~좀 봐.
Look at all the ~ that we're going to ...

버려질 저 음식들 좀 봐.	**Look at all the** food **that we're going to** waste.
네가 읽게 될 저 책들 좀 봐.	**Look at all the** books **that you're going to** read.
우리가 기증할 옷들 좀 봐.	**Look at all the** clothes **that we're going to** donate.

113 ~같은 사람들이 많아. **There are many people like ~.**

여기 저런 사람들 진짜 많아.	**There are many people like** him out here.
그 여자같은 사람들이 미국에는 많아.	**There are many people like** her in America.
그런 사람들이 세상에 얼마나 많다고.	**There are many people like** that person in the world.

114 ~ 이상으로? / ~보다 많이? **More than ~?**

그들이 필요한 것보다 더 많이?	**More than** they need?
우리가 산 것보다 더 많이?	**More than** we bought?
내가 달라고 한 것보다 더 많이?	**More than** I asked for?

UNIT 39 좋아하는 것 & 싫어하는 것

115 나는 ~를 절대 안 할 사람이야. I'm the last person who ~.

난 밖에서 자는 거 제일 싫어하는 사람이라고.	**I'm the last person who** should sleep outdoors.
그 사람은 절대 거짓말 안 할 사람이야.	**He's the last person who** would tell a lie.
난 그런 걸 재미로 할 사람이 아니야.	**I'm the last person who** does that for fun.

116 나 ~에 가려고 해. I'm heading to ~.

친구들이랑 산에 가려고.	**I'm heading to** the mountains with some friends.
가족들이랑 바닷가에 가려고 해.	**I'm heading to** the beach with my family.
친구랑 제주도에 가려고.	**I'm heading to** Jejudo with my friend.

117 난 ~를 즐겁게 해본 적이 없어. I've never enjoyed -ing before.

나는 댄스를 즐겨본 것이 없어.	**I've never enjoyed** dancing **before.**
스카이다이빙을 해본 적이 없는데.	**I've never enjoyed** skydiving **before.**
요리를 해본 적이 없는데.	**I've never enjoyed** cooking **before.**

UNIT 40 삶의 지혜

118 ~얘기가 나와서 말인데. / ~얘기가 나온 김에, ~. Speaking of, ~.

말 나온 김에, 우리 그 맛있는 스파게티집에 갈래?	**Speaking of,** why don't we go to that great spaghetti place?
말 나온 김에, 우리 나가서 같이 걷자.	**Speaking of,** let's go out and walk together.
말 나온 김에, 우리 뭐 먹을 것 좀 시킬까?	**Speaking of,** how about we order some food?

119 생각해보니까, ~. Come to think of it, ~.

생각해보니까, 요새는 택배가 별로 안 온 것 같네.	**Come to think of it,** we haven't had many package deliveries recently.
생각해보니까, 오늘 나 아무것도 안 먹었어.	**Come to think of it,** I haven't eaten anything today.
생각해보니까, 우리 요새는 별로 얘기를 안 했네.	**Come to think of it,** we haven't talked a lot these days.

120 이 ~가 너한테 도움이 되니? Does this ~ work for you?

이 감사 일기라는 게 너한테 도움이 되니?	**Does this** gratitude journal **work for you?**
이 명상이 너한테 도움이 돼?	**Does this** meditation **work for you?**
낮잠 자는 게 너한테 도움이 되니?	**Does this** power nap **work for you?**

UNIT 41 　건강 관리

121　~하는 게 힘들지 않니? **Isn't it hard for you to ~?**

늘 그렇게 날씬하게 유지하는 게 힘들지 않아?	**Isn't it hard for you to** stay slim?
밤 늦게까지 일하는 거 힘들지 않니?	**Isn't it hard for you to** work until late at night?
아이들 키우는 거 힘들지 않아?	**Isn't it hard for you to** raise your kids?

122　그건 ~의 아이디어였나요? 아니면 …의 아이디어였나요?
Was it your ~'s idea or ...'s?

그건 아내의 아이디어였어요? 아니면 아이들의 아이디어였어요?	**Was it your** wife's **idea or** your kids'?
그건 네 아이디어였니? 아니면 언니의 아이디어였니?	**Was it your idea or** your sister's?
그건 너희 엄마의 아이디어였어? 아니면 아빠의 아이디어였어?	**Was it your** mother's **idea or** your father's?

123　~의 최고 비결은 …인 것 같아. **I think the key to ~ is ...**

난 건강의 비결이 걱정을 하지 않는 것에 있는 것 같아.	**I think the key to** good health **is** not worrying.
난 행복의 비결이 감사하는 것에 있다고 생각해.	**I think the key to** happiness **is** being grateful.
나는 성공의 비결이 꾸준함에 있다고 생각해.	**I think the key to** success **is** being consistent.

UNIT 42 　다이어트와 식이요법

124　~에 등록했어. **I just signed up for a/an ~.**

나 헬스클럽 등록했어.	**I just signed up for a** gym membership.
나 요리 강좌 등록했어.	**I just signed up for a** cooking class.
나 PT 받으려고 등록해놨어.	**I just signed up for a** personal training session.

125　그래서 ~구나, 그렇지? **That's why ~, right?**

그래서 그걸 '간헐적 단식'이라고 하는 거구나, 맞지?	**That's why** it's called "intermittent fasting," **right?**
그래서 매일 아침에 그렇게 일찍 일어나는 거구나, 그치?	**That's why** you wake up so early every morning, **right?**
그래서 그들이 회의를 미룬 거구나, 맞지?	**That's why** they postponed the meeting, **right?**

126　~가 …보다 더 좋다고 하던데. **I heard that ~ is better than ...**

빨리 걷기가 달리기보다 더 좋다고 하더라.	**I heard that** walking fast **is better than** running.
운동하는 것보다 적게 먹는 게 더 좋다고 하던데.	**I heard that** eating less **is better than** getting exercise.
건강 보조 식품을 먹는 것보다는 잘 자는 게 좋다고 하더라.	**I heard that** sleeping well **is better than** taking health supplements.

건강 문제

127 **~가 있었으면 정말 좋겠다. I could really use a/an ~.**

커피 한 잔만 마셨으면 정말 좋겠네.	**I could really use a** cup of coffee.
아이스 레모네이드 한 잔만 마셨으면 정말 좋겠다.	**I could really use an** iced lemonade.
치즈 케이크 한 조각이 정말 먹고 싶다.	**I could really use a** piece of cheese cake.

128 **내가 ~할 때 …한 거 알잖아. You know I'm ... when I ~.**

내가 잘 때 소리에 민감한 거 알잖아.	**You know I'm** sensitive to noise **when I** sleep.
내가 길을 걸을 때 조심하는 거 알지.	**You know I'm** careful **when I** walk along the street.
모르는 사람들이랑 있을 때 내가 수줍음 타는 거 너 알지.	**You know I'm** shy **when I'm** with strangers.

129 **나 다시는 ~하지 않을 거야. I'll never ~ again.**

다시는 술 안 마실 거야.	**I'll never** drink **again.**
나 다시는 공포 영화 안 볼 거야.	**I'll never** watch horror movies **again.**
다시는 늦잠 안 자야겠어.	**I'll never** sleep in **again.**

음식에 대한 취향

130 **~로 …가 생길 수 있어. ~ can lead to ...**

카페인을 너무 많이 섭취하면 불면증에 걸릴 수 있어.	Too much caffeine **can lead to** insomnia.
너무 과로하면 기력이 소진될 수 있어.	Too much work **can lead to** burnout.
설탕을 너무 많이 먹으면 건강에 문제가 생길 수 있어.	Too much sugar **can lead to** health issues.

131 **~가 먹고 싶어. / ~를 하고 싶어. I'm in the mood for ~.**

뭔가 좀 매운 걸 먹고 싶어.	**I'm in the mood for** some spicy food.
뭔가 단 걸 먹고 싶은데.	**I'm in the mood for** something sweet.
조깅이 하고 싶네.	**I'm in the mood for** jogging.

132 **… 근처에 맛있는 ~가 있어. There's a good ~ near ...**

우리 집 근처에 맛있는 샌드위치 집 있거든.	**There's a good** sandwich place **near** my house.
우리 회사 근처에 맛있는 피자집이 있어.	**There's a good** pizza place **near** my office.
우리 아파트 근처에 맛있는 빵집이 있어.	**There's a good** bakery **near** my apartment.

식습관과 몸에 좋은 음식

133 ～도 마찬가지예요. It's the same for ～.

시금치랑 오렌지도 마찬가지야.	**It's the same for** spinach and oranges.
아이들도 마찬가지야.	**It's the same for** children.
강아지랑 고양이들도 마찬가지라고.	**It's the same for** dogs and cats.

134 이젠 ～도 안 들어. / 이젠 ～도 소용이 없어.
～ don't/doesn't help anymore.

이젠 진통제도 안 들어.	Pain killers **don't help anymore.**
따뜻한 우유도 이젠 소용이 없어.	Warm milk **doesn't help anymore.**
건강 보조 식품도 이제 도움이 안되네.	Health supplements **don't help anymore.**

135 내가 ～할 수 있을 것 같지 않아. / ～ 못하겠는데. I don't think I can ～.

이 더운 날씨에 어떻게 따뜻한 물을 맛있게 마셔.	**I don't think I can** enjoy warm water in this hot weather.
오늘은 자전거 못 타겠다.	**I don't think I can** ride a bike today.
이거 내일까지 못 끝내겠는데.	**I don't think I can** finish this by tomorrow.

몸에 나타나는 증상들

136 내가 너 ～에 데려다줄게. I'll take you to ～.

내가 병원에 데려다줄게.	**I'll take you to** the hospital.
내가 학교에 데려다줄게.	**I'll take you to** school.
내가 회사에 데려다줄게.	**I'll take you to** your office.

137 내가 ～하려고 그런 거야. I was trying to ～.

내가 너 신경을 다른 데로 돌리려고 한 거야.	**I was trying to** distract you.
내가 너 도와주려고 그랬던 거야.	**I was trying to** help you.
내가 너 격려해주려고 그랬던 거야.	**I was trying to** encourage you.

138 내가 가서 ～좀 가져올게. Let me get some ～.

내가 거기에 댈 얼음을 좀 가져올게.	**Let me get some** ice for that.
내가 먹을 것 좀 갖다줄게.	**Let me get some** food for you.
읽을 책 좀 가져올게.	**Let me get some** books to read.

미용

139 너 너무 자주 ~하는 것 같지 않아? **Don't you think you ~ too often?**

너 미용실에 너무 자주 가는 것 같지 않아?	**Don't you think you** go to the beauty salon **too often?**
너 염색을 너무 자주 하는 것 같지 않니?	**Don't you think you** have your hair dyed **too often?**
너 차를 너무 자주 바꾸는 것 같지 않아?	**Don't you think you** change your car **too often?**

140 ~ 되나요? **Is ~ available?**

헤어 클리닉도 할 수 있을까요?	**Is** this hair treatment program **available?**
오디오 가이드 투어 할 수 있나요?	**Is** an audio guided tour **available?**
이 섬에 디녀오는 당일치기 두어 되나요?	**Is** a day tour to this island **available?**

141 너 ~인가 보다. **I guess you must be ~.**

넌 애들 키우느라고 많이 바쁠 것 같다.	**I guess you must be** really busy raising your kids.
일 때문에 꼼짝을 못하나 보네.	**I guess you must be** tied up with work.
요즘은 너 스트레스가 없나 보다.	**I guess you must be** free from stress these days.

개인 위생과 청결 관리

142 ~는 …을 일으킬 수 있어. **~ can cause ...**

세균 때문에 여러 병에 걸릴 수 있어.	Germs **can cause** many diseases.
수면 부족이 심각한 문제를 유발할 수 있어.	Lack of sleep **can cause** a serious problem.
너무 과로하면 건강에 문제가 생길 수 있어.	Too much hard work **can cause** health problems.

143 우린 ~하면 안 되잖아, 그렇지? **We don't want to ~, right?**

병에 걸리면 안 되잖아, 그치?	**We don't want to** get sick, **right?**
기회를 놓치면 안 되잖아, 그치?	**We don't want to** miss the chance, **right?**
차 막혀서 꼼짝 못하면 안 되잖아, 그치?	**We don't want to** get stuck in traffic, **right?**

144 너 왜 ~하고 있어? **Why are you -ing?**

왜 마스크를 쓰고 있어?	**Why are you** wear**ing** a mask?
왜 발을 저는 거야?	**Why are you** limp**ing**?
왜 그렇게 나를 쳐다보는 거니?	**Why are you** star**ing** at me like that?

날씨와 계절

145 나는 ~보다 …가 더 좋더라. **I prefer ... to ~.**

난 추운 겨울보다는 더운 여름이 나아.	**I prefer** a hot summer **to** a cold winter.
난 눈 오는 날보다는 비 오는 날이 더 좋아.	**I prefer** rainy days **to** snowy days.
난 실내에서 하는 활동보다는 야외에서 하는 게 더 좋더라.	**I prefer** outdoor activities **to** indoor ones.

146 우리 ~하는 게 낫겠다. **We'd better ~.**

저녁때까지 실내에 있는 게 좋겠다.	**We'd better** stay inside until evening.
그보다 좀 더 일찍 집을 나서는 게 좋겠어.	**We'd better** leave home earlier than that.
뭘 좀 시켜 먹는 게 좋겠는데.	**We'd better** order in some food.

147 ~가 점점 더 …해지고 있어. **~ is/are starting to get -er and -er.**

밤이 점점 더 추워지고 있어.	The nights **are starting to get** colder and colder.
낮이 점점 더 짧아지네.	The days **are starting to get** shorter and shorter.
이것 좀 봐. 화초들이 점점 더 키가 커지고 있어.	Look. These plants **are starting to get** taller and taller.

피부·헤어·눈 관리

148 더 많이 ~할수록, …해지다. **The 비교급 ~, the 비교급 ...**

많이 웃으실수록, 더 젊어지시는 거예요.	**The more** you smile, **the younger** you become.
경험을 많이 하면 할수록, 네 세상은 더 넓어지는 거야.	**The more** you experience, **the broader** your world will become.
운동을 하면 할수록, 더 건강해져.	**The more** you exercise, **the healthier** you become.

149 그게 ~가 계속 …하게 도와줄 거야. **It'll help ~ stay ...**

그래야 모발이 건강하다고.	**It'll help** your hair **stay** healthy.
그러면 네 강아지가 늘 행복할 거야.	**It'll help** your dog **stay** happy.
그러면 부모님이 걱정 안하고 사실 수 있을 거야.	**It'll help** your parents **stay** carefree.

150 너 ~할 것 같지 않은데. **I don't think you'll ~.**

필요 없을 것 같은데.	**I don't think you'll** need them.
너 회사에 지각 안 할 것 같아.	**I don't think you'll** be late for work.
너 경기에서 지지 않을 것 같아.	**I don't think you'll** lose the game.

EBS
영어학습
시 리 즈